EDMUNDO DE AMICIS

CORAZÓN

ÍNDICE:

OCTUBRE
EL PRIMER DÍA DE ESCUELA

Lunes 17

¡Primer día de clase! ¡Se fueron como un sueño los tres meses de vacaciones pasados en el campo! Mi madre me llevó esta mañana a la sección Baretti para inscribirme en la tercena elemental. Yo me acordaba del campo e iba de mala gana. Todas las calles que desembocan cerca de la escuela hormigueaban de muchachos; las dos librerías próximas estaban llenas de padres y madres que adquirían carteras, cuadernos, cartillas, plumas, lápices; en la puerta misma se apiñaba tanta gente que el bedel, auxiliado por los guardias municipales, tuvo que poner orden. Al llegar a la puerta sentí un golpecito en el hombro: volví la cara y era mi antiguo maestro de la segunda, jovial, simpático, con su cabello rubio rizoso y encrespado, que me dijo:

-Conque, ¿nos separamos para siempre, Enrique?
De sobra lo sabía yo; y, sin embargo, ¿aquellas palabras me hicieron daño! Entramos, por fin, a empellones. Señoras, caballeros, mujeres del pueblo, obreros, oficiales, abuelas, criadas, todos con niños de la mano y cargados con los libros y objetos antes mencionados, llenaban el vestíbulo y las escaleras produciendo un rumor como el de la salida del teatro. Volví a ver con alegría aquel gran zaguán del piso bajo, con las siete puertas de las siete clases, por el cual yo había pasado casi a diario durante tres años. Las maestras de los párvulos iban y venían entre el gentío. La que había sido mi profesora de la primera superior me saludó diciendo:

-¡Enrique, tú vas este año al piso principal, y ni siquiera te veré al entrar o salir! —y memiró apenada.

El director estaba rodeado de madres que le hablaban a la vez; pidiendo puesto para sus hijos; y por cierto que me pareció que tenía más canas que el año anterior… Encontré algunos chicos más gordos y más altos que cuando los dejé; abajo, donde ya cada cual estaba en su sitio, vi algunos pequeñines resistiéndose a entrar en el aula y que se defendían como potrillos, encabritándose; pero a la fuerza los introducían. Aun así, algunos se escapaban ya una vez sentados en los bancos, y otros, al ver que se marchaban sus padres, rompían a llorar, y era preciso que volvieran las mamás, con todo lo cual la profesora se desesperaba. Mi hermanito se quedó en la clase de la maestra Delcatti; a mí me tocó el maestro Perboni, en el piso primero.

A las diez, cada cual estaba en su sección; cincuenta y cuatro en la mía; sólo quince o dieciséis eran antiguos condiscípulos míos de la segunda, entre ellos Derosi, que siempre sacaba el primer premio. ¡Qué triste me pareció la escuela recordando los bosques y las montañas donde acababa de pasar el verano! Me acordaba también ahora con nostalgia de mi antiguo maestro, tan bueno, que se reía tanto con nosotros; tan chiquitín que casi parecía un compañero; y sentía no verlo allí con su rubio cabello enmarañado.

El profesor que ahora nos toca es alto, sin barba, con el cabello gris, es decir, con algunas canas, y tiene una arruga recta que parece cortarle la frente; su voz es ronca y nos mira a todos fijamente, uno después de otro, como si quisiera leer dentro de nosotros; no se ríe nunca. Yo decía para mía: "He aquí el primer día. ¡Nueve meses por delante! ¡Cuántos trabajos, cuántos exámenes mensuales, cuántas fatigas!".

Sentía verdadera necesidad de volver al encuentro de mi madre, y al salir corrí a besarle la mano. Ella me dijo:

-¡Ánimo, Enrique! Estudiaremos juntos las lecciones.

Y volví a casa contento. Pero no tengo el mismo maestro, aquel tan bueno, que siempre sonreía, y no me ha gustado tanto esta aula de la escuela como la anterior.

NUESTRO MAESTRO
Martes, 18.

Desde esta mañana, también me gusta mi nuevo maestro.

Durante la entrada, mientras él se instalaba en su sitio, se asomaban de vez en cuando a la puerta varios de sus discípulos del año anterior para saludarlo:

-Buenos días, señor Perboni. Buenos días, señor maestro.

Algunos entraban, le tomaban la mano y escapaban. Se veía que lo querían mucho y que habrían deseado seguir con él. Él les contestaba:

-Buenos días –y les estrechaba la mano, pero sin mirar a ninguno; durante cada saludo se mantenía serio, con su arruga en la frente, vuelto hacia la ventana, contemplando el tejado de la casa vecina, y en lugar de alegrarse de aquellos saludos, se adivinaba que le daban pena. Después nos miraba, uno tras otro, con mucha atención.

Empezó a dictar, paseando entre los bancos, y al ver a un chico que tenía la cara muy enrojecida y con unos granitos, dejó de dictar, le tomó la barbilla y le preguntó qué tenía, tocándole la frente para ver si tenía fiebre. En ese momento un chico se puso de pie y empezó a bufonear a espaldas de él. Se volvió de pronto, como si lo hubiera adivinado, y el muchacho se sentó y esperó el castigo, con la cabeza baja y encarnado como la grana.

El maestro se acercó a él, le posó la mano sobre la cabeza y le dijo:

-No lo vuelvas a hacer.

No dijo más. Se dirigió a la mesa y acabó de dictar. Cuando concluyó, nos miró unos instantes en silencio, y con voz lenta y, aunque ronca, agradable, empezó a decir:

-Escuchad: tendremos que pasar juntos un año. Procuremos pasarlo lo mejor posible. Estudiad y sed buenos. Yo no tengo familia. Vosotros sois mi familia. El año pasado todavía tenía a mi madre: se me ha muerto. Me he quedado solo. No os tengo más que a vosotros en el mundo; no poseo otro afecto ni otro pensamiento. Debéis ser mis hijos. Os quiero bien, y debéis pagarme con la misma moneda. Deseo no castigar a ninguno.

Demostrad que tenéis corazón; nuestra escuela será una familia, y vosotros mi consuelo y mi orgullo. No os pido que lo prometáis de palabra, porque estoy seguro de que en el fondo de vuestras almas ya lo habéis prometido, y os lo agradezco.

En aquel momento apareció el bedel a dar la hora. Todos abandonamos los bancos, despacio y silenciosos. El muchacho de las piruetas se aproximó al maestro y le dijo con voz temblorosa:

-¡Perdóneme usted!.

El maestro lo besó en la frente y le dijo:

-Bien, bien; anda, hijo mío.

UNA DESGRACIA
Viernes, 21

Ha comenzado el año con una desgracia. Al ir esta mañana a la escuela, contando yo a mi padre, de camino, las palabras del maestro, vimos de pronto la calle llena de gente que se agolpaba delante del colegio.

-Una desgracia. Mal empieza el año… -dijo mi padre.

Entramos con gran trabajo. El conserje estaba rodeado de padres y de muchachos, que los maestros no lograban hacer entras en las clases. Todos iban hacia el despacho del director, y se oía decir: "¡Pobre muchacho" ¡Pobre Robetti!". Por encima de las cabezas, en el fondo de la habitación llena de gente, se veían los quepis de los agentes y la gran calva del director; después entró un caballero con sombrero de copa, y corrió la voz:

-Es el médico.

Mi padre preguntó a un profesor:

-¿Qué ha sucedido?

-Le ha pasado la rueda por encima de un pie –respondió aquel.

-Se ha roto el pie –añadió otro.

Se trataba de un muchacho del segundo grado que, yendo hacia la escuela por la calle de Dora Grossa, y al ver a un niño del primero elemental, escapado de la mano de su madre, caer en medio de la acera a pocos pasos de un ómnibus que se echaba encima, acudió valerosamente en su auxilio, lo asió y lo puso en salvo;

pero no habiendo retirado a tiempo el pie, una rueda del ómnibus se lo había pillado. Es hijo de un capitán de artillería.

Mientras nos referían lo ocurrido entró como loca una señora en la habitación, abriéndose paso; era la madre de Robetti, a la cual habían llamado. Otra señora salió a su encuentro y, sollozando, le echó los brazos al cuello; era la madre del otro niño, del salvado. Juntas entraron en el cuarto, y se oyó un grito desgarrador:

-¡Oh, Roberto mío, niño mío!.

En aquel momento se detuvo un carruaje ante la puerta, y poco después salió el director con el muchacho en brazos, que apoyaba la cabeza sobre su hombro, pálido y cerrados los ojos. Todos guardamos silencio; sólo se oían los sollozos de las madres. El director se detuvo un momento, alzó al niño en sus brazos para que lo viese la gente, y entonces, maestros, maestras, padres y muchachos exclamaron a un tiempo:

-¡Bravo, Robetti! ¡Bravo, pobre niño!

Y le hacían saludos cariñosos. Y los muchachos y las maestras que se hallaban cerca le besaban las manos y los brazos. Él abrió los ojos y murmuró:

-¡Mi cartera!

La madre del chiquillo salvado se la mostró llorando, y le dijo:

-¡Te la llevo yo, hermoso, te la llevo yo! —y al decirlo sostenía a la madre del herido, que se cubría la cara con las manos.

Salieron, acomodaron al muchacho en el vehículo, y el coche se alejó. Entonces, silenciosos, entramos todos en la escuela.

EL MUCHACHO CALABRÉS
Sábado, 22

Ayer tarde, mientras el maestro nos daba noticias del pobre Robetti, que ahora tendría que andar con muletas, entró el director con un nuevo alumno: un niño de cara muy morena, de cabello negro, ojos también negros y grandes, de espesas cejas y poblado entrecejo; vestía de oscuro y un cinturón de cuero negro ceñía el talle. El director, después de hablar al maestro al oído, salió dejándole a su lado al muchacho, que nos miraba espantado.
Entonces el maestro lo tomó de la mano y dijo a la clase:

-Os debéis alegrar. Hoy entra en la escuela un nuevo alumno nacido en Reggio di Calabria, a más de cincuenta leguas de aquí. Quered bien a vuestro compañero que de tan lejos viene. Ha nacido en la tierra gloriosa que antes dio a Italia hombres ilustres y hoy le da honrados labradores y bravos soldados; es una de las comarcas más bellas de nuestra patria, y en sus espesas selvas y elevadas montañas habita un pueblo lleno de ingenio y de corazón esforzado. Tratadlo bien, para que no sienta estar lejos del pueblo natal; hacedle comprender que todo chico italiano encuentra hermanos en toda escuela italiana donde ponga el pie.

Enseguida se levantó y nos mostró en el mapa de Italia dónde está situada la provincia de Calabria. Después llamó a Ernesto Derossi, que es el que saca siempre el primer premio. Derossi se puso en pie.

-Ven aquí –dijo el maestro.

Derossi salió de su banco y fue a situarse junto al escritorio, frente al calabrés.

-Como el primero de la escuela –dijo el maestro- da el abrazo de bienvenida, en nombre de toda la clase, al nuevo compañero: el abrazo de los hijos del Piamonte al hijo de Calabria.

Derossi murmuró con voz conmovida: "¡Bien venido!" y abrazó al calabrés; Éste lo besó con fuerza en las dos mejillas. Todos aplaudieron.

-¡Silencio! –gritó el maestro-. En la escuela no se aplaude.
Pero se notaba que estaba satisfecho, y hasta el calabrés parecía contento. El maestro le indicó sitio y lo acompañó hasta su banco. Después continuó:

-Recordad bien lo que os digo. Lo mismo que un muchacho de Calabria está como en su hogar en Turín, uno de Turín debe estar como en su propia casa en Calabria; por esto combatió nuestro país cincuenta años y murieron treinta mil italianos. Os debéis respetar y querer todos mutuamente; cualquiera de vosotros que ofendiese a este compañero por no haber nacido en nuestra provincia, se haría para siempre indigno de mirar con la frente alta la bandera tricolor.
Apenas el calabrés se sentó en su sitio, los alumnos más próximos lo obsequiaron con plumas y estampas, y otro muchacho, desde el último banco, le mandó una estampilla de Suecia.

MIS COMPAÑEROS
Martes, 25

El muchacho que envió el sello al calabrés es, de todos, el que más me agrada. Se llama Garrone, y es el mayor de la clase, tiene cerca de catorce años, es bueno, se nota sobre todo cuando sonríe, y parece que piensa siempre como un hombre.

Ahora ya conozco a muchos de mis compañeros. Otro me gusta también; se apellida Coretti y usa un chaleco de punto color de chocolate y gorra de piel. Siempre está contento. Es hijo de un empleado de ferrocarril que fue soldado durante la guerra de 1866, en la división del príncipe Humberto, y que dicen que tiene tres cruces.

El pequeño Nelli es un pobre jorobadito, gracioso, de rostro delgado y descolorido.

Hay uno muy bien vestido que se está siempre quitando las motas de la ropa, y se llama Votini.

En el banco que está delante del mío, hay otro muchacho a quien llaman el "albañilito", porque su padre es albañil; su cara es redonda como una manzana, y su nariz es roma. Tiene una gran habilidad para poner hocico de liebre; todos le piden que lo haga, y se ríen; lleva un sombrerillo viejo, que enrolla y guarda en el bolsillo como un pañuelo.

Al lado del "albañilito" está Garoffi, un tipo alto y grueso, con la nariz de pico de loro y los ojos muy pequeños, que anda siempre vendiendo plumas, estampas y cajas de fósforos, y anota la lección en las uñas para leerla a hurtadillas.

Hay luego un señorito, Carlos Nobis, que parece algo presumido y se halla entre dos muchachos que me son simpáticos: el hijo de un forjador de hierro, enfundado en una chaqueta que le llega hasta las rodillas, con palidez de enfermo y que parece siempre asustado; no se ríe jamás; y otro pelirrojo que tiene un brazo inmóvil y lo lleva pegado al cuerpo; su padre está en América y su madre vende hortalizas.

Es también un tipo curioso mi compañero de la izquierda, Stardi. Éste, pequeño y tosco, sin cuello, gruñón, no habla con nadie, y creo que entiende poco; pero no aparta los ojos del maestro, a quien mira sin pestañear, con el entrecejo fruncido y los dientes apretados; si le preguntan algo cuando el maestro habla, la primera y la segunda vez no responde, y a la tercera da un cachete. Tiene a su lado a uno de cara adusta y sucia, que se llama Franti, y que fue expulsado ya de otra escuela.

Hay también dos hermanos, con vestidos iguales, que parecen gemelos y que llevan sombreros calabreses con plumas de faisán.

El mejor alumno, el que tiene más talento y el que también será este año el primero, con seguridad, es Derossi; y el maestro, que ya lo ha comprendido así, le pregunta siempre. Yo, sin embargo, quiero más a Precossi, el hijo del herrero, el de la chaqueta larga, que parece enfermo. Dicen que su padre le pega. Es muy tímido, y cada vez que pregunta o toca a alguien, dice: "Dispense". Mira siempre con ojos tristes y bondadosos. Pero Garrone es el más grande y el mejor de todos.

UN RASGO GENEROSO
Miércoles, 26

Esta mañana, precisamente, se ha dado a conocer Garrone. Cuando entré en la escuela –un poco tarde, porque me había detenido la maestra de la primera clase superior para preguntarme a qué hora podía encontrarnos en casa- el maestro aún no había llegado, y tres o cuatro muchachos mortificaban al pobre Crossi, el pelirrojo del brazo malo y cuya madre es verdulera. Le pegaban con las reglas, le tiraban a la cara cáscaras de castañas y le gritaban motes y lo remedaban, imitándolo con un brazo pegado al cuerpo. El pobre estaba solo en el extremo del banco, asustado, y daba pena verlo, mirando ya a uno, ya a otro, con ojos suplicantes para que lo dejaran en paz; pero los otros lo vejaban más, y entonces él empezó a temblar y a ponerse rojo de cólera. De pronto Franti, el de la cara sucia, saltó sobre un banco y haciendo ademán de llevar dos cestas en los brazos, se burló de la madre de Crossi, cuando venía esperarlo antes de la puerta, pues a la sazón no iba por estar enferma. Muchos celebraron la burla a carcajadas. Entonces Crossi perdió la paciencia, y tomando un tintero lo lanzó a la cabeza de Franti con toda su fuerza; pero Franti se agachó, y el tintero fue a dar en el pecho del maestro, que entraba en aquel momento. Todos se fueron a su puesto y enmudecieron atemorizados. El maestro, pálido, subió a la tarima y con voz alterada preguntó:

-¿Quién ha sido?
Nadie contestó. El maestro gritó otra vez, alzando aún más la voz.

-¿Quién?

Y entonces Garrone, dándole lástima el pobre Crossi, se levantó de pronto y dijo resueltamente:

-Yo he sido.

El maestro lo miró; miró a los alumnos, que estaban atónitos, y luego repuso con voz serena:

-No has sido tú –y después de un momento añadió-: El culpable no será castigado. ¡Que se levante!

Crossi se levantó y rompió a llorar:

-Me pegaban, me insultaban, y yo perdí la cabeza y tiré…

-Siéntate –dijo el maestro-. ¡Que se levanten los que lo han provocado! Con la cabeza baja, se levantaron cuatro.
-Vosotros –dijo el maestro- habéis insultado a un compañero que no os provocaba, os habéis reído de un infortunio y habéis golpeado a un débil que no se podía defender. Habéis cometido una de las acciones más vergonzosas con que se puede manchar criatura humana… ¡Cobardes!.

Dicho esto salió por entre los bancos, tomó la cara de Garrone, que estaba con la vista en el suelo, y alzándole la cabeza y mirándolo fijamente, le dijo:

-¡Tienes un alma noble!

Garrone, aprovechando la ocasión, susurró no sé qué palabras al oído del maestro, y éste, volviéndose hacia los cuatro culpables, dijo bruscamente:

-Os perdono.

MI MAESTRA DE LA PRIMERA CLASE SUPERIOR
Jueves, 27.

Mi maestra ha cumplido su promesa: hoy ha venido a casa en el momento en que yo iba a salir con mi madre para llevar ropa blanca a una pobre mujer que habíamos visto recomendada en La Gaceta. Hacía ya un año que no aparecía por nuestra casa; así es que nos dio a todos una gran alegría. Es siempre la misma, pequeña, con su velo verde en el sombrero, vestida a la buena de Dios y mal peinada, pues nunca tiene tiempo más que de alisarse; pero un poco más descolorida que el año último, con algunas canas y tosiendo mucho. Mi madre le preguntó:

-¿Cómo va esa salud, querida profesora? Usted no se cuida bastante.

-¡Ah!, no importa –respondió con una sonrisa, alegre y melancólica a la vez.

-Usted habla demasiado alto –añadió mi madre-; trabaja demasiado con los chiquitines.

Es verdad; siempre se está oyendo su voz. Lo recuerdo desde cuando yo iba a la escuela; habla mucho para que los niños no se distraigan, y no está ni un momento sentada.

Estaba bien seguro de que vendría, porque no se olvida jamás de sus discípulos; recuerda sus nombres por años; los días de los exámenes mensuales corre a preguntar al director qué nota han sacado; los espera a la salida y pide que le enseñen las composiciones para ver los progresos que han hecho; así es que van a buscarla al colegio muchos que usan ya pantalón largo y reloj.

Hoy volvía muy agitada del Museo, a donde había llevado a sus alumnos, según acostumbraba ya en los años anteriores. Dedica siempre los jueves a estas visitas, en las que les explica todo. ¡Pobre maestra! ¡Qué delgada está! Pero es siempre animosa y se entusiasma en cuanto habla de su escuela. Ha querido que le enseñemos la cama donde me vio muy malo hace dos años, y que ahora es de mi hermanito: la ha mirado un buen rato y no podía hablar de emoción. Se ha ido pronto para visitar a un chiquillo de su clase, hijo de un sillero, enfermo de sarampión; y tenía después que corregir varias pruebas, toda una tarde de trabajo, y debía aún dar una lección particular de aritmética a cierta chica del comercio.

-Y bien, Enrique –me dijo al irse-: ¿quieres todavía a tu antigua maestra, ahora que resuelves ya problemas difíciles y haces composiciones largas? –Me besó, y todavía me dijo desde el final de la escalera:

-No me olvides, Enrique.

¡Oh, mi buena maestra, no me olvidaré de ti! Cuando sea mayor seguiré recordándote e iré a buscarte entre tus chicuelos; y cada vez que pase por la puerta de una escuela y sienta la voz de una maestra, me parecerá escuchar tu voz y pensaré en los dos años que pasé en tu clase, donde tantas cosas aprendí, donde tantas veces te vi enferma o cansada, pero siempre animosa, indulgente, desesperada cuando uno tomaba mal la pluma al escribir, temerosa cuando los inspectores nos preguntaban, feliz cuando salíamos airosos, y siempre cariñosa y buena como una madre… ¡Nunca, nunca te olvidaré, maestra querida!.

EN UNA BUHARDILLA
Viernes, 28.

Ayer tarde fui con mi madre y mi hermana Silvia a llevar ropa blanca a la pobre mujer recomendada por el diario; yo llevaba el paquete y Silvia el diario con las iniciales del nombre y la dirección. Subimos hasta el último piso de una casa alta y llegamos a un corredor largo, con muchas puertas. Mi madre llamó en la última; nos abrió una mujer joven aún, rubia y macilenta, que al pronto me pareció haber visto ya en otra parte con el mismo pañuelo azul en la cabeza.

-¿Es usted la del periódico? –preguntó mi madre.

-Sí, señora; yo soy.

-Pues bien, aquí le traemos esta poca ropa blanca.

La pobre mujer no acababa de darnos las gracias y de bendecirnos. Yo, mientras tanto, vi en un ángulo de la oscura y desnuda habitación a un niño arrodillado ante una silla, de espaldas a nosotros y que parecía estar escribiendo, y escribía, en efecto, teniendo el papel sobre la silla y el tintero en el suelo. ¿Cómo se las arreglaba para escribir casi a oscuras? Mientras decía esto para mis adentros, reconocí los cabellos rubios y la chaqueta de mayoral de Crossi, el hijo de la verdulera, el del brazo malo. Se lo dije muy bajo a mi madre, mientras la mujer recogía la ropa.

-¡Silencio! –susurró mi madre-. Podría avergonzarse al verte viniendo a socorrer a su madre. No lo llames.

Pero en aquel momento Crossi se volvió; yo no sabía qué hacer, y entonces mi madre me dio un empujón para que corriese a abrazarlo. Lo abracé y él se levantó y me tomó la mano.

-Aquí nos tiene –decía, entretanto, su madre a la mía-; mi marido está en América desde hace seis años, y yo, por añadidura, enferma, sin poder ir a la plaza con verduras para ganarme unos centavos. No me ha quedado ni una mesa para que mi pobre Luisito pueda hacer los deberes. Cuando tenía abajo el mostrador, en el portal, al menos podía escribir sobre él; pero ahora me lo han quitado. No hay ni siquiera luz para estudiar sin dañarse la vista; y gracias que lo puedo mandar a la escuela, porque el Municipio le proporciona libros y cuadernos. ¡Pobre Luis, tú que tienes tanta voluntad para estudiar! ¡Y yo, pobre mujer, que nada puedo hacer por ti!.

Mi madre le dio cuanto llevaba en el bolso, besó al muchacho y casi lloraba cuando salimos; y tenía mucha razón para decirme:

-Mira a ese pobre chico. ¡Cuántas estrecheces para trabajar, y tú, que tienes tantas comodidades, todavía encuentras duro el estudio! ¡Oh, Enrique mío; tiene más mérito su trabajo de un día que todos tus afanes de un año! ¿A cuál de los dos deberían dar los primeros premios?.

LA ESCUELA
Viernes, 28.

"Sí, querido Enrique; el estudio es duro para ti, como dice tu madre: no te veo ir a la escuela con aquel ánimo resuelto y la cara sonriente que yo querría. Tú eres algo terco, pero escúchame: piensa un poco y considera qué despreciables y estériles serían tus días si no fueses a la escuela. De rodillas y con las manos juntas pedirías al cabo de una semana volver a ella, consumido por el hastío y la vergüenza, cansado de tu existencia y de tus juegos. Todos, todos estudian, Enrique mío. Piensa en los obreros que van a la escuela por la noche, después de haber trabajado todo el día; en las mujeres, en las muchachas del pueblo que van a ala escuela los domingos después de haber trabajado toda la semana; en los soldados que echan mano de libros y cuadernos cuando vienen rendidos de los ejercicios militares; piensa en los niños mudos y ciegos que, sin embargo, estudian; y hasta en los presos, que también aprenden a leer y escribir. Y de mañana, cuando sales, recuerda que a la misma hora, en la misma ciudad, otros treinta mil niños se encaminan como tú hacia la escuela. ¡Pero qué más! Piensa en los innumerables niños que, se puede decir que a todas horas, van a la escuela en todos los países; míralos con la imaginación cómo van por las callejuelas solitarias de la aldea, por las concurridas calles de la ciudad, por las orillas de los mares y de los lagos; ya bajo un sol ardiente, ya a través de la niebla; embarcados, en los países cortados por canales; a caballo, por las grandes llanuras; con zuecos sobre la nieve; por valles y colinas, cruzando bosques y torrentes; por los senderos solitarios de las montañas, solos, por parejas, en grupos, en largas filas, todos con los libros debajo del brazo; vestidos de mil modos, hablando miles de lenguas; desde las más remotas escuelas de Rusia, casi perdidas entre los hielos hasta las últimas de Arabia, a la sombra de las palmeras, millones y millones de seres que van a aprender, en mil formas diversas, las mismas cosas. Imagina este vastísimo hormiguero de niños de mil pueblos, este inmenso movimiento, del cual formas parte, y piensa que si este movimiento cesase la humanidad caería en la barbarie. Este movimiento es el progreso, la esperanza, la gloria del mundo.

Valor, pues, pequeño soldado del inmenso ejército. Tus libros son tus armas; tu clase es tu escuadra; el campo de batalla, la tierra entera; y la victoria, la civilización humana. ¡No seas un soldado cobarde, Enrique mío!.

EL PEQUEÑO PATRIOTA PADUANO
Sábado, 29.

No seré un soldado cobarde, no; pero iría con más gusto a la escuela si el maestro nos refiriese todos los días un cuento como el de esta mañana. Todos los meses, dice, nos contará uno, nos lo dará escrito, y será siempre el relato de una acción buena y verdadera, llevada a cabo por un niño. El pequeño patriota paduano se llama el de hoy. Helo aquí:

Un navío francés partió de Barcelona, ciudad de España, para Génova, llevando a bordo franceses, italianos, españoles y suizos. Había, entre otros, un chico de once años, solo, mal vestido, que estaba siempre aislado, como animal salvaje, mirando a todos de reojo. Y tenía razón para mirar a todos así. Hacía dos años que su padre y su madre, labradores de los alrededores de Padua, lo habían vendido al jefe de cierta compañía de titiriteros, el cual, después de haberle enseñado a hacer varios juegos a fuerza de puñetazos, puntapiés y ayunos, lo había llevado a través de Francia y España, pegándole siempre y teniéndolo en cambio siempre hambriento. Llegado a Barcelona y no pudiendo soportar ya los golpes y el ayuno, reducido a un estado que inspiraba compasión, se escapó de su carcelero y fue a pedir protección al cónsul de Italia, el cual, compadecido, lo había embarcado en aquel navío, dándole una carta para el alcalde de Génova, que debía enviarlo a sus padres, a aquellos mismos que lo habían vendido como una bestia. El pobre muchacho estaba lacerado y enfermo. Le habían dado billete de segunda clase. Todos lo miraban, algunos le preguntaban; pero él no respondía, y parecía odiar a todos. ¡Tanto lo habían irritado y entristecido las privaciones y los golpes! Al fin tres viajeros, a fuerza de insistencia, consiguieron hacerlo hablar, y en pocas palabras, torpemente dichas, mezcla de italiano, español y francés, les contó su historia. No eran italianos aquellos viajeros, pero lo comprendieron, y parte por piedad, parte por excitación del vino, le dieron algunas monedas, instándolo para que contase más. Y habiendo entrado en la cámara en aquel momento algunas señoras, los tres, por darse tono, le dieron aún más dinero, gritando: - ¡Toma, toma más!.

Y hacían sonar las monedas sobre la mesa. El muchacho las recogió todas, dando las gracias a media voz, con aire malhumorado, pero con una mirada, por primera vez en su vida, sonriente y cariñosa. Después se fue a su camarote y permaneció allí solo, pensando en lo ocurrido. Con aquel dinero podía tomar algún buen bocado a bordo, después de dos años de no comer más que pan; podía comprarse una chaqueta, apenas desembarcara en Génova, después de dos años de vestir andrajos, y podía también, llevando algo a su casa, tener del padre y de la madre mejor acogida que la que le esperaba si llegase sin nada en los bolsillos. Aquel dinero era para él casi una fortuna, y en esto pensaba, consolándose, mientras los tres viajeros conversaban y bebían sentados a la mesa, en medio de la sala de segunda clase. Se los oía hablar de sus viajes y de los países que habían visto; y de conversación en conversación vinieron a hablar de Italia. Empezó uno a quejarse de sus fondas; otro, de sus ferrocarriles, y después, todos juntos, animándose, hablaron mal de todo. Uno habría preferido viajar por Laponia; otro decía que no había encontrado en Italia más que estafadores y bandidos; el tercero, que los empleados italianos no sabían leer.

-Un pueblo ignorante —decía el primero.

-Sucio —añadió el segundo.

-La… -exclamó el tercero. Iba a decir "ladrón", pero no pudo acabar la palabra.

Una tempestad de monedas cayó sobre las cabezas y espaldas de los tres, y descargó sobre la mesa y el suelo con ruido infernal. Los tres se levantaron furiosos, mirando hacia arriba, y recibieron aún un puñado de monedas en la cara.

-Recobrad vuestro dinero —dijo con desprecio el muchacho, asomado al lato ventanuco de su camarote-. Yo no acepto limosnas de quienes insultan a mi patria.

NOVIEMBRE

EL DESHOLLINADOR
1° de Noviembre.

Ayer tarde fui a la escuela de niñas que está al lado de la nuestra, para darle el cuento del muchacho paduano a la maestra de Silvia, que deseaba leerlo. ¡Setecientas niñas hay allí! Cuando yo llegué, comenzaban a salir, todas muy contentas por las vacaciones de Todos los Santos y Difuntos, y ¡qué cosa tan hermosa presencié entonces! Frente a la puerta de la escuela, en la otra acera, estaba con un brazo apoyado en la pared y la frente sobre el brazo, un deshollinador muy pequeño, de cara completamente negra, con su saco y su raspador, llorando y sollozando amargamente. Dos o tres muchachas de la segunda sección se acercaron y le dijeron:

-¿Qué tienes, que lloras de esa manera? Pero él no respondía y continuaba llorando.
-Pero, ¿qué tienes? ¿Por qué lloras? —repetían las niñas; y entonces él separó el rostro del brazo, un rostro infantil, y dijo gimiendo que había estado en varias casa a limpiar las chimeneas, que había ganado algún dinero y lo había perdido, porque se escurrió por el agujero de un bolsillo roto, y que no se atrevía a volver sin él a casa.

-El amo me pega —decía sollozando; y abatió de nuevo, desesperado, la cabeza en el brazo.

Las niñas se quedaron mirándolo muy serias. Entretanto, se habían acercado otras muchachas, grandes y pequeñas, pobres y ricas, todas con sus carteras, y una de las mayores, que llevaba una pluma azul en el sombrero, sacó del bolsillo dos monedas, y dijo:

-Yo no tengo más que esto. Hagamos una colecta.

-También yo tengo dos monedas —dijo otra, de vestido rojo-. Entre todas podremos reunir lo que falta.

Entonces comenzaron a llamarse:
-¡Amalia, Luisa, Anita, eh, dinero! Tú ¿quién tiene dinero? ¡Vengan monedas! Algunas llevaban dinero para comprar flores o cuadernos, y lo entregaban enseguida.
Otras, más pequeñas, sólo pudieron dar unos céntimos. La de la pluma azul recogía todo y contaba en voz alta: "¡Ocho, diez, quince!", pero hacía falta más. Entonces llegó la mayor de todas, que parecía una maestrita, dio media lira y todas le hicieron una ovación. Pero faltaba aún.

-Ahora salen las de cuarto grado —dijo una.

Llegaron las de cuarto grado y llovieron entonces las monedas. Todas se arremolinaban, y era un hermoso espectáculo ver a aquel pobre deshollinador en medio de aquellos vestidos de tantos colores, de todo aquel círculo de plumas, de lazos y de rizos. Se habían ya reunido más monedas que las que él dijo haber perdido y aún seguía la colecta; y las más pequeñas, que no tenían dinero, se abrían paso entre las mayores, ofreciendo ramitos de flores, por darle también algo. De pronto apareció la portera gritando:

-¡La señora directora!

Las muchachas escaparon por todos lados, como gorriones a la desbandada, y entonces se vio al pobre deshollinador, solo en medio de la calle, enjugándose los ojos muy feliz, con las manos colmadas de dinero y ostentando ramitos de flores en los ojales de la chaqueta, en los bolsillos, en el sombrero; y hasta había flores por el suelo, rodeando sus pies.

EL DÍA DE DIFUNTOS
2 de Noviembre.

"Este día está consagrado a la conmemoración de los difuntos. ¿Sabes tú, Enrique, a qué muertos debéis consagrar un recuerdo en este día, vosotros los muchachos? A los que murieron por vosotros, por los niños. ¡Cuántos han muerto así y cuántos mueren de continuo! ¿Has pensado alguna vez en cuántos padres han consumido su vida en el trabajo, y en cuántas madres han bajado a la tumba antes de tiempo, extenuadas por las privaciones a que se condenaron por sustentar a sus hijos? ¿Sabes cuántos hombres por la desesperación de ver a sus propios hijos en la miseria se quitaron la vida, y cuántas mujeres hicieron lo mismo, o bien murieron de dolor o enloquecieron al perder a un hijo? Piensa, Enrique, en este día, en todos esos muertos. Piensa en tantas maestras que murieron jóvenes, por intentar sobrellevar a un tiempo una dolencia y las fatigas de la escuela, al no tener valor para separarse de los niños; piensa en los médicos que murieron de enfermedades contagiosas, desafiadas valerosamente por curar a los niños; piensa en todos aquellos que en los naufragios, en los incendios, en las hambres, en un momento de supremo peligro, cedieron a la infancia el último pedazo de pan, la última tabla de salvación, la última cuerda para escapar de las llamas y que expiraban satisfechos de su sacrificio si ésta valía para conservar la vida de un pequeño inocente. Son innumerables, Enrique, estos muertos; todo cementerio encierra centenares de estas santas criaturas, que si pudieran salir un momento de la fosa, dirían el nombre de un niño al cual sacrificaron los placeres de la juventud, la paz de la vejez, los sentimientos, la inteligencia, la vida; esposas de veinte años, hombres en la flor de la edad, ancianos octogenarias, jovencillos —ártires heroicos y oscuros de la infancia-, tan grandes y abnegados que no hay en la Tierra bastantes flores para poder honrar sus sepulturas. ¡Tanto se quiere a los niños!.

"Piensa hoy con gratitud en estos muertos y serás mejor y más cariñoso con todos los que te quieren bien y trabajan por ti, querido y afortunado hijo mío, que en el día de los difuntos no tienes que llorar aún a nadie de los tuyos.

Tu madre".

MI AMIGO GARRONE
Viernes, 4.

¡No han sido más que dos días de vacaciones, y sin embargo me parece que he estado mucho tiempo sin ver a Garrone! Cuanto más lo conozco más lo quiero, y lo mismo me ocurre con los demás, exceptuando a los arrogantes; aunque a su lado no puede haberlos, porque él siempre los mete en cintura. Cada vez que uno de los mayores levanta la mano sobre un pequeño, éste grita: -¡Garrone!- y eso basta para que el mayor ya no le pegue.

Su padre es maquinista del ferrocarril. Él empezó tarde a ir a la escuela, porque estuvo malo dos años. Cualquier cosa que se le pide, lápiz, goma, papel, cortaplumas, lo presta o da enseguida; no habla ni ríe en la escuela; está siempre inmóvil en su banco, demasiado estrecho para él, con la espalda agachada y su gran cabeza metida entre los hombros; y cuando lo miro, me dirige una sonrisa, con los ojos entornados, como diciendo: "Y bien, Enrique, ¿somos amigos?". Da risa verlo tan alto y grueso, con su chaqueta, pantalones y mangas, todo, para él demasiado estrecho o escaso; un sombrero que no le cubre la cabeza, el pelo rapado, las botas grandes y una corbata siempre arrollada como una cuerda.

¡Querido Garrone! Basta ver una vez su cara para tomarle afecto. Todos los más pequeños querrían tenerlo por vecino de banco. Sabe muy bien aritmética. Lleva los libros atados con una correa de cuero encarnado. Tiene un cuchillo con mango de carey que encontró el año pasado en la plaza de armas y con el cual un día se cortó un dedo hasta el hueso; pero nadie se lo notó en la escuela, ni tampoco se quejó en su casa, por no asustar a sus padres. Deja que le digan cualquier cosa por broma, y nunca lo toma a mal; pero ¡ay del que le diga: "No es verdad", cuando él afirma una cosa! Sus ojos echan chispas entonces, y pega puñetazos capaces de partir el banco. El sábado por la mañana dio cinco céntimos a uno de la clase primera superior, que lloraba en medio de la calle porque le habían quitado el dinero y no podía ya comprar el cuaderno. Hace ocho días que está trabajando en una carta de ocho páginas, con dibujos a pluma en los márgenes, para el día del santo de su madre, que suele venir a buscarlo y es alta y gruesa como él. El maestro está siempre mirándolo, y cada vez que pasa a su lado le da unas leves palmadas en el cuello, como a un torito manso y bueno. Yo lo quiero mucho. Me siento feliz cuando estrecho en mi mano la suya, grande como la de un hombre. Estoy seguro de que arriesgaría su vida por salvar la de un compañero, y hasta de que se dejaría matar por defenderlo. Se ve bien claro esto en sus ojos. Y aunque su voz sea tan recia, uno sabe que viene de un corazón generoso.

EL CARBONERO Y EL SEÑOR
Lunes 7.

Garrone no habría dicho nunca, seguramente, lo que dijo ayer por la mañana Carlos Nobis a Betti. Carlos es muy orgulloso porque su padre es un gran señor: un señor alto, con barba negra, muy serio, que casi todos los días acompaña a su hijo.

Ayer por la mañana Nobis disputó con Betti, uno de los más pequeños, hijo de un carbonero, y no sabiendo ya qué replicarle porque no tenía razón, le dijo:

-Tu padre es un andrajoso.

Betti se puso encarnado y no dijo nada; pero se le saltaron las lágrimas, y, cuando fue a su casa, se lo contó a su padre; y el carbonero, hombre pequeño y muy negro, fue a la clase de la tarde con el muchacho de la mano, a presentar sus quejas. Mientras el maestro lo escuchaba, como todos guardábamos silencio, el padre de Nobis, que le estaba quitando la capa a su hijo, como de costumbre, oyó desde el umbral de la puerta pronunciar su nombre y entró a pedir explicaciones.

-Es este señor –respondió el maestro- que ha venido a quejarse porque Carlos, el hijo de usted, dijo a su niño: "Tu padre es un andrajoso".

El padre de Nobis arrugó la frente y se puso algo encarnado. Después preguntó a su hijo:

-¿Has dicho esas palabras?

El hijo, de pie en medio de la escuela, con la cabeza baja delante del pequeño Betti, no respondió. Entonces el padre lo agarró de un brazo, lo hizo avanzar más hacia Betti, hasta tal punto que casi se tocaban, y le dijo:

-Pídele perdón.

El carbonero quiso interponerse, diciendo: "No, no", pero el señor no lo consintió y volvió a decir a su hijo:

-Pídele perdón. Repite mis palabras: "Yo te pido perdón por las palabras injuriosas, insensatas, innobles, que dije contra tu padre, al cual el mío se honra mucho en estrechar la mano".

El carbonero hizo el gesto resuelto de oponerse, pero el señor sostuvo su mandato, y su hijo dijo lentamente, con voz cortada, sin alzar los ojos del suelo:

-¡Yo te pido perdón... por las palabras injuriosas..., insensatas..., innobles... que dije contra su padre, al cual el mío... se honra mucho en estrechar la mano!.

Entonces el señor dio la mano al carbonero; éste se la estrechó con fuerza, y después, de un empujón repentino echó a su hijo en brazos de Carlos Nobis.

-Hágame el favor de ponerlos juntos –dijo el caballero al maestro. Éste puso a Betti en el banco de Nobis. Cuando estuvieron en su sitio, el padre de Carlos saludó y salió.

El carbonero se quedó un momento pensativo, mirando a los dos muchachos; después se acercó al banco y miró a Nobis con expresión de cariño y reconocimiento, como si quisiera decirle algo, pero no dijo nada; alargó la mano para hacerle una caricia, pero tampoco se atrevió, contentándose con tocarle la frente con sus toscos dedos. Después se acercó a la puerta, y volviéndose una vez más para mirarlo, desapareció.

-Acordaos bien de lo que habéis visto –dijo el maestro-. Ésta es la mejor lección del año.

LA MAESTRA DE MI HERMANO
Jueves, 10

El hijo del carbonero había sido alumno de la maestra Delcatti, que ha venido hoy a ver a mi hermano enfermo y nos ha hecho reír contándonos que la mamá de aquel niño, hace dos años, le llevó a su casa una gran espuerta de carbón, en prenda de agradecimiento por haberle dado una medalla a su hijo, y porfiaba la pobre mujer porque tuvo que volverse con la espuerta llena. Nos ha dicho también que otra pobre mujer le llevó un ramo de flores, muy pesado, y resultó que tenía dentro un paquete de monedas. Nos hemos entretenido mucho oyéndola, y gracias a ella tragó mi hermano una medicina que al principio no quería tomar. ¡Cuánta paciencia deben tener con los niños de la primera enseñanza elemental, sin dientes cabales, como los viejos, que no pronuncian la "erre" ni la "ese"; ya tose uno, y otro echa sangre por las narices; uno pierde los zapatos debajo del banco, otro chilla porque se ha pinchado con la pluma, y llora aquél porque ha comprado una plana de segunda por una de primera! ¡Reunir cincuenta en la clase, con aquellas manecitas de manteca, y tener que enseñar a escribir a todos! Llevan en sus bolsillos terrones de azúcar, botones, tapones de botella, ladrillo molido, toda clase menudencias, que la maestra les busca pero ellos esconden hasta en los zapatos. Y nunca están atentos: un moscardón que entre por la ventana los alborota. En el verano llevan a al escuela ciertos insectos que echan a volar, caen en los tinteros y manchan de tinta los cuadernos. La maestra tiene que hacer de mamá con ellos: ayudarlos a vestirse, cortarles las uñas, recoger las gorras que se les caen, cuidar de que no cambien los abrigos, porque si no después rabian y chillan. ¡Pobres maestras! ¡Y aun van las mamás a quejarse! -¿Cómo es, señora, que mi niño ha perdido su pluma' -

¿Cómo es que el mío no aprende nada? -¿Por qué no da un premio al mío, que sabe tanto? -

¿Por qué no hace quitar del banco aquel clavo que ha roto los pantalones de mi Pedrito?.

Alguna vez se incomoda con los muchachos la maestra de mi hermano, y cuando no puede más se muerde las uñas por no pegar un cachete; pierde la paciencia, pero después se arrepiente y acaricia al niño a quien ha regañado; echa a un pequeñuelo de la escuela, pero saltándosele las lágrimas, y se disgusta con los padres que privan de la comida a los niños por castigo.

Es joven y alta la maestra Delcatti, viste bien, es morena y viva, y lo hace todo como movida por un resorte; se conmueve por cualquier cosa, y habla entonces con mucha ternura:

-Pero, al menos ¿la quieren los niños? –le preguntó mi madre.

-Mucho –respondió-; pero después, concluido el curso, la mayor parte ni me mira. Cuando están con los profesores, casi se avergüenzan de haber estado conmigo, con la maestra de párvulos. Después de dos años de cuidados, después que se ha querido tanto a un niño, nos entristece separarnos de él, pero se dice una: "¡Oh, en adelante me querrá mucho!" Pero pasan las vacaciones, vuelve a la escuela, corremos a su encuentro: "¡Oh, hijo mío!" Y él vuelve la cabeza a otro lado.

Al decir esto, la maestra se interrumpe. Tiene los ojos húmedos. -¡Pero tú no lo harás así, hermoso! –dice después, mirando a mi hermano y besándolo-. Tú no volverás la cabeza a otro lado, ¿no es verdad? No renegarás de tu pobre amiga.

MI MADRE
Jueves, 20.

"¡En presencia de la maestra de tu hermano faltaste el respeto a tu madre! ¡Que esto no vuelva a suceder, Enrique mío! Tu palabra irreverente se me ha clavado en el corazón como un dardo. Piensa en tu madre cuando, años atrás, permanecía tantas noches inclinada sobre tu cama, midiendo tu respiración, llorando lágrimas de angustia y apretando los dientes, porque creía a cada instante oír tu último aliento y temía perder la razón, y con este pensamiento experimentarás cierta especie de terror hacia ti. ¡Tú ofender a tu madre, a tu madre que daría un año de felicidad por quitarte una hora de dolor, que pediría limosna por ti, que se dejaría matar por salvar tu vida! Oye, Enrique mío; fija bien en la mente este pensamiento: considera que te esperan en la vida muchos días terribles, pero el más terrible de todos será el día en que pierdas a tu madre. Mil veces, Enrique, cuando ya seas hombre fuerte y probado en toda clase de contrariedades, tú la invocarás, oprimido tu corazón por el deseo inmenso de volver a oír su voz y a ver de nuevo sus brazos abiertos, para arrojarte en ellos sollozando, como un pobre niño desamparado y sin consuelo. ¡Cómo te acordarás entonces de cualquier amargura que le hayas causado, y con qué remordimiento, desgraciado, las contarás todas! No esperes tranquilidad en tu vida si has entristecido a tu madre. Sin duda te arrepentirás, le pedirás perdón, venerarás su memoria, pero todo en vano; la conciencia no te dejará en paz; aquella imagen dulce y buena tendrá siempre para ti una expresión de tristeza y reconvención, que pondrá tu alma en tortura. ¡Oh, Enrique, cuidado! Es éste el más sagrado de los afectos humanos. ¡Pobre de ti si lo profanas! El asesino que respeta a su madre aún tiene algo de noble y generoso en su corazón; el más respetado de los hombres que la hace sufrir o la ofende no es más que una miserable criatura. Que no salga nunca de tu boca una palabra dura para la que te ha dado el ser. Y si alguna se te escapa, que no sea el temor a tu padre, sino un espontáneo impulso de tu alma el que te haga arrojarte a sus pies, rogándole que, con el beso del perdón, borre de tu frente la mancha de la ingratitud. Yo te quiero, hijo mío; tú eres la más preciosa esperanza de mi vida; pero mejor quiero verte muerto que saber que eres ingrato con tu madre. Vete y por algún tiempo no me hagas caricias; no podría devolvértelas de corazón.

Tu padre."

MI COMPAÑERO CORETTI
Domingo, 13

Mi padre me perdonó; pero me quedé un poco triste, y mi madre me envió a dar un paseo con el hijo mayor del portero. A mitad del paseo, pasando junto a un carro parado delante de la tienda, oigo que me llaman por mi nombre y me vuelvo. Era Coretti, mi compañero de colegio, con su chaqueta de punto color de chocolate y su gorra de pelo de gato, sudoroso y alegre, con una gran carga de leña sobre sus espaldas. Un hombre, de pie en el carro, le echaba una brazada de leña cada vez; él cargaba con ella y la llevaba a la tienda de su padre, donde muy diligentemente la hacinaba.

-¿Qué haces, Coretti? –le pregunté.

-¿No lo ves? —respondió, tendiendo los brazos para tomar la carga-. Repaso la lección.

Me reí. Pero él hablaba en serio, y después de tomar la brazada de leña, empezó a decir corriendo:

-"Llámanse accidentes del verbo… sus variaciones según el número…, según el número y la persona"… -Y después, echando la leña y amontonándola._ "según el tiempo…, según el tiempo a que se refiere la acción"… -Y volviéndose al carro a tomar otra brazada-. "Según el modo con que la acción se enuncia".

Era nuestra lección de gramática para el día siguiente

-¿Qué quieres? –me dijo-: aprovecho el tiempo. Mi padre se ha ido al monte con el muchacho. Mi madre está enferma. Me toca a mí descargar. Entretanto, repaso la gramática. Y hoy es una lección difícil. No acabo de metérmela en la cabeza. Mi padre me ha dicho que estará aquí a las siete para pagarle a usted – dijo después al hombre del carro.

-Entra un momento en la tienda –me dijo Coretti.

Entré. Era una habitación llena de montones de haces de leña, con una pequeña báscula a un lado.

-Hoy es día de mucho trabajo, te lo aseguro –continuó Coretti-. Tengo que hacer mi obligación a ratos y como pueda. Estaba escribiendo los deberes y ha venido gente a comprar. Me he vuelto a poner a escribir, y llegó el carro. Esta mañana he ido ya dos veces al mercado de la leña, en la plaza Venecia. Tengo las piernas que ya no las siento, y las manos hinchadas. ¡Lo único que me faltaba era tener que hacer también algún dibujo! – y entre tanto barría las hojas secas y las astillas que rodeaban el montón.

-Pero ¿dónde haces tus trabajos, Coretti? –le pregunté.

-No aquí ciertamente –respondió-. Ven a verlo.

Y me llevó a una habitación detrás de la tienda, que servía de cocina y de comedor, y a un lado había una mesa donde estaban los libros, los cuadernos y el trabajo empezado.

-Precisamente aquí –dijo- he dejado la segunda contestación en el aire: "Con el cuero se hacen zapatos, los cinturones…" Ahora se añade: "las maletas". –y tomando la pluma se puso a escribir con su hermosa letra.

-¿No hay nadie aquí? –se oyó gritar en aquel momento en la tienda. Era una mujer que venía a comprar leña.
-Allá voy –respondió Coretti yendo a atenderla. Pesó los haces, tomó el dinero, corrió a un lado para anotar la venta en una libreta y volvió a su trabajo, diciendo-: A ver si puedo concluir el período. –y escribió-: .—"las bolsas de viaje y las mochilas de los soldados".
¡Ah, mi pobre café, que se sale! –gritó de repente, y corrió a la hornilla a quitar la cafetera del fuego-. Es el café para mamá –dijo-. He tenido que aprender a hacerlo. Espera un poco y se lo llevaremos; así te verá y tendrá mucho gusto… Hace siete días que está en cama. "¡Accidentes del verbo!" Siempre me quemo los dedos con esta cafetera. ¿Qué hay que añadir después de las mochilas de los soldados? Hace falta más, y no lo recuerdo. Ven a ver a mamá.

Abrió la puerta y entramos en otro cuarto más pequeño. La madre de Coretti yacía en una cama grande, con un pañuelo en la cabeza.

-Aquí está el café, madre –dijo Coretti, alargando la taza-. Conmigo viene un compañero de escuela.

-¡Cuánto me alegro! –dijo la señora-. Viene a visitar a los enfermos ¿no es verdad?.

Entretanto, Coretti arreglaba la almohada detrás de las espaldas de su madre, componía la ropa de la cama, atizaba el fuego, echaba al gato de la cómoda.

-¿Quiere usted algo, madre? –preguntó después, recogiendo de nuevo la taza-. ¿Tomó ya el jarabe? Luego iré por más a la botica. La leña ya está descargada. A las cuatro pondré el puchero, como me dijo usted, y cuando pase la mujer de la manteca le daré el dinero. Todo se hará; no se preocupe.

-Gracias, hijo –respondió la señora-. ¡Pobre hijo mío, está en todo!.

Quiso que yo tomara un terrón de azúcar, y después Coretti me enseñó, puesta en un marquito, la fotografía de su padre, vestido de soldado y con la Cruz al Valor, que ganó en 1866, sirviendo en la división del príncipe Humberto. Tenía la misma cara del hijo, con sus ojos vivos y su alegre sonrisa.

-Ya he recordado lo que me faltaba –dijo Coretti, y añadió en el cuaderno-. "Se hacen también las guarniciones para los caballos". Lo que falta lo escribiré esta noche, quedándome hasta más tarde. ¡Feliz tú que tienes todo el tiempo que quieres para estudiar, y aún te sobra para ir de paseo!.

Y siempre alegre y vivo, de nuevo en la tienda comenzó a cortar leños, diciendo:

-¡Esto es gimnasia! Más que la de "extensión", "flexión" y todo eso que sabemos. Quiero que mi padre encuentre toda esta leña partida cuando vuelva a casa; esto le gustará mucho. Lo malo es que, después de este trabajo, hago unas "eles" y unas "tes" que parecen serpientes, según dice el maestro. ¿Qué hacer? Le diré que he tenido que mover mucho los brazos. Lo que importa es que mi madre se ponga pronto buena. Hoy, gracias a Dios, está mejor. La gramática la estudiaré de mañanita, antes que salga el sol. ¡Ah, ahora viene el carro con los troncos! ¡A la faena!.

Un carro cargado de leña se detuvo ante la puerta de la tienda. Coretti salió a hablar con el hombre y volvió.

-Ahora no puedo ya hacerte compañía –me dijo-; hasta mañana. Has hecho bien en venir a verme. ¡Buen paseo te has dado! ¡Feliz tú que puedes!

Y dándome la mano, corrió luego a tomar el primer tronco y volvió a sus viajes del carro a la tienda, la cara fresca como una rosa bajo su gorra de pelo de gato.

"¡Feliz tú", me dijo él. ¡Ah, no Coretti, no! Tú eres más que feliz porque estudias y trabajas más; porque eres más útil a tu padre y a tu madre; porque eres mejor, cien veces mejor que yo, querido compañero.

EL DIRECTOR
Viernes, 28.

Coretti estaba muy contento esta mañana, porque ha venido a presenciar los exámenes mensuales su maestro del segundo grado: Coatti, un hombrón con mucho pelo y muy crespo, gran barba negra, ojos grandes, oscuros y una voz de trueno. Amenaza siempre a los niños con hacerlos pedazos y llevarlos de las orejas a la Dirección y tiene siempre el semblante adusto; pero jamás castiga a nadie; al contrario, sonríe siempre detrás de su barba.

Ocho son los maestros, con Coatti, e incluyendo también al suplente, pequeño y sin barba, que parece un muchacho.

Hay un maestro, el de cuarto grado, cojo, arropado en una gran bufanda de lana, siempre lleno de achaques que contrajo cuando era maestro rural, en una escuela húmeda, cuyas paredes rezumaban. Otro maestro del cuarto grado es viejo, muy canoso, y ha sido profesor de ciegos. Hay otro, muy bien vestido, con lentes, bigotito rubio, y a quien llaman "el abogadillo", porque siendo ya maestro, se hizo abogado; después compuso un libro para enseñar a escribir cartas. En cambio, el de gimnasia tiene tipo de soldado; sirvió con Garibaldi y se le ve en el cuello la cicatriz de una herida de sable que recibió en la batalla de Milazzo. el director, en fin, es alto, calvo, usa lentes de oro, su barba gris le llega hasta el pecho, está vestido de negro y va siempre abotonado hasta la barba; es tan bueno con los muchachos que, cuando entran todos temblando en la dirección, llamados por alguna falta, él no les grita, sino que les toma las manos y les hace estas reflexiones: que no deben proceder así, que es menester que se arrepientan, que prometan ser buenos; y habla con tan suaves modos y con voz tan dulce que todos salen con los ojos arrasados de lágrimas y más corregidos que si los hubiesen castigado. ¡Pobre director! Él está siempre primero en su puesto por las mañanas para esperar a los alumnos y dar audiencias a los padres; y cuando los maestros se han ido ya a sus casas, da todavía una vuelta por las inmediaciones de la escuela, para cuidar de que los niños no se cuelguen en la trasera de los coches ni se entretengan por las calles en sus juegos o en llenar carteras de arena o de piedras; y cada vez que se presenta en una esquina, tan alto y tan negro, bandadas de muchachos escapan en todas direcciones, dejando allí los objetos de sus juegos, y él los amenaza con el índice, desde lejos, con su aire afable y triste. Nadie lo ha visto reír –dice mi madre- desde que murió su hijo, que era voluntario del ejército, y tiene a la vista su retrato sobre la mesa de la dirección. No quería servir después de esta desgracia; había hecho un escrito pidiendo su jubilación al Municipio, y lo tenía siempre sobre la mesa, demorando el mandarlo, día tras día, porque le disgustaba dejar a los niños. Por fin, el otro día parecía ya haberse decidido. Pero estaba diciéndole mi padre: "¡Es lástima que usted se vaya, señor director!". Cuando entró un hombre a matricular a un chico que pasaba de un colegio a otro porque se había mudado de casa. Al ver a aquel niño, el director hizo un gesto de asombro, lo miró unos instantes, miró el retrato que tenía sobre la mesa, volvió a mirar al muchacho, lo sentó sobre sus rodillas y haciéndole levantar la cara, dijo finalmente: -Está bien-. Hizo la matrícula, despidió al padre y al hijo, y se quedó pensativo. Aquel niño se parecía a su hijo muerto.

-Es lástima que usted se vaya –volvió a decir mi padre.

Entonces el director tomó su instancia de jubilación, la rompió en dos pedazos y dijo:
-Me quedo.

LOS SOLDADOS
Martes, 22

Su hijo murió siendo voluntario del ejército; por eso el director va siempre a la plaza a ver pasar a los soldados, cuando salimos de la escuela. Ayer desfilaba un regimiento de infantería, y cincuenta muchachos se pusieron a saltar alrededor de la música, cantando y llevando el compás con las reglas sobre las carteras. En la acera, mirando, estábamos Garrone, oprimido por su estrecha ropa y mordiendo un pedazo de pan; Votini, aquel tan elegantito, que siempre está quitándose las motas; Precossi, el hijo del forjador, con la chaqueta de su padre; el calabrés, el "albañilito", Crossi, con su roja cabeza; Franti, con su aire descarado; y también Robetti, el hijo del capitán de artillería, el que salvó al niño del ómnibus y que ahora anda con muletas.

Franti se echó a reír de un soldado que cojeaba. Pero se pronto sintió una mano sobre el hombre y se volvió. Era el director.

-Óyeme –le dijo al punto-: burlarse de un soldado cuando está en las filas, cuando no puede vengarse ni responder, es como insultar a un hombre atado; es una villanía.

Franti desapareció.

Los soldados pasaban de cuatro en cuatro, sudorosos y cubiertos de polvo, y las puntas de las bayonetas resplandecían al sol. El director dijo:

-Debéis querer mucho a los soldados. Son nuestros defensores. Ellos irían a hacerse matar por nosotros si mañana un ejército extranjero amenazase nuestro país. Son también muchachos, pues tienen pocos más años que vosotros, y también van a la escuela; hay entre ellos nobles y ricos, como sucede entre vosotros y vienen también de todas partes de Italia. Vedlos, casi se los puede reconocer por la cara: sicilianos, sardos, napolitanos, lombardos. Ese es un regimiento veterano, de los que han combatido en 1848. Los soldados no son ya aquéllos, pero la bandera es siempre la misma. ¡Cuántos habrán muerto por la patria, alrededor de esta bandera veterana, antes que nacierais vosotros!.

-Ahí viene –dijo Garrone. Y en efecto, se veía ya cerca la bandera, que ondeaba por encima de las cabezas de los soldados.

-Haced una cosa, hijos míos –dijo el director-. Haced vuestro saludo a la bandera tricolor.

La bandera, llevada por un oficial, pasó por delante de nosotros, rota y descolorida, con sus condecoraciones prendidas en el asta. Todos a un tiempo llevamos la mano a la frente. El oficial nos miró sonriendo y nos devolvió el saludo.

-¡Bravo, muchachos! –dijo alguien detrás de nosotros. Nos volvimos para verlo: era un anciano que llevaba en el ojal de la levita la cinta azul de la campaña de Crimea; un oficial retirado-. ¡Bravo! –dijo-. Habéis hecho una cosa que os enaltece.

Entretanto, la banda del regimiento volvía por el fondo de la plaza, rodeada de una turba de chiquillos, y cien gritos alegres acompañaban los sonidos de las trompetas, como un canto de guerra.

-¡Bravo! —repitió aún el veterano oficial, mirándonos-. El que de pequeño respeta la bandera, sabrá defenderla cuando sea mayor.

EL PROTECTOR DE NELLI
Miércoles, 23.

También Nelli, el pobre jorobadito, miraba ayer a los soldados, pero de un modo así como si pensara: "¡Yo no podré nunca ser soldado!". Es bueno y estudia; pero está demacrado y pálido y le cuesta trabajo respirar. Lleva siempre un largo delantal de tela negra lustrosa. Su madre es una señora pequeña y rubia, vestida de negro, que viene a recogerlo a la salida, para que no salga en tropel con los demás, y lo acaricia mucho.

En los primeros días, porque tiene la desgracia de ser jorobado, muchos niños se burlaban de él y le pegaban en la espalda con las carteras; pero él nunca se enfadaba ni decía nada a su madre, por no darle el disgusto de saber que su hijo era juguete de los compañeros. Se mofaban de él, y él lloraba y callaba, apoyando la frente sobre el banco. Pero una mañana se levantó Garrone y dijo:

-¡Al primero que toque a Nelli, le arreo un sopapo que le hago dar tres vueltas!.

Franti no hizo caso, y recibió el sopapo y dio las tres vueltas, y desde entonces nadie volvió a tocar a Nelli. El maestro lo puso cerca de Garrone, en el mismo banco. Así se hicieron muy amigos, y Nelli ha tomado mucho cariño a Garrone. Apenas entra en la escuela mira enseguida por dónde anda, y nunca se va sin decirle: "Adiós, Garrone". Y lo mismo hace Garrone con él. Cuando a Nelli se le cae la pluma o un libro debajo del banco, enseguida se inclina Garrone para que él no tenga el trabajo de agacharse, y le recoge el libro o pluma; y al final de la clase le ayuda a guardar las cosas y a ponerse el abrigo. Así es que Nelli lo quiere mucho, lo está siempre mirando, y cuando el maestro elogia a Garrone se pone tan contento como si lo elogiase a él.

Nelli tuvo al fin que decírselo todo a su madre: las burlas de los primeros días, lo que le hacían sufrir, y luego el compañero que lo defendió y a quien tomó tanto cariño. Debe de habérselo dicho, por lo que sucedió esta mañana. El maestro me mandó llevar al director el programa de la lección, media hora antes de la salida, y yo estaba en su despacho cuando entró una señora rubia, vestida de negro, la mamá de Nelli, la cual dijo:

-Señor director ¿hay en la clase de mi hijo un niño que se llama Garrone?

-Sí, hay —respondió el director.

-¿Quiere usted tener la bondad de hacerlo venir aquí un momento? Porque tengo que decirle unas palabras.

El director llamó al bedel y lo mandó al aula; y un minuto después llegó Garrone, con su cabeza grande y rapada, todo azorado. Apenas lo vio, la señora corrió a su encuentro, le echó los brazos al cuello y le dio muchos besos en la frente, diciendo:

-¿Tú eres Garrone, el amigo de mi hijo, el protector de mi pobre niño? ¡Eres tú, querido. Tú, hermoso!…

Después buscó precipitadamente en sus bolsillos, y no encontrando nada en ellos, se quitó del cuello una cadena con una crucecita y se la puso a Garrone, por debajo de la corbata.

-¡Tómala –decía-. Llévala en recuerdo mío, querido niño; en recuerdo de la madre de Nelli, que te da millones de gracias y que te bendice!.

EL PRIMERO DE LA CLASE
Viernes, 25.

Garrone se atrae el cariño de todos, y Derossi, la admiración. Ha obtenido el primer premio; será también el número uno este año; nadie puede competir con él; todos reconocen su superioridad en todas las materias. Es el primero en aritmética, en gramática, en composición, en dibujo; todo lo entiende al vuelo; tiene una memoria prodigiosa; todo lo aprende sin esfuerzo; parece que el estudio es un juego para él.

El maestro le dijo ayer:

-Has recibido grandes dones de Dios; no tienes que hacer más que no malgastarlos.

Es también, por lo demás, alto, guapo, tiene el cabello rubio y rizado; tan ágil es que salta sobre un banco sin apoyar más que una mano, y sabe ya esgrima. Tiene doce años, es hijo de un comerciante; va siempre vestido de azul, con botones dorados. Vivo, alegre, gracioso, ayuda a cuantos puede en el examen y nadie se atreve jamás a jugarle una mala pasada ni a dirigirle una palabra molesta. Sólo Nobis y Franti lo miran de reojo, y a Votini le rebosa la envidia por los ojos; pero él ni siquiera parece notarlo. Todos le sonríen y le tocan la mano o en un brazo cuando pasa cerca de aquel modo tan gracioso y simpático, al ir a recoger los deberes. Él regala periódicos ilustrados, dibujos, todo lo que en su casa le regalan a él; ha hecho para el calabrés un pequeño mapa de Calabria; y todo lo da sin pretensiones, a lo gran señor, y sin demostrar predilección por ninguno en especial. Es imposible tenerle envidia, no sentirse inferior a él en todo. ¡Ah, yo también, como Votini, lo envidio! Y siento una amargura, una especie de despecho contra él alguna vez, cuando me cuesta tanto hacer el trabajo en casa y pienso que, a aquella hora, ya lo tendrá él acabado muy bien y sin esfuerzo alguno. Pero después, cuando vuelvo a la escuela y lo encuentro tan bueno, sonriente y afable; cuando lo oigo responder con tanta seguridad a las preguntas del maestro, y veo qué amable es y cuánto lo quieren todos, no tengo más remedio que arrojar de mi corazón todo rencor, todo despecho, y me avergüenzo de haber tenido tales sentimientos. Querría entonces estar siempre a su lado, querría poder seguir todos los estudios con él. Su presencia, su voz, me infunden valor, ganas de trabajar, alegría, placer.

El maestro le ha dado a copiar el cuento mensual que leerá mañana: El pequeño vigía lombardo. Él lo copiaba esta mañana y estaba conmovido con aquel hecho heroico; se le veía encendido el rostro, con los ojos húmedos y la boca temblorosa. Yo lo miraba pensando: ¡Qué hermoso está! Con gusto le habría dicho en su cara, francamente: "¡Derossi, tú vales mucho más que yo! ¡Tú eres un hombre a mi lado! ¡Yo te respeto y te admiro!".

EL PEQUEÑO VIGÍA LOMBARDO
Sábado, 26

En 1859, durante la guerra por el rescate de Lombardía, pocos días después de la batalla de Solferino y San Martino, librada por los franceses y los italianos contra los austríacos, una hermosa mañana del mes de junio, una sección de caballería de Saluzo iba hacia el enemigo por una estrecha senda solitaria; marchaba despacio y explorando el terreno atentamente.

Mandaban la sección un oficial y un sargento, y todos en silencio miraban a lo lejos con los ojos fijos, preparándose para ver blanquear a cada momento, entre los árboles, las avanzadas de los adversarios. Llegaron así a cierta casita rústica, rodeada de fresnos, delante de la cual sólo había un muchacho como de doce años, que descortezaba una vara con un cuchillo para proporcionarse un bastoncillo. En una de las ventanas de la casa tremolaba al viento la bandera tricolor; dentro no había nadie: los aldeanos, izada su bandera, habían escapado de miedo a los austríacos. Apenas divisó la caballería, el muchacho tiró el bastón y se quitó la gorra. Era un hermoso niño, de rostro muy despierto, con ojos grandes y azules, los cabellos rubios y largos; estaba en mangas de camisa y mostraba el pecho desnudo.

-¿Qué haces aquí? —le preguntó el oficial, deteniendo el caballo- ¿Por qué no has huido con tu familia?

-Yo no tengo familia —respondió el muchacho-. Soy expósito. Trabajo algo al servicio de todos. Me he quedado aquí para ver la guerra.

-¿Has visto pasar a los austríacos?

-No, desde hace tres días.

El oficial se quedó un poco pensativo; se apeó del caballo y, dejando los soldados allí, vueltos hacia el enemigo, entró en la casa y subió hasta el tejado. No se alcanzaba a dominar más que un trecho de campo. "Habrá que subirse a los árboles", pensó el oficial, y descendió. Precisamente delante de la casa se alzaba un fresno altísimo y flexible, cuya cima parecía casi mecerse en las nubes. El oficial estuvo por momentos indeciso, mirando ya al árbol, ya a los soldados; después, de pronto, preguntó al muchacho:

-¿Tienes buena vista?

-¿Yo? —respondió el muchacho-. Yo veo un gorrioncillo aunque esté a dos leguas.
-¿Sabrías subir a la cima de aquel árbol?.

-¿A la cima de aquel árbol, yo? En medio minuto me subo.

-¿Y sabrás decirme lo que ves desde allá arriba, si son soldados austríacos, nubes de polvo, fusiles que relucen, caballos…?.

-Seguro que sabré.

-¿Qué quieres por hacerme este servicio?.

-¿Qué quiero? –dijo el muchacho sonriendo-. Nada- ¡Vaya una cosa! Y después… si fuera por los "alemanes" entonces a ningún precio, ¡pero por los nuestros! ¡Si yo soy lombardo!

-Bien, súbete, pues.

-Espere que me quite los zapatos.

Se quitó los zapatos, se apretó el cinturón, echó al suelo la gorra y se abrazó al tronco del fresno.

-Pero, espera… -exclamó el oficial, haciendo el ademán de detenerlo, como si lo asaltase un temor repentino.

El muchacho se volvió a mirarlo con sus hermosos ojos azules, en actitud interrogante.

-Nada –dijo el oficial-; sube.

El muchacho empezó a trepar como un gato.

-¡Estad atentos, mirad delante de vosotros! –gritó el oficial a los soldados.

En pocos momentos el muchacho estuvo en la copa del árbol, abrazado al tronco, con las piernas entre las hojas, pero con el pecho descubierto, y su rubia cabeza resplandecía con el sol, como si fuese de oro. El oficial apenas lo veía, tan pequeño resultaba allá arriba.

-Mira hacia el frente, y muy lejos –gritó el oficial.

El chico, para ver mejor, sacó la mano derecha, que apoyaba en el árbol, y se la puso a modo de pantalla sobre los ojos.

-¿Qué ves? –preguntó el oficial.

El muchacho inclinó la cara hacia él, y haciendo tornavoz de su mano, respondió:

-Dos hombres a caballo en lo blanco del camino.

-¿A qué distancia de aquí?

-Media legua.

-¿Se mueven?

-Están parados.

-¿Qué otra cosa ves? –interrogó el oficial, después de un momento de silencio-. Mira hacia la derecha.

El chico miró y dijo:

-Cerca del cementerio, entre los árboles, hay algo que brilla; parecen bayonetas.

-¿Ves gente?

-No; estarán escondidos entre los sembrados.

En aquel momento un agudísimo silbido de bala se sintió por el aire y fue a perderse lejos, detrás de la casa.

-¡Baja! –gritó el oficial-. Te han visto. No quiero saber más. Vente ya, muchacho.

-Yo no tengo miedo –respondió el niño.

-¡Baja!… -repitió el oficial-. ¿Qué más ves a la izquierda?

El chico volvió la cabeza a la izquierda. En aquel momento otro silbido más agudo hendió los aires a menor altura. el muchacho se ocultó todo lo que pudo.

-¡Vamos! –exclamó-. ¡La han tomado conmigo!.

La bala le había pasado muy cerca.

-¡Abajo! –gritó el oficial, imperioso y colérico.

-Enseguida –respondió el chico-; pero el árbol me resguarda; no tenga usted cuidado. ¿A la izquierda quiere usted saber!.

-A la izquierda –respondió el oficial- . ¡Pero baja ya!.

-A la izquierda –gritó el niño, estirándose hacia aquella parte- donde hay una capilla, me parece ver…

Un tercer silbido pasó por lo alto, y en seguida se vio caer al muchacho, deteniéndose un punto en el tronco y en las ramas, y precipitándose después cabeza abajo con los brazos abiertos.

-¡Maldición! –gritó el oficial, acudiendo.

El chico cayó a tierra de espaldas, y quedó tendido con los brazos abiertos, boca arriba. Un reguero de sangre le fluía del pecho, a la izquierda. El sargento y dos soldados se apearon de sus caballos: el oficial se agachó y le separó la camisa. La bala le había entrado en el pulmón izquierdo.

-¡Está muerto! –exclamó el oficial.

-¡No, vive! –replicó el sargento.

-¡Ah, pobre niño, valiente muchacho! –gritó el oficial-. ¡Ánimo, ánimo!.

Pero mientras decía "ánimo" y le oprimía el pañuelo sobre la herida, el muchacho movió los ojos e inclinó la cabeza: había muerto. El oficial palideció y lo miró un momento.
Después le acomodó la cabeza sobre el césped, se levantó y estuvo un rato contemplándolo. También el sargento y los dos soldados lo miraban inmóviles; los demás permanecían vueltos hacia el enemigo.

-¡Pobre muchacho! –repitió, tristemente el oficial-. ¡Pobre y valienteniño!.

Luego se acercó a la casa, quitó de la ventana la bandera tricolor y la extendió como paño fúnebre sobre el pobre muerto, dejándole la cara descubierta. El sargento acercó al lado del muerto los zapatos, la gorra, el bastoncito y el cuchillo.

Permanecieron todavía un rato, silenciosos; después el oficial se volvió al sargento y le dijo:

-Mandaremos que lo recoja la ambulancia: ha muerto como soldado, y como soldado debemos enterrarlo.

Dicho esto, dio al muerto un beso en la frente y ordenó:

-¡A caballo!.

Todos se afianzaron en las sillas, reunióse la sección y volvió a emprender su marcha.

Pocas horas después el pobre muerto tuvo los honores militares. al ponerse el sol, toda la línea de las avanzadas italianas se dirigía hacia el enemigo, y, por el mismo camino que había recorrido de mañana, marchaba ahora en dos filas un bravo batallón de cazadores, que días antes había regado valerosamente con su sangre el collado de San Martino. La noticia de la muerte del muchacho había corrido entre los soldados, antes ya de dejar el campamento. El camino, flaqueado por un arroyuelo, pasaba a pocos pasos de distancia de la casa. Cuando los primeros oficiales del batallón vieron el cuerpo exánime del muchacho tendido al pie del fresno y cubierto con la bandera tricolor, lo saludaron con sus sables, y uno de ellos se inclinó sobre la orilla del arroyo, que estaba muy florida, arrancó unas flores y las echó sobre él. Entonces todos los cazadores, conforme iban pasando, cortaban flores y las arrojaban al muerto. En pocos momentos el muchacho quedó cubierto de flores.

Todos los soldados le dirigían saludos al pasar.

-¡Bravo, pequeño lombardo!.

-¡Adiós, niño!.

-¡Adiós, rubio!.

-¡Viva!.

-¡Bendito sea!.

-¡Adiós!.

Un oficial le puso su medalla al valor; otro lo besó en la frente, y las flores continuaban lloviendo sobre sus desnudos pies, sobre el pecho ensangrentado, sobre la rubia cabeza. Y él parecía dormido en la hierba, envuelto en la bandera, con el rostro pálido y casi sonriente, como si oyese aquellos saludos y estuviese contento de haber dado la vida por su patria.

LOS POBRES
Martes, 29.

"Dar la vida por la patria, como el muchacho lombardo, es una gran virtud; pero no olvides, hijo mío, otras virtudes menos brillantes. Esta mañana, cuando volvíamos de la escuela, tú, que ibas delante de mí, pasaste junto a una pobre que tenía sobre sus rodillas a un niño extenuado y pálido, y que te pidió limosna. La miraste y no le diste nada, y quizá llevabas dinero en el bolsillo.

"Escucha, hijo mío: no te acostumbres a pasar con indiferencia delante de la miseria que tiende la mano, y mucho menos delante de una madre que pide limosna para su hijo.

"Piensa que quizás aquel niño tenía hambre; piensa en la congoja de aquella pobre mujer. Imagínate el desesperado sollozo de tu madre cuando un día tuviese que decirte: "Enrique, hoy no puedo darte un pedazo de pan". Cuando yo doy una moneda a un pobre y éste me dice: "¡Dios le dé salud a usted y a sus hijos!", tú difícilmente puedes comprender la dulzura que siento en mi corazón al oír tales palabras, y la gratitud que aquel pobre me inspira. Me parece que, con aquel auspicio, voy a conservar mi salud y tú la tuya por mucho tiempo, y vuelvo a casa pensando: "¡Oh, aquel pobre me ha dado más de lo que yo le he dado a él!". Pues bien, haz tú por oír alguna vez votos análogos, suscitados merecidos por ti. Saca de vez en cuanto alguna moneda de tu bolsillo para dejarla caer en la mano del viejo necesitado, de la madre sin pan, del niño sin madre. A los pobres les gusta la limosna de los niños, porque no los humilla, y porque los niños, que necesitan de todo el mundo, se les parecen. He aquí por qué suele haber pobres a la puerta de las escuelas. La limosna del hombre es acto de caridad; pero la del niño es al mismo tiempo un acto de caridad y una caricia. ¿Comprendes? Es como si de su mano cayera a la vez un socorro y una flor.

Piensa que a ti nada te falta, mientras que a ellos les falta todo, y que mientras tú aspiras a ser feliz, ellos con poder vivir ya se conforman. Piensa que es un horror que, en medio de tantos palacios, en las calles por donde pasan carruajes y niños vestidos de terciopelo, haya mujeres y niños que no tienen qué comer. ¡No tener qué comer, Dios mío! ¡Niños como tú, como tú buenos, inteligentes como tú, que en medio de una gran ciudad no tienen qué comer, como fieras perdidas en un desierto! ¡Oh, Enrique, no vuelvas nunca a pasar por delante de una madre que pide limosna sin dejarle un socorro en la mano!.

Tu madre."

DICIEMBRE

EL COMERCIANTE
Jueves, 1°.

Mi padre quiere que cada día de fiesta haga venir a casa a uno de mis compañeros, o que vaya a buscarlo para hacerme poco a poco amigo de todos.

El domingo fui a pasear con Votini, aquel tan bien vestido, que está siempre alisándose y que tiene tanta envidia de Derossi. Y hoy ha venido a casa Garoffi: aquel alto y delgado, con la nariz de pico de loro y los ojos pequeños y vivos, que parecen sondearlo todo. Es hijo de un droguero, y es un tipo muy original. Está siempre contando las monedas que tiene en el bolsillo; cuenta muy deprisa con los dedos, y hace cualquier multiplicación sin mirar la tabla. Hace sus economías y tiene ya una libreta de la Caja de Ahorros escolar. Es desconfiado, no gasta nunca un centavo, y si se le cae alguna moneda debajo del banco, es capaz de pasar la semana buscándola. "Es una urraca", dice de él Derossi. Todo lo que encuentra: plumas estropeadas, estampillas usadas, alfileres, cerillas, todo lo recoge. Hace ya más de dos años que colecciona estampillas y tiene ya centenares de todos los países en su gran álbum, que venderá después al librero cuando esté repleto. Entretanto, el librero le da muchos cuadernos gratis, porque le lleva niños a la tienda. En la escuela está siempre traficando; todos los días vende, hace loterías y subastas; después se arrepiente y quiere sus mercancías; compra por dos y vende por cuatro; juega a las estampas y jamás pierde; vende los periódicos atrasados al estanquero, y tiene un cuaderno donde anota todos sus negocios, lleno todo él de sumas y de restas. En la escuela sólo estudia aritmética; y si ambiciona premios, no es nada más que por tener entrada gratis en el teatro de títeres. A mí me gusta y me entretiene. Hemos jugado a hacer una tienda con pesas y balanzas; él sabe el precio exacto de todas las cosas, conoce las pesas y hace muy pronto y bien cartuchos y paquetes como los vendedores. Dice que apenas salga de la escuela emprenderá un negocio, un tipo de comercio nuevo, inventado por él. Ha estado muy contento porque le di estampillas extranjeras, y enseguida me dijo a cuánto se vende cada una para las colecciones. Mi padre, haciendo como que leía el periódico, lo estaba oyendo y se divertía. Lleva siempre los bolsillos llenos de sus pequeñas mercancías, que almacena y cubre con un largo delantal negro, y parece estar siempre pensativo y muy preocupado, como los grandes negociantes. Pero lo que le gusta más que todo es su colección de estampillas. Es su tesoro, y habla siempre de ella como si hubiese de sacar de ella una fortuna. Los compañeros le creen avaro y usurero. Yo no pienso así. Le quiero bien; me enseña muchas cosas, y me parece un hombre. Coretti, el hijo del vendedor de leña, dice que Garoffi no daría sus sellos ni para salvar la vida de su madre. Mi padre no lo cree así.

-Espera aún para juzgarlo –me ha dicho-. Tiene, en efecto, esa pasión; pero su corazón es bueno.

EL PRESUMIDO
Lunes, 5.

Ayer fui a pasear por la avenida de Rívole con Votini y su padre. Al pasar por la calle Dora Grossa vimos a Stardi, el que da puntapiés a los que lo importunan, muy tieso delante del escaparate de un librero, con los ojos fijos en un mapa; y sabe Dios desde cuándo estaría allí, porque él estudia hasta en la calle. Ni siquiera nos saludó el muy grosero.

Votini iba muy bien vestido, quizá demasiado bien: llevaba botas de tafilete con pespuntes encarnados, un traje con adornos y vivos de seda, sombrero de castor blanco y reloj. Pero su vanidad debía acabar mal esta vez. Después de haber andado buen trecho por la calle, dejando muy atrás a su padre, que marchaba despacio, nos detuvimos ante un asiento de piedra, junto al muchacho modestamente vestido, que parecía cansado y estaba pensativo, con la cabeza baja. Un hombre, que debía ser su padre, paseaba bajo los árboles leyendo un periódico. Nos sentamos; Votini entre el muchacho y yo. De pronto se acordó que estaba bien vestido, y quiso hacerse admirar y envidiar de nuestro vecino. Levantó un pie, y me dijo:

-¿Has visto mis botas nuevas?.

Lo decía para que lo mirase el otro, pero éste no se fijó. Entonces bajó el pie y me enseñó las borlas de seda, espiando de reojo al muchacho, y dijo que aquellas borlas de seda no le gustaban y que pensaba cambiarlas por botones de plata. Pero el chico no miró tampoco.

Votini, entonces, se puso a hacer girar en el índice su precioso sombrero de castor blanco; pero el niño, como si lo hiciese a propósito, no se dignó dirigir siquiera una mirada al sombrero.

Votini empezaba a exasperarse; sacó el reloj, lo abrió y me enseñó la máquina. ¡Y el vecino, sin volver la cabeza!.

¿Es plata sobredorada? –le pregunté.

-Es de oro

-Pero no será todo de oro –le dije-; habrá también algo de plata.

-No, hombre, no –replicó.

Y para obligar al muchacho a mirar, le puso el reloj delante de los ojos, diciéndole:

-Di tú, mira; ¿no es verdad que es todo de oro?. El chico respondió secamente:
-No sé.

-¡Oh, oh! –exclamó Votini lleno de rabia-. ¡Qué soberbia!.

Mientras decía esto llegó su padre, que lo oyó; miró un rato fijamente a aquel niño, y después dijo bruscamente a su hijo:

-Calla –e inclinándose a su oído, añadió-: ¡Es ciego!.

Votini se puso en pie de un saldo y miró la cara del muchacho. Éste tenía las pupilas apagadas, sin expresión, sin mirada. Votini se quedó anonadado, sin habla, con los ojos fijos en el suelo. Después balbuceó:

-¡Lo siento, no lo sabía!.

Pero el ciego, que lo había comprendido todo, dijo con una sonrisa breve y melancólica:

-¡Oh, no tiene importancia!.

Ciertamente Votini es presumido; pero no tiene, en modo alguno, mal corazón. En todo el resto del paseo no volvió a reír.

LA PRIMERA NEVADA
Sábado, 10.

¡Adiós, paseos a Rívoli! Llegó la hermosa amiga de los niños, la nevada. ¡Ya están aquí las primeras nieves! Ayer tarde, a última hora, cayeron copos finos y abiertos como jazmines. Era un gusto esta mañana en la escuela verlos caer contra los cristales y amontonarse sobre los balcones. También el maestro miraba y se frotaba las manos, y todos estaban contentos pensando hacer bolas de nieve, fuera del hogar o junto a él. Únicamente Stardi parecía no enterarse, completamente absorto en la lección y con los puños apoyados en las sienes.

¡Qué hermosura1 ¡Cuánta alegría a la salida1 Todos salimos a la desbandada por las calles, gritando y charlando, tomando puñados de nieve o zambulléndonos en ella como perritos en el agua. Los padres que esperaban afuera ya tenían blancos los paraguas; blancos los quepis de los guardias, y blancas también nuestras carteras enseguida.

Todos en su júbilo parecían fuera de sí, hasta Precossi, el hijo del forjador, aquel pálido que nunca se ríe; y hasta Robetti, el que salvó al niño del ómnibus, saltaba con sus muletas. El calabrés, que no había tocado nunca la nieve, hizo una pelota y se puso a comérsela como si fuera un melocotón. Crossi, el hijo de la verdulera, se llenó de nieve la cartera, y el "albañilito" nos hizo desternillar de risa cuando mi padre lo invitó a venir mañana a casa: tenía la boca llena de nieve, y no atreviéndose a escupirla ni a tragársela, se quedó atónito mirándonos, sin poder responder.

También las maestras salían de la escuela corriendo y riendo: hasta mi maestra de primero, ¡pobrecilla!, corría a través de la nevada, preservándose la cara con el velo verde y tosiendo. Mientras tanto, centenares de muchachas de la escuela inmediata pasaban chillando y pisoteando sobre aquella blanca alfombra, y los maestros, los bedeles y los guardias gritaban: "¡A casa, a casa!", tragando copos de nieve y quitándosela de los bigotes y la barba. Pero también ellos se reían de aquella turba de muchachos que festejaban el invierno....

"Vosotros festejáis el invierno...; pero hay niños sin pan, sin zapatos, sin lumbre. Hay millares que bajan a las ciudades después de largo camino, llevando en sus manos ensangrentadas por los sabañones, un pedazo de leña para calentar la escuela. Hay centenares de escuelas casi sepultadas en la nieve, desnudas y oscuras como cavernas, donde los niños, tiritando y sofocados por el humo, miran con terror los blancos copos que caen sin parar, que se amontonan sin tregua sobre sus lejanas cabañas, amenazadas tal vez por el alud. Vosotros festejáis el invierno. ¡Pensad en los miles de criaturas a quienes el invierno trae la miseria y la muerte!.

Tu padre".

EL "ALBAÑILITO".
Domingo, 11.

El "albañilito" ha venido hoy de cazadora, vestido con la ropa de su padre, blanca todavía por la cal y el yeso. Mi padre deseaba aún más que yo que viniese. ¡Cómo nos gusta!.

Apenas entró se quitó su vetérrimo sombrero, que estaba cubierto de nieve, y se lo metió en su bolsillo; después vino hacia mí con aquel andar suyo descuidado, de cansado trabajador, volviendo aquí y allá su cabeza, redonda como una manzana, y con su nariz roma; y cuando fue al comedor, al echar una ojeada a los muebles fijó su atención en un cuadrito que representa a Rigoletto, un bufón jorobado, y puso la cara de "hocico de conejo". Imposible dejar de reírse al vérselo hacer.

Nos pusimos a jugar con piezas de madera, y tiene una habilidad extraordinaria para hacer torres y puentes; parecen tenerse en pie de milagro, y él trabaja en ello muy serio, con la paciencia de un hombre. Entre una y otra torre me hablaba de su familia. Viven en un desván; su padre va a la escuela de adultos, de noche, a aprender a leer; su madre no es de aquí. Parece que lo quieren mucho, porque aunque él viste pobremente, va bien guardado del frío, con la ropa remendada y el lazo de la corbata bien hecho y anudado por su misma madre. Su padre, me dice, es un hombretón, un gigante, que apenas cabe por la puerta; es bueno, y llama siempre a su hijo "hociquito de liebre". El hijo, en cambio, es pequeñín.

A las cuatro merendamos juntos, pan y pasas, sentados en el sofá, y cuando nos levantamos, no sé por qué, mi padre no quiso que limpiara el espaldar que el "albañilito" había manchado de blanco con su chaqueta. Me detuvo la mano y lo limpió después él sin que lo viéramos.

Jugando, al "albañilito" se le cayó un botón de la cazadora, y mi madre se lo cosió; él se puso colorado y la veía coser, muy admirado y confuso, sin atreverse a respirar.

Después le enseñé el álbum de caricaturas, y él, sin darse cuenta, imitaba los gestos de aquellas caras; tan bien, que hasta mi padre se reía.

Estaba tan contento cuando se fue que se olvidó de ponerse el andrajoso sombrero, y al llegar al descansillo de la escalera, para manifestarme su gratitud me hacía otra vez la gracia de poner el "hocico de liebre". Se llama Antonio Rabucco y tiene ocho años y ocho meses....

"¿Sabes, hijo mío, por qué no quise que limpiaras el sofá? Porque limpiarlo mientras tu compañero lo veía era casi hacerle una reconvención por haberlo ensuciado. Y eso no habría estado bien: en primer lugar, porque no lo había hecho a propósito, y en segundo, porque había sido con ropa de su padre que se la enyesó trabajando; y lo que mancha trabajando no ensucia; es polvo, cal, barniz, todo lo que quieras, pero no-suciedad. El trabajo no ensucia. No digas nunca de un obrero que sale de su trabajo: "Va sucio". Debes decir: "Tiene en su ropa las señales, las huellas del trabajo". Recuérdalo. Quiere mucho al "albañilito", porque es compañero tuyo y, además, porque es hijo de un obrero.

Tu padre".

UNA BOLA DE NIEVE
Viernes, 16.

Sigue nevando, nevando. Ha ocurrido un accidente desagradable esta mañana al salir de la escuela. Un tropel de muchachos, apenas llegaron a la plaza, se pusieron a hacer bolas con aquella nieve acuosa que hace las bolas duras y pesadas como piedras. Mucha gente pasaba por la acera. Un señor gritó: "¡Alto, pícaros!". Y, precisamente, en aquel momento se oyó un grito agudo al otro lado de la calle, y se vio a un viejo que había perdido su sombrero y andaba vacilante, cubriéndose la cara con las manos, y a su lado a un niño que gritaba:

"Socorro, socorro!" Enseguida acudió gente de todas partes. Una bola le había dado al anciano en un ojo. Todos los muchachos corrieron a la desbandada, huyendo como flechas.

Yo estaba ante la tienda del librero, donde había entrado mi padre, y vi llegar a la carrera a varios compañeros míos que se mezclaban entre los que se hallaban junto a mí y hacían como que miraban los escaparates; eran Garrone, con su acostumbrado panecillo en el bolsillo; Coretti, el "albañilito" y Garoffi, el de las estampillas. Entretanto, se había reunido gente alrededor del viejo, y los guardias corrían de una parte a otra, amenazando y gritando.

-¿Quién ha sido? ¿Quién? ¿Eres tú? ¡Decid quién ha sido!.

Y miraban las manos de los muchachos para ver si las tenían mojadas de nueve.

Garoffi estaba a mi lado: noté que temblaba mucho y que estaba pálido como un muerto.

-¿Quién eso? ¿Quién ha sido? —continuaba gritando la gente. Entonces oí a Garrone que decía por lo bajo a Garoffi:

-¡Anda! Ve a presentarte: sería una villanía dejar que sospecharan deotro.

-¡Pero si yo no lo hice adrede! —respondió Garoffi, temblando como una hoja en el árbol.

-No importa, cumple con tu deber —contestó Garrone.

-¡Pero si no tengo valor para confesarlo!

-Anímate, yo te acompaño.

Y los guardias y la gente gritaban cada vez más fuerte:

-¿Quién es? ¿Quién ha sido? Le han metido un cristal de sus lentes en un ojo. Lo han dejado ciego ¡Bribones!.

Yo reí que Garoffi iba a desplomarse.

-Ven —le dijo resueltamente Garrone-; yo te defiendo.

Y tomándolo de un brazo, lo empujó hacia delante, sosteniéndolo como a un enfermo. La gente lo vio y lo comprendió todo enseguida, y muchos corrieron con los puños levantados. Pero Garrone se puso en medio, gritando:

-¿Qué vais a hacer, diez hombres contra un niño?

Entonces ellos se detuvieron, y un guardia asió a Garoffi de la mano y, abriéndose paso entre la multitud, lo condujo a una pastelería donde habían refugiado al herido. Viéndolo, reconocí enseguida al viejo empleado que vive con su sobrinillo en el cuarto piso de nuestra casa. Lo habían recostado en una silla con un pañuelo en los ojos.

-¡Ha sido sin querer! —repetía Garoffi.

Dos personas lo arrojaron violentamente en la tienda, gritando:

-¡Pide perdón! ¡Con la frente en el suelo!

Y lo echaron al suelo. Pero de pronto, dos brazos vigorosos lo pusieron en pie, y una voz resuelta dijo:

-¡No, señores!.

Era nuestro director, que lo había visto todo.

-Puesto que ha tenido el valor de presentarse, nadie tiene derecho a vejarlo. Todos permanecieron callados.
-Pide perdón —dijo el director a Garoffi.

Garoffi, ahogado en llanto, abrazó las rodillas del viejo, y éste, buscando con la mano su cabeza, lo acarició cariñosamente. Entonces todos dijeron:

-Vamos, muchacho; vete a casa.

Mi padre me sacó de entre la gente y, ya en la calle, me preguntó:

-Enrique, en un aso semejante ¿tendrías el valor de cumplir con tu deber, de ir a confesar tu culpa?.

Yo le dije que sí, y él repuso:

-Dame tu palabra de honor de que así lo harás.

-Te doy mi palabra, padre mío.

LAS MAESTRAS
Sábado, 17.

Garoffi estaba hoy muy atemorizado, esperando una gran reprimenda del maestro; pero éste no fue, y como faltaba también el suplente, ha venido a dar la clase la señora Cromi, la más vieja de las maestras, que tiene dos hijos mayores y ha enseñado a leer y escribir a muchas de las señoras que ahora llevan a sus niños a la escuela Baretti. Hoy estaba triste, porque tiene un hijo enfermo. Apenas la vieron empezaron todos a hacer gran ruido. Pero ella, con voz pausada y serena, dijo:

-Respetad mis canas: yo casi no soy ya una maestra, sino una madre.

Y entonces ninguno se atrevió a hablar más, ni aun aquel alma de cántaro de Franti, que se contentó con hacerle burlas a escondidas.

A la clase de la señora Cromi mandaron a la señora Delcatti, maestra de mi hermano; y al puesto de ésta, a la que llaman la "monjita", porque va siempre vestida de oscuro, con aquel delantal negro; su cara es pequeña y blanca, lleva muy alisados los cabellos, tiene los ojos muy claros y la voz tan opaca que parece estar siempre murmurando oraciones. Y es cosa que no se comprende, dice mi madre: tan suave y tan tímida, con aquel hilito de voz siempre igual, que apenas suena, sin gritar y sin incomodarse nunca; y sin embargo, tiene a los niños quietos que ni se los oye, y hasta los más atrevidos inclinan la cabeza en cuanto los amenaza con el dedo. Parece una iglesia su escuela, y por eso también la llaman la "monjita".

Hay otra que me gusta mucho: la maestra de primero elemental N° 3, una joven con la cara sonrosada, que tiene dos lunares muy graciosos en las mejillas, y que lleva una pluma encarnada en el sombrero y una crucecita amarilla colgada al cuello. Siempre está alegre, y alegre también tiene su clase; sonríe y cuando grita con aquella voz argentina, parece que canta; pega con la regla en la mesa y da palmadas para imponer silencio. Después, cuando sale, corre como una niña detrás de unos y otros para ponerlos en fila; y a éste le tira del babero, a otro le abrocha el abrigo para que no se resfríe; los sigue hasta la calle para que no alboroten; suplica a los padres para que no los castiguen en casa; lleva pastillas a los que tienen tos; presta su manguito a los que tienen frío, y está continuamente atormentada por los más pequeños, que le hacen caricias y le piden besos, tirándole del velo y del vestido; pero ella se deja acariciar y los besa a todos riendo, y todos los días vuelve a casa despeinada y ronca, jadeante y siempre tan contenta, con sus graciosos lunares y su pluma encarnada. Es también maestra de dibujo de las niñas, y sostiene con su trabajo a su madre y a su hermano.

EN CASA DEL HERIDO
Domingo, 18.

Con la maestra de la pluma encarnada está el sobrinito del viejo empleado que fue herido en un ojo por la bola de nieve de Garoffi; los hemos visto hoy en casa de su tío, que lo considera como un hijo.

Yo había concluido de escribir el cuento mensual de la semana próxima, El pequeño escribiente florentino, que el maestro me dio a copiar, y mi padre me dijo:

-Vamos a subir al cuarto piso a ver cómo sigue del ojo ese señor.

Hemos entrado en una habitación casi a oscuras, donde estaba el viejo en cama, recostado, con muchos almohadones detrás de la espalda; a la cabecera estaba sentada su mujer, y a un lado, el sobrinito. El viejo tenía el ojo vendado. Se alegró mucho de ver a mi padre; nos hizo sentar, y dijo que estaba mejor y que no sólo no perdería el ojo, sino que dentro de pocos días estaría curado.

-Fue una desgracia; siento el mal rato que debió de pasar aquel pobre muchacho.
Después nos habló del médico, que debía venir entonces a curarlo. Precisamente en aquel momento sonó

la campanilla.

-Será el médico –dijo la señora.

Se abre la puerta…, ¡y qué veo! A Garoffi, con su capote largo, y sin atreverse a entrar.

-¿Quién es? –preguntó el enfermo.

-Es el muchacho que tiró la bola… -dijo mi padre. El viejo entonces exclamó:
-¡Oh, pobre niño! Ven acá: has venido a preguntar cómo está el herido, ¿no es verdad? Estoy mejor, tranquilízate; estoy mejor, casi curado. Acércate.

Garotti, cada vez más cortado, se acercó a la cama, esforzándose por no llorar, y el viejo lo acarició, pero sin poder hablar tampoco.

-Gracias, gracias –le dijo al fin-. Ve a decir a tus padres que todo va bien, que no se preocupen ya más de esto.

Pero Garoffi no se movía; parecía tener algo que decir y no se atrevía.

-¿Qué es lo que tienes que decirme? ¿Qué quieres?

-Yo…nada.

-Bien, hombre, adiós, hasta la vista; vete, pues, con el corazón tranquilo.

Garoffi fue hasta la puerta; pero allí se volvió hacia el sobrinito, que lo seguía y lo miraba con curiosidad. De pronto sacó del capote un objeto y se lo dio al muchacho, diciéndole a toda prisa:

-Es para ti.

Y se fue como un relámpago.

El niño mostró el objeto a su tío; vimos que encima había un letrero que decía: "Te regalo esto". Lo miramos y lanzamos una exclamación de sorpresa. Lo que el pobre Garoffi había llevado era el famoso álbum de estampillas, la colección de que hablaba siempre, sobre la cual venía fundando tantas esperanzas, y que tanto trabajo le había costado reunir; era su tesoro… ¡Pobre niño! ¡La mitad de su sangre regalaba a cambio del perdón!

EL PEQUEÑO ESCRIBIENTE FLORENTINO

Estaba en cuarto grado elemental. Era un gracioso florentino de doce años, de cabellos rubios y tez blanca, hijo mayor de cierto empleado de ferrocarriles que, teniendo mucha familia y poco sueldo, vivía con suma estrechez. Su padre lo quería mucho y era bueno e indulgente con él; indulgente en todo, menos en lo que se refería a la escuela. En esto era muy exigente y se mostraba bastante severo, porque el hijo debía ponerse en condiciones de obtener un empleo para ayudar a sostener la familia; y para capacitarse pronto necesitaba estudiar mucho en poco tiempo; y aunque el muchacho era aplicado, el padre lo exhortaba siempre a estudiar más. Era ya de avanzada edad el padre y el excesivo trabajo lo había además envejecido prematuramente. En efecto, para proveer a las necesidades de su familia, aparte del mucho trabajo que tenía en su empleo, se buscaba aquí y allá trabajos extraordinarios de copista, y se pasaba escribiendo sin descanso buena parte de la noche.

Últimamente, de una casa editorial que publicaba libros y periódicos, había recibido encargo de escribir en las fajas el nombre y dirección de suscriptores, y ganaba tres liras por cada quinientas de aquellas tiras de papel, escritas en caracteres grandes y regulares. Pero esta tarea lo cansaba y se lamentaba de ello a menudo con la familia a la hora de comer.

-Estoy perdiendo la vista –decía–. Esta ocupación de noche acaba conmigo. El hijo le dijo un día:

-Papá, déjame hacerlo en tu lugar; sabes que tengo buena letra, lo mismo que tú. Pero el padre respondió:

-No, hijo, no. Tú debes estudiar. Tu escuela es mucho más importante que mis fajas. Tendría remordimientos si te privara del estudio de una hora; te lo agradezco, pero no quiero, y no me hables más del asunto.

El hijo sabía que con su padre era inútil insistir, y no dijo más. Pero he aquí lo que hizo. Sabía que a las doce en punto dejaba su padre de escribir y salía del despacho para su habitación. Alguna vez lo había oído: en cuanto el reloj daba las doce sentía inmediatamente el rumor de la silla que se movía y el lento paso de su padre. Una noche esperó a que estuviese ya en cama, se vistió sin hacer ruido, anduvo a tientas por el cuarto, encendió el quinqué de petróleo, se sentó a la mesa del despacho, donde había un montón de fajas blancas y la indicación de las señas de los suscriptores, y empezó a escribir, imitando todo lo que pudo la letra de su padre. Y escribía contento, con gusto, aunque con miedo; las fajas escritas se amontonaban, y de vez en cuando dejaba la pluma para frotarse las manos; después continuaba con más alegría, atento el oído y sonriente. Escribió ciento sesenta: ¡una lira! Entonces interrumpió la tarea; dejó la pluma donde estaba, apagó la luz y se volvió a su cama en puntillas.

Aquel día, a las doce, el padre se sentó a la mesa de buen humor. No había advertido nada. Hacía aquel trabajo mecánicamente, midiendo el tiempo, pensando en otra cosa y no contando las fajas escritas hasta el día siguiente. Cuando estuvieron sentados a la mesa dio una jovial palmada en el hombro a su hijo, diciéndole:

-¡Eh, Julio, mira qué buen trabajador es tu padre! En dos horas de trabajo anoche, un tercio más de lo acostumbrado. La mano aún está ágil, y los ojos cumplen todavía con su deber.

Y Julio, gozoso, decía para sí: "¡Pobre padre! Además del a ganancia, le he proporcionado también esta satisfacción de suponerse rejuvenecido. ¡Ánimo, pues!".

Alentado con el éxito, al llegar la noche, en cuanto dieron las doce, se levantó otra vez y se puso a trabajar. Y lo mismo durante varias noches. Su padre seguía sin advertir nada.

Sólo una vez, cenando, se le ocurrió esta observación:

-¡Es raro cuánto petróleo se gasta en esta casa de algún tiempo a esta parte!.

Julio se estremeció; pero la conversación no pasó de allí, y el trabajo nocturno siguió adelante.

Pero ocurrió que, mermando así el sueño todas las noches, Julio no descansaba bastante. Por la mañana se levantaba rendido aún, y por la noche le costaba trabajo mantener los ojos abiertos. Una noche, por primera vez en su vida, se quedó dormido sobre su tarea de estudiante.

-¡Vamos, vamos! –le gritó su padre, dando una palmada-. ¡Al trabajo!.

Julio se rehizo y continuó. Pero a la noche siguiente y en días sucesivos continuaban las cosas lo mismo, y aún peor; daba cabezadas sobre los libros, se despertaba más tarde de lo acostumbrado; estudiaba las lecciones con desgano y parecía, en fin, disgustarle el estudio. Su padre empezó a observarlo; después se mostró preocupado y, finalmente, tuvo que reprenderlo. Nunca había tenido que hacerlo por esta causa.

-Julio –le dijo una mañana-; tú te descuidas mucho, no eres ya el de otras veces. No quiero esto. Todas las esperanzas de la familia se cifraban en ti. Estoy muy descontento
¿comprendes?.

Ante este reproche, el único verdaderamente severo que había recibido, el muchacho se turbó: "Sí, cierto – murmuró entre dientes-, así no se puede continuar; es menester que el engaño concluya". Pero la noche de aquel mismo día, a la hora de comer, su padre dijo alegremente:

-¡Sabed que en este mes he ganado con las fajas treinta y dos liras más que el mes pasado!

Y diciendo esto puso en la mesa un cartucho de dulces que había comprado para celebrar con sus hijos la ganancia extraordinaria y que todos acogieron con júbilo. Entonces Julio cobró ánimo y pensó para sí: ¡No, pobre padre, no cesaré de engañarte! Haré mayores esfuerzos para estudiar mucho de día; pero continuaré trabajando de noche para ti y para todos los demás".

-¡Treinta y dos liras!… Estoy contento… -repetía el padre-. Pero hay una cosa –y señaló a Julio- que me disgusta.

Y Julio recibió la reconvención en silencio, conteniendo dos lágrimas que querían brotar, pero sintiendo al mismo tiempo en el corazón cierta dulzura. Y siguió trabajando con ahínco; pero acumulándose un trabajo a otro, le era cada vez más difícil resistir. La cosa duró así dos meses. El padre continuaba reprendiendo al muchacho y mirándolo cada vez más enojado. Un día fue a preguntar por él al maestro, y éste le dijo:

-Sí, cumple porque tiene inteligencia; pero no es tan aplicado como antes. Se duerme, bosteza, está distraído. Sus composiciones las hace cortas, deprisa, con mala letra. Él podría hacer más, mucho más.

Aquella noche el padre llamó al hijo aparte y le hizo amonestaciones más severas que las anteriores.

-Julio, tú ves que yo trabajo que yo gasto la vida para la familia. Tú no me secundas, tú no tienes lástima de mí ni de tus hermanos ni aun de tu madre.

-¡Ah, no, no digas eso, padre mío! —gritó el hijo, ahogado en llanto, y abrió la boca para confesarlo todo. Pero su padre lo interrumpió, diciendo:

-Tú conoces las condiciones de la familia: sabes que hay necesidad de hacer mucho, de sacrificarnos todos. Yo mismo debía redoblar mi trabajo. Yo contaba estos meses últimos con una gratificación de cien liras en el ferrocarril y he sabido esta semana que no la tendré.

Ante esta noticia, Julio retuvo enseguida la confesión que estaba para escaparse de sus labios, y se dijo resueltamente a sí mismo: "No, padre mío, no te diré nada. Guardaré el secreto para poder trabajar por ti. Del dolor que te causo te compenso de este modo. En la escuela estudiaré siempre lo bastante para salir del paso; lo que importa es ayudarte a ganar la vida y evitarte esas fatigas que te matan".

Siguió adelante, transcurrieron otros dos meses de actividad nocturna y pereza de día, de esfuerzos desesperados del hijo y amargas reflexiones del padre.

Pero lo peor era que éste se iba enfriando poco a poco con el niño, y no le hablaba sino raras veces, como si fuese un hijo desnaturalizado del que nada hubiese que esperar, y casi huía de encontrar su mirada. Julio lo advertía, sufría en silencio, y cuando su padre volvía las espaldas le mandaba un beso furtivamente, volviendo la cara con sentimiento de ternura compasiva y triste.

Mientras tanto, el dolor y la fatiga lo demacraban y le hacían perder el color, obligándolo a descuidar cada vez más los estudios. Comprendía perfectamente que todo aquello podía terminar con sólo decir una noche: "Hoy no me levanto"; pero al dar las doce, en el instante en que debía confirmar enérgicamente su propósito, sentía remordimientos. Le parecía que quedándose en la cama faltaba a su deber, que robaba una lira a su padre y a su familia; y se levantaba, pensando que cualquier noche podría su padre sorprenderlo, o enterarse por azar, contando las fajas dos veces, y que entonces todo terminaría naturalmente, sin un acto de voluntad, para el cual no se sentía con ánimo. Y así continuó la cosa.

Pero una tarde, en la comida, el padre pronunció una palabra que fue decisiva para él. Su madre lo miró, y pareciéndole que estaba más demacrado y más pálido que de costumbre, le dijo:

-Julio, tú estás malo —y volviéndose al padre, añadió, con ansiedad-: ¡Mira qué pálido está! Julio mío, ¿qué tienes?

El padre lo miró de reojo y dijo.

-La mala conciencia hace que tenga mala salud. No estaba así cuando era estudiante aplicado e hijo cariñoso.

-¡Pero está malo" —exclamó la madre.

-¡Ya no me importa! —respondió el padre.

Aquella expresión le hizo el efecto de una puñalada en el corazón del muchacho. ¡Ah! Ya no le importaba su salud a su padre, que antes temblaba con sólo oírlo toser. Ya no lo quería, pues; había muerto en el corazón de su padre. "¡Ah, no, padre mío! —Dijo para sí, con el corazón angustiado-; ahora acaba esto de veras. No puedo vivir sin tu cariño, lo quiero nuevamente entero; todo te lo diré, no te engañaré más y estudiaré como antes, suceda lo que sucediere, para que vuelvas a quererme, padre mío. ¡Oh, estoy decidido!"

Sin embargo, aquella noche se levantó todavía, más bien por la fuerza de la costumbre que por otra causa y cuando estuvo vestido quiso ir a saludar, volver a ver por algunos minutos, en el silencio de la noche, por última vez, aquel cuarto donde había trabajado tanto secretamente, con el corazón lleno de satisfacción y de ternura. Y cuando se volvió a encontrar en la mesa con la luz encendida, y vio aquellas fajas blancas sobre las cuales no iba ya a escribir más aquellos nombres de ciudades y personas que se sabía de memoria, le entró una gran tristeza, e involuntariamente tomó la pluma para reanudar el trabajo acostumbrado. Pero al extender la mano tocó un libro, y éste se cayó. Se quedó helado. Si su padre se despertase… Cierto que no lo habría sorprendido cometiendo ninguna mala acción, y que él mismo había decidido contárselo todo; sin embargo…, oír acercarse aquellos pasos en la oscuridad, ser sorprendido a aquella hora, con aquel silencio, que su madre pudiese despertar y asustarse, pensar que por lo pronto su padre podría sentirse humillado en su presencia descubriéndolo todo…. Todo eso casi lo aterraba. Aguzó el oído, suspendiendo la respiración… No oyó nada. Escuchó por la cerradura de la puerta: nada. Toda la casa dormía. Su padre no había oído. Se tranquilizó y volvió a escribir.

Las fajas se amontonaban unas sobre otras. Oyó el paso cadencioso del guardia en la desierta calle; luego, ruido de carruajes, que cesó al cabo de un rato; después, pasado algún tiempo, el rumor de una fila de carros que pasaron lentamente; más tarde silencio profundo, sólo interrumpido de vez en cuando por el ladrido de algún perro. Y siguió escribiendo.

Entretanto, su padre se hallaba detrás de él; se había levantado cuando se cayó el libro, y esperó un buen rato; el ruido de los carros había cubierto el rumor de sus pasos y el ligero chirrido de las hojas de la puerta, y estaba allí con su blanca cabeza sobre la rubia cabecita de Julio. Había visto correr la pluma sobre las fajas, y en un momento todo lo había adivinado; lo había recordado y comprendido todo; y un arrepentimiento desesperado, una ternura inmensa había invadido su alma, y lo tenía clavado allí detrás de u hijo. De repente dio Julio un grito agudísimo; dos brazos convulsos lo habían tomado por la cabeza.

-¡Oh, padre mío, perdóname! .Gritó, reconociendo a su padre, llorando.

-¡Perdóname tú a mí! —respondió el padre sollozando y cubriendo su frente de besos-. Lo he comprendido todo, todo lo sé. Yo soy quien te pide perdón, santa criatura mía. ¡Ven conmigo!.

Y lo empujó más bien que lo llevó a la cama de su madre, despierta; y arrojándolo entre sus brazos le dijo:

-¡Besa a nuestro hijo, a este ángel que desde hace tres meses no duerme y trabaja por mí, y yo he contristado su corazón mientras él nos ganaba el pan!.

La madre lo recogió y lo apretó contra su pecho, sin poder articular una palabra; después dijo:

-A dormir enseguida, hijo mío; ve a dormir y a descansar. ¡Llévalo a la cama…!

El padre lo estrechó en sus brazos, lo llevó a su cuarto, lo metió en la cama, siempre acariciándolo, y le arregló las almohadas y la colcha.

-Gracias, padre –repetía el hijo-. Gracias; pero ahora vete tú a la cama; ya estoy contento; vete a la cama, papá.

Pero su padre quería verlo dormir, y sentado a la cabecera de la cama le tomó la mano y dijo:

-¡Duerme, duerme, hijo mío!.

Y Julio, rendido, se durmió por fin, y durmió muchas horas, gozando por primera vez, después de muchos meses, de un sueño tranquilo, alegrado por rientes ensueños; y cuando abrió los ojos, después de un buen rato de alumbrar ya el so, sintió primero, y vio después, cerca de su pecho, apoyada sobre la orilla de la cama, la blanca cabeza de su padre, que había pasado allí la noche y dormía aún, con la frente reclinada al lado de su corazón.

LA VOLUNTAD
Miércoles, 28.

Este Stardi que hay en mi clase sería capaz de hacer lo que hizo el pequeño florentino. Esta mañana ocurrieron dos acontecimientos en la escuela: Garoffi, loco de alegría por que le habían devuelto su álbum enriquecido con tres estampillas de la república de Guatemala, que él buscaba hacía tres meses; y Stardi, que había obtenido la segunda medalla. ¡Stardi, el primero de la clase después de Derossi! Todos nos admiramos.

¡Quién lo había dicho en octubre, cuando su padre lo llevó a la escuela, metido en aquel gabán verde, y dijo al maestro delante de todos:

-¡Tenga con él mucha paciencia, porque es muy tardo para comprender! Todos al principio lo creían un adoquín. Pero él dijo:
-O reviento o salgo adelante.

Y se puso a estudiar con fe, de día y de noche, en casa, en la escuela y en el pase, con los dientes apretados y cerrados los puños, paciente como un buey, terco cual un mulo y así, a fuerza de machacar, no haciendo caso de bromas y pegando puntapiés a los importunos, ha aventajado a los demás ese testarudo. No comprendía una palabra de aritmética; llenaba de disparates las composiciones; no acertaba a retener cuatro palabras, y ahora resuelve problemas, escribe correctamente y dice las lecciones como un papagayo. Se adivina su voluntad de hiero cuando se ve su facha; tan grueso, con la cabeza cuadrada y sin cuello, con las manos cortas y gordas y con aquella voz áspera. Estudia hasta en las columnas de los diarios y en los anuncios de los teatros, y cada vez que junta una monedas se compra un libro: ha reunido ya así una pequeña biblioteca, y en un momento de buen humor se le escapó decirme que me llevaría a su casa para verla. No habla con nadie, con nadie juega, y siempre está allí en su banco con las manos en las sienes, firme como una roca, oyendo al maestro. ¡Cuánto debe de haber trabajado el pobre Stardi!

El maestro le dijo esta mañana, aunque estaba impaciente y de mal humor, cuando le dio la medalla:

-¡Bravo, Stardi! ¡Quién trabaja triunfa!

Pero él no parecía estar enorgullecido; no se sonrió, y apenas volvió al banco con su medalla tornó a apoyar las sienes en los puños y se quedó más inmóvil que antes.

Mas lo mejor fue a la salida; estaba esperándolo su padre, un sangrador, grueso y tosco como él, que no se esperaba aquella medalla, y no lo quería creer. Fue menester que el maestro lo asegurase, y entonces se echó a reír de gusto, y dio una palmada al hijo en la cabeza, diciéndole con su voz de trueno:

-¡Bravo, muy bien, testarudo mío!

Y lo miraba atónito, sonriente. Y todos los muchachos que estaban alrededor se sonrieron también, excepto Stardi; que estaba ya rumiando en su cabeza la lección del día siguiente.

GRATITUD
Sábado, 31.

"Tu compañero Stardi no se quejará nunca de su maestro, estoy seguro. El profesor tiene mal genio y se impacienta; tú lo dices como si fuera una cosa rara. Piensa cuántas veces te impacientas tú; ¿y con quién? Con tu padre y con tu madre, con quienes tu impaciencia es una falta.

"¡Bastante razón tiene tu maestro para impacientarse alguna vez! Piensa en los años que hace que lidia con chicos, y que si hay muchos cariñosos y agradables, hay también muchísimos ingratos que abusan de su bondad y desconocen sus cuidados, y que, después de todo, entre tantos, más son las amarguras que las satisfacciones. Piensa que el hombre más santo de la tierra, puesto en su lugar, se dejaría llevar de ira alguna vez. Y después, ¡si supieras cuántas veces el maestro va enfermo a dar su clase, sólo porque no tiene una enfermedad bastante grave para dispensarlo de la asistencia a la escuela! Entonces se impacienta porque sufre y ve que no reparáis en ello y que abusáis de él.

"Respeta y quiere a tu maestro, hijo mío. Quiérelo, porque tu padre lo respeta, porque consagra su vida al bien de tantos niños que luego lo olvidan; quiérelo, porque abre e ilumina la inteligencia y te educa el corazón; porque un día, cuando seas hombre, y no estemos ya en el mundo ni él ni yo, su imagen se presentará a veces en tu mente al lado de la mía, y entonces te acordarás de ciertas expresiones de dolor o fatiga de su cara de hombre honrado, en la cual ahora no te fijas; lo recordarás y te dará pena, aun después de treinta años, y te avergonzarás, sentirás tristeza de no haberlo querido bastante, de haberte portado mal con él.

"Quiere a tu maestro, porque pertenece a esa gran familia de cincuenta mil maestros esparcidos por toda Italia y que son como los padres intelectuales de los millones de niños que contigo crecen; trabajadores mal comprendidos y mal recompensados que preparan para nuestra patria una generación mejor que la presente.

"No estaré satisfecho de tu cariño hacia mí si no lo tienes igualmente para todos los que te hacen bien, entre los cuales tu maestro es el primero después de tu padre. Quiérelo como querrías a un hermano mío; quiérelo cuando te acaricie y cuanto te reprenda; cuando es justo contigo y cuando te parezca injusto; quiérelo cuando esté alegre y afable, y quiérelo más aún cuando lo veas triste. Quiérelo siempre. Pronuncia perpetuamente con respeto el nombre de "maestro", que, después del de padre, es el nombre más dulce que puede dar un hombre a un semejante suyo.

Tu padre".

ENERO

EL MAESTRO SUPLENTE
Miércoles, 4.

Tenía razón mi padre: el maestro estaba de mal humor porque no se sentía bien; y desde hace tres días, en efecto, viene en su lugar el suplente, aquel pequeño, sin barba, que parece un jovencillo.

Una cosa desagradable sucedió esta mañana. Ya el primero y segundo día habían hecho mucho ruido en clase, porque el suplente tiene una gran paciencia y no hace más que decir:

-¡Callad, por favor! ¡Os ruego que os calléis!

Pero esta mañana se colmó la medida. Se produjo tal rumor que no se oían sus palabras, y él amonestaba y suplicaba en vano; no le hacían caso. Dos veces el director se asomó a la puerta y miró. Pero en cuanto él se iba subía de nuevo el murmullo como en un mercado. Garrone y Derossi no hacían más que decir por señas a sus compañeros que callasen, que era una vergüenza. Nadie les hacía caso. Stardi era el único que se estaba quieto, con los codos en el banco y los puños en las sienes, pensando quizás en su famosa biblioteca; y Garoffi, el de la nariz ganchuda y de las estampillas, estaba muy afanado en preparar el sorteo, a dos centavos la papeleta, de un tintero de bolsillo. Los demás charlaban y reían; hacían vibrar las plumas con las puntas clavadas en los bancos, o, con las ligas como tiradores, se disparaban bolitas de papel.

El suplente tomaba por el brazo ya a uno, ya a otro, y los zarandeaba, y hasta puso a uno de rodillas; todo inútil. No sabía ya a qué santo encomendarse, y los exhortaba diciendo:

-Pero ¿por qué hacéis esto? ¡Queréis obligarme a regañaros?.

Después pegaba con el puño sobre la mesa, y gritaba sofocado por el llanto y la rabia:

-¡Silencio! ¡Silencio! ¡Silencio!

Daba lástima oírlo. Pero el vocerío seguía creciendo. Franti le tiró una flechilla de papel; unos maullaban; otros se pegaban cachetes. Era un desbarajuste indescriptible.

De pronto entró el bedel y dijo:

-Señor profesor, el director lo llama.

El maestro se levantó y salió corriendo, desesperado.

La baraúnda se hizo entonces más fuerte. Pero de pronto, Garrone saltó descompuesto y, apretando los puños, gritó ahogado por la ira:

-¡Acabad! Sois unos brutos. Abusáis porque es bueno. Si os machacaran los huesos estaríais sumisos como perros. Sois una cuadrilla de cobardes. Al primero que haga ahora alguna cosa, lo espero fuera y le rompo las muelas, lo juro. ¡Aunque sea delante de su padre!.

Todos callaron. ¡Oh, qué espléndido estaba Garrone lanzando chispas por los ojos! Parecía un leoncillo furioso. Miró uno por uno a los más descarados, y todos bajaron la cabeza.

Cuando el suplente volvió, con los ojos enrojecidos, se sentía el vuelo de una mosca. Se quedó atónito. Pero después, cuando vio a Garrone, todavía muy encendido y agitado, lo comprendió todo y le dijo con expresión cariñosa, como se lo hubiese dicho a un hermano:

-¡Gracias, Garrone!.

LA BIBLIOTECA DE STARDI

He ido a casa de Stardi, que vive enfrente de la escuela, y he sentido verdaderamente envidia al ver su biblioteca. No es en manera alguna rico, no puede comprar muchos libros; pero conserva con gran cuidado los de la escuela y los que le regalan sus padres; y, además, cuantos centavos le dan los pone aparte y los gasta en la librería. De este modo ha reunido ya una pequeña biblioteca, y cuando su padre advirtió en él esta afición, le compró un bonito estante de nogal con cortinillas verdes e hizo encuadernar todos los volúmenes. Así, ahora, él tira de un cordoncito, la cortinilla verde se descorre y se ven tres filas de libros de diversos colores, muy bien arreglados, limpios, con los títulos en letras doradas en el lomo: libros de cuentos, de viajes y de poesías, y algunos ilustrados con láminas. Él mismo eligió a su gusto los colores, y como sabe combinarlos, pone los volúmenes blancos junto a los rojos, los amarillos al lado de los negros, y junto a los blancos también los azules, de modo que mirados de lejos presentan buen aspecto; luego se divierte variando las combinaciones. Ha hecho un catálogo y es como el de un bibliotecario. Siempre anda a vueltas con sus libros, limpiándoles el polvo, hojeándolos, examinando sus encuadernaciones. Hay que ver con qué cuidado los abre con sus manos chicas y regordetas, soplando las hojas: parecen siempre nuevos. ¡Yo, en cambio, tengo tan estropeados los míos! Para él, cada libro nuevo que compra es una delicia; abrirlo, ponerlo en su sitio y volver a tomarlo para mirarlo por todos lados y guardarlo después como un tesoro. No hemos visto otra cosa en una hora

Estando yo allí entró en la habitación su padre, que es grueso y tosco como él, y tiene la cabeza como la suya. Le dio dos o tres palmadas en el cuello y me dijo con su vozarrón:

-¿Qué me dices de esta cabeza de hierro? Es testarudo, llegará a ser algo; yo te lo aseguro. Y Stardi entornaba los ojos al recibir aquellas rudas caricias, como un perro de caza.

Yo no sé por qué, pero no me atrevo a bromear con él; no me parece cierto que tenga sólo un año más que yo; y cuando me dijo: "Hasta la vista", en la puerta, con aquella cara redonda, siempre bronceada, poco me faltó para responderle: "Beso a usted la mano", como a un caballero.

Después, ya en casa, le dije a mi padre:

-No lo comprendo: Stardi no tiene talento, carece de buenas maneras, su figura es casi ridícula, y, sin embargo, me infunde respeto.

Respondió mi padre:

-Porque es un carácter.

-En una hora que he estado con él —continúe yo- no dijo cincuenta palabras, no me enseñó un solo juguete, no se rió una sola vez, y sin embargo, he estado muy a gusto.

-Porque lo estimas —afirmó mi padre.

EL HIJO DEL HERRERO

Sí, pero también aprecio a Precossi, y aun me parece poco decir que lo aprecio. Precossi, el hijo del herrero; aquel pequeño, pálido, de ojos grandes y tristes, que parece estar siempre asustado; tan corto, que siempre está pidiendo excusas; siempre enfermucho, y que no obstante estudia incesantemente. El padre vuelve a casa borracho, le pega sin motivo, le tira los libros y los cuadernos de un revés y el pobre llega a la escuela pálido, a veces con la cara hinchada y los ojos inflamados de tanto llorar. Pero nunca, jamás, se le oye decir que su padre lo maltrata. "¿Te ha pegado tu padre?", le preguntan los compañeros. Y él siempre dice enseguida: "¡no, no es verdad!" por no dejar en mal lugar a su padre. "¿Esta hoja la has quedo tú?" le pregunta el maestro mostrándole el trabajo medio quemado. "Sí – contesta él, con voz temblona-; he sido yo quien la he dejado caer en la lumbre". Y, sin embargo, sabemos nosotros muy bien que su padre, borracho, ha dado un puntapié a la mesa y a la luz cuando él hacía sus tareas.

Vive en una buhardilla de nuestra casa, sobre la otra escalera, y la portera se lo cuenta todo a mi madre. Mi hermana Silvia le oyó gritar, desde la azotea, un día en que su padre le hacía bajar a trancos la escalera, porque le había pedido dinero para comprar una gramática. Su padre bebe y no trabaja, y la familia se muere de hambre. ¡Cuántas veces el pobre Precossi va a la escuela en ayunas, y come a escondidas algún pedazo de pan que le da Garrone, o una manzana que le lleva la profesora del penacho rojo, que fue su maestra de primero! Pero jamás se le ha oído decir: "Tengo hambre, mi padre no me da de comer".

Su padre va alguna vez a buscarlo, cuando pasa por casualidad por delante de la escuela, pálido, tambaleándose, con la cara torva, el pelo sobre los ojos y la gorra al revés; el pobre muchacho corre a su encuentro sonriendo, y el padre parece que no lo ve y que piensa en otra cosa. ¡Pobre Precossi! Él compone sus cuadernos rotos, pide libros prestados para estudiar, sujeta los puños de la camisa con alfileres, y da lástima verlo hacer gimnasia con aquellos zapatones en que sus pies se pierden, con aquellos calzones que se le caen de anchos y aquel chaquetón demasiado largo, de cuyas mangas, que tiene que subirse, le sobre casi la mitad. Y se empeña en estudiar: sería uno de los primeros de la clase si pudiese trabajar tranquilo en su casa.

Esta mañana ha ido a la escuela con la señal de un arañazo, y todos le dijeron:

-Tu padre te lo ha hecho; esta vez no puedes negarlo. ¡Díselo al director, para que la autoridad lo llame!

Pero el se levantó muy encarnado, y con la voz ahogada por la indignación, gritó:

-¡No, no es verdad; mi padre no me pega nunca!

Pero después, durante la clase, se le caían las lágrimas sobre el banco, y cuando alguien lo miraba se esforzaba en sonreír para no denunciarse.

¡Pobre Precossi! Mañana vendrán a casa Derossi, Coretti y Nelli; quiero que venga él también. Pienso darle gran merienda, regalarle libros, poner en revolución toda la casa para divertirlo, y llenarlo los bolsillos de frutas, con tal de verlo siquiera una vez contento.
¡Pobre Precossi! ¡Eres tan bueno y tan sufrido!.

UNA VISITA AGRADABLE
Jueves, 12.

Hoy ha sido uno de los jueves más hermosos del año para mí. A las dos en punto vinieron a casa Derossi y Coretti, con Nelli, el jorobadito; a Precossi no lo dejó venir su padre.

Derossi y Coretti se estaban riendo todavía porque habían encontrado en la calle a Crossi, el hijo de la verdulera, el del brazo inmóvil y el cabello rojo, que llevaba a vender una grandísima col, y con el dinero de la col tenía que comprar después un portaplumas, y estaba muy contento porque su padre le había escrito desde América que lo esperasen de un día a otro.

¡Qué dos horas tan buenas hemos pasado juntos! Derossi y Coretti son los más alegres de la clase. Mi padre se queda embobado mirándolos. Coretti llevaba su chaqueta color de chocolate y su gorra de piel. Es un diablo que siempre quiere hacer algo: trajinar, no estar ocioso. Por la mañana ya había estado transportando, a sus espaldas, hasta media carretada de leña, y sin embargo. Corrió por toda la casa, mirándolo todo, y hablando sin cesar, vivo y listo como una ardilla; cuando estuvo en la cocina, preguntó a la cocinera cuánto le cuestan diez kilos de leña, que su padre vende a cuarenta y cinco centavos. Siempre está hablando de su padre, de cuando fue soldado del regimiento 49, adscripto a la división del príncipe Humberto, en la batalla de Custoza; y es muy delicado en sus maneras. Aunque ha nacido y se ha criado entre la leña, tiene distinción en la sangre, en el corazón, como dice mi padre.

Derossi sabe la geografía como un maestro. Cerraba los ojos y decía: "Veo toda Italia, los Apeninos, que se prolongan hasta el mar Jónico; los ríos que corren aquí y allá, las ciudades blancas, los golfos y ensenadas azules, las islas verdes" y decía los nombres exactos, por su orden, muy de prisa, como si los leyera en el mapa; y al verlo así, con aquella cabeza levantada, con sus rizos rubios, cerrados los ojos, vestido de azul con botones dorados, esbelto y proporcionado como una estatua, estábamos todos admirados. En una hora se había aprendido de memoria cerca de tres páginas, que deberá recitar pasado mañana en los funerales de Víctor Manuel. Nelli también lo miraba con admiración y con cariño, estirando la falda de su gran delantal negro, y sonriendo con aquellos ojos claros y melancólicos.

Me gustó muchísimo esta visita, y me dejó muy gratas impresiones en el corazón y en la memoria. Y hasta me agradó, cuando se fueron, ven al pobre Nelli entre los otros dos, altos y robustos, que lo llevaban a casa del brazo, y le hacían reír como yo no lo había visto reír nunca.

Al volver a entrar en el comedor noté que no estaba allí el cuadro que representa a Rigoletto, el bufón jorobado. Lo había quitado mi padre para que Nelli no lo viese.

LOS FUNERALES DE VÍCTOR MANUEL
17 de Enero.

Hoy a las dos, apenas habíamos entrado en la escuela, el maestro llamó a Derossi, el cual se puso junto a la mesa enfrente de nosotros; con su acento sonoro, alzando cada vez más su clara voz y con semblante animado, empezó:

-Cuatro años hace que en este día y a esta misma hora llegaba delante del Panteón, en Roma, el carro fúnebre que conducía el cadáver de Víctor Manuel II, primer rey de Italia, muerto después de 29 años de reinado, durante los cuales la gran patria italiana, despedazada en siete Estados y oprimida por extranjero sy tiranos, se había unificado en un solo Estado independiente y libre; después de veintinueve años de reinado, que había ilustrado y dignificado con su valor, con su lealtad, con el atrevimiento en los peligros, con la prudencia en los triunfos, con la constancia en la adversidad. Llegaba el carro fúnebre, cargado de coronas, después de haber recorrido Roma bajo una lluvia de flores, entre el silencio de la inmensa multitud condolida que había acudido de todas las partes de Italia; precedido de una legión de generales, príncipes, ministros, seguido de un cortejo de inválidos, de un bosque de banderas, de los enviados de trescientas ciudades, de todo lo que representa la gloria y el poderío de un pueblo; llegaba ante el templo augusto, donde lo esperaba la tumba. En ese momento, doce coraceros sacaron el féretro del carro. En ese momento Italia daba el último adiós a su rey muerto, a su viejo rey, a quien tanto había querido; el último adiós a su caudillo, a su padre, a los veintinueve años más afortunados y gloriosos de la historia patria. ¡Momento grande y solemne! La mirada, el alma de todos iba del féretro a las banderas enlutadas de los ochenta regimientos de Italia, llevadas por ochenta oficiales que se alineaban a su paso; porque Italia estaba allí en aquellas ochenta enseñas que recordaban millares de muertos, torrentes de sangre, nuestras glorias más sagradas, nuestros más santos sacrificios, nuestros dolores más tremendos. El féretro, llevado por los coraceros, pasó, y entonces se inclinaron todas a un tiempo, como haciendo un saludo, las banderas de los nuevos regimientos, las viejas banderas desgarradas en Goito, Pastrengo, Santa Lucía, Novara, Crimea, Palestro, San Martín, Castelfidardo; descendieron ochenta velos negros, cien medallas chocaron contra el féretro, y aquel estrépito sonoro y confuso que hizo estremecerse a todos fue como el sonido de miles de voces humanas que decían a un tiempo: "¡Adiós, buen rey, valiente monarca, leal soberano! Tú vivirás en el corazón de tu pueblo, mientras el sol alumbre a Italia". Después las banderas se volvieron a levantar hacia el cielo, y el rey Víctor Manuel entró en la inmortal gloria del sepulcro.

FRANTI EXPULSADO DE LA ESCUELA
Sábado, 21.

Sólo uno podía reírse mientras Derossi rememoraba los funerales del rey, y Franti se rió. Lo aborrezco. Es un malvado. Cuando viene un padre a la escuela a reñir a su hijo delante de todos, él goza; cuando alguien llora, ríe. Tiembla ante Garrone y pega al "albañilito" porque es pequeño; atormenta a Crossi porque tiene el brazo inmóvil; se burla de Precossi, a quien todos respetan; y se ríe hasta de Robetti, el de segundo grado, que anda con muletas por haber salvado a un niño. Provoca a todos los que son más débiles que él, y cuando pega se enfurece y procura hacer daño. Hay algo que infunde repugnancia en aquella frente baja, en aquellos ojos torvos, que tiene ocultos bajo la visera de su gorra de hule. No teme a nada, se ríe del maestro, roba cuanto puede, niega desvergonzadamente, siempre está en pelea con alguno, lleva a la escuela alfileres para pinchar a los más próximos, se arranca los botones de la chaqueta, se los arranca también a los demás, y los juega; y la cartera, los cuadernos, los libros, todo lo que tiene deslucido, destrozado, sucio; la regla, mellada; el portaplumas, mordido; las uñas, roídas; los vestidos, llenos de manchas y rasgones que se hace en las riñas. Dicen que su madre está enferma de los disgustos que le da, y que su padre lo ha echado ya de su casa tres veces. Su madre va a la escuela de vez en cuando a pedir informes, y siempre se va llorando. Él odia a la escuela, odia a los compañeros, odia a los profesores. El maestro hace alguna vez como que no ve sus trastadas, pero él no por eso se enmienda, sino que cada vez es peor; ha probado a corregirlo por las buenas y él se burla del procedimiento; le dice palabras terribles reprendiéndolo, y él se cubre la cara con las manos como si llorase, pero se está riendo.

Estuvo suspendido de la escuela por tres días y volvió aún más malvado e insolente que antes. Derossi lo reconvino:

-Hombre, enmiéndate; mira que el maestro sufre con tu proceder...

Y él lo amenazó con clavarle un clavo en el vientre. Pero esta mañana, por último, se lo ha echado como a un perro. Mientras el maestro daba a Garrone el borrador de El tamborcillo sardo, cuento mensual de enero, para que lo copiase, puso en el suelo un petardo que estalló e hizo retemblar la escuela como si hubiese sido un cañonazo. Toda la clase dio una sacudida. El maestro se puso de pie y gritó:

-¡Franti, fuera de la escuela! Él respondió_
-¡No he sido yo! –pero se reía. El maestro repitió:
-¡Afuera!.

-No me muevo –contestó-

Entonces el maestro, perdida la paciencia, bajó como un relámpago, lo asió por un brazo y lo arrancó del banco.

Él se revolvía, apretaba los dientes. Hubo que arrastrarlo afuera de viva fuerza. El maestro lo llevó casi en vilo al director, y volvió solo a la clase; después, sentado ante su mesa, con la cabeza entre las manos, preocupado, con tal expresión de cansancio y aflicción que daba lástima verlo, dijo tristemente:

-¡Después de treinta años de enseñar...!

Todos conteníamos el aliento. Las manos le temblaban de ira, y la arruga recto que tiene en medio de la frente era tan profunda que parecía una herida. ¡Pobre maestro! Todos nos compadecimos de él.

Derossi se levantó y dijo:

-Señor maestro, no se aflija; nosotros lo queremos mucho. Entonces él se serenó algo y dijo:
-Hijo, volvamos a la lección.

EL TAMBORCILLO SARDO

En la primera jornada de la batalla de Custoza, el 24 de julio de 1848, unos sesenta soldados de un regimiento de infantería de nuestro ejército, enviados a una altura para ocupar cierta casa solitaria, se vieron de repente asaltados por dos compañías de soldados austríacos que, atacándolos por varios lados, apenas les dieron tiempo para refugiarse en la casa y reforzar precipitadamente la puerta, después de haber dejado algunos muertos y heridos en el campo.

Asegurada la puerta, los nuestros acudieron a las ventanas del piso bajo y del primer piso empezaron a hacer certero fuego sobre los sitiadores, los cuales, acercándose poco a poco, dispuestos en semicírculo, respondían vigorosamente. Mandaban los sesenta soldados italianos dos oficiales subalternos y un capitán, viejo, alto, seco, severo, con el pelo y el bigote blancos. Estaba con ellos un tamborcillo sardo, muchacho de poco más de catorce años, con ojos negros y hundidos que echaban chispas.

El capitán, desde una habitación del piso primero, dirigía la defensa, dando órdenes que parecían pistoletazos, sin que se viera en su cara de hierro ningún signo de emoción. El tamborcillo, un poco pálido, pero firme sobre sus piernas, subido sobre una mesa, alargaba el cuello, apoyándose en la pared, para mirar fuera de las ventanas, y veía a través del humo, por los campos, las blancas divisas de los austríacos, que avanzaban lentamente.

La casa estaba situada en lo alto de escabrosísima pendiente, y no tenía en la parte de la cuesta más que una ventanilla alta, correspondiente a un cuarto del último piso; por eso los austríacos no amenazaban la casa por aquella parte, y en la cuesta no había nadie; sólo hacían fuego contra la fachada y los dos flancos. Pero era un fuego infernal, una nutrida granizada de balas, que por la parte de afuera quebrantaba los muros y rompía las tejas y por dentro deshacía techumbres, muebles, puertas, lanzando al aire astillas, nubes de yeso y fragmentos de trastos, de útiles, de cristales silbando, rebotando, destrozándolo todo con fragor que ponía los pelos de punta. De vez en cuando, uno de los soldados que tiraban desde las ventanas caía dentro, al suelo, y era apartado a un lado. Algunos iban vacilantes de cuarto en cuarto, apretándose la herida con las manos. En la cocina había ya un muerto con la frente abierta. El cerco de los enemigos se estrechaba. Llegó un momento en que se vio al capitán, hasta entonces impasible, dar muestras de inquietud y salir precipitadamente del cuarto, seguido de un sargento. Al cabo de tres minutos volvió corriendo el sargento y llamó al tamborcillo, haciéndole señas de que lo siguiese. El muchacho lo siguió, subiendo al vuelo por una escalera de madera, y entró con él en una buhardilla desmantelada, donde vio al capitán que escribía con lápiz en una hoja, apoyándose en la ventanilla, y teniendo a sus pies sobre el suelo una cuerda de pozo.

El capitán dobló la hoja y dijo bruscamente, clavando sobre el muchacho sus pupilas grises y frías, ante las cuales todos los soldados temblaban:

-¡Tambor!

El tamborcillo se llevó la mano a la visera. El capitán preguntó:
-¿Tú tienes valor?

Los ojos del muchacho relampaguearon.

-Sí, mi capitán –respondió.

-Mira allá abajo, al llano –continuó el capitán, llevándolo a la ventana-, junto a las casas de Villafranca, donde brillaban aquellas bayonetas. Allí están los nuestros, inmóviles. Toma este papel, baja de la ventanilla agarrado a la cuerda, atraviesa a escape la cuesta, corre por los campos, llega a donde están los nuestros y entrega el papel al primer oficial que veas.
Quítate el cinturón y la mochila.

El tambor se quitó el cinturón y la mochila y se colocó el papel en el bolsillo del pecho; el sargento echó afuera la cuerda y sostuvo con las dos manos uno de los extremos. El capitán ayudó al muchacho a saltar por la ventana vuelto de espaldas al campo.

-Ten cuidado –le dijo-. La salvación del destacamento depende de tu valor y de tuspiernas.

-Confie usted en mí, mi capitán –contestó el tambor, saltando afuera.

-Agáchate al bajar –advirtió todavía el capitán, agarrando la cuerda a la vez que el sargento.

-No tenga usted cuidado.

-Dios te ayude.

A los pocos momentos pisaba tierra el tamborcillo. El sargento retiró la cuerda y se apartó; el capitán se asomó bruscamente a la ventanilla y vio a l muchacho que corría cuesta abajo. Esperaba ya que hubiese conseguido huir sin ser observado, cuando cinco o seis nubecillas de polvo que se destacaron del suelo, delante y detrás del muchacho, le advirtieron que había sido descubierto por los austríacos, los cuales tiraban hacia abajo, desde lo alto de la cuesta. Aquellas pequeñas nubes eran de tierra echada al aire por las balas. Pero el tamborcillo seguía corriendo velozmente. De pronto cayó, y el capitán rugió: "¡Muerto!". Pero no había acabado de decir la palabra cuando vio levantarse de nuevo al tamborcillo. "¡Ah, no ha sido más que una caída!", dijo para sí, y respiró. El tambor, en efecto, volvió a correr con todas sus fuerzas, pero cojeaba. "Se ha torcido un pie", pensó el capitán.

Alguna nubecilla de polvo se levantaba aquí y allá, en torno al muchacho, pero cada vez más lejos. Estaba a salvo. El capitán lanzó una exclamación de triunfo. Pero siguió acompañándolo con los ojos, temblando, porque era cuestión de minutos. Si no llegaba pronto abajo con la esquela en que pedía inmediato socorro, todos sus soldados caerían muertos o tendrían que rendirse, y él caer prisionero con ellos. El muchacho corría rápidamente un rato, después detenía el paso, cojeando; tomaba carrera luego de nuevo; pero a cada instante necesitaba detenerse: "Quizás ha sido una contusión en el pie; alguna bala de rebote", pensó el capitán. Y observaba, tembloroso, todos sus movimientos, y excitado, le hablaba como si él pudiera oírlo. Medía incesantemente con la vista el espacio que mediaba entre el muchacho que corría y el círculo de armas que veía allá lejos, en la llanura, en medio de los campos de trigo dorados por el sol. Entretanto oía el silbido y el estruendo de las balas en las habitaciones de abajo, las voces de mando y los gritos de los heridos y el ruido de los muebles que se rompían y del yeso que se desmoronaba.

-¡Ánimo! ¡Valor! –gritaba, siguiendo con la mirada al tamborcillo que se alejaba-. ¡Adelante! ¡Corre! ¡Se para…! ¡Maldición! ¡Ah, vuelve a emprender la marcha!

Un oficial subió anhelante a decirlo que los enemigos, sin interrumpir el fuego, ondeaban un pañuelo blanco para intimar la rendición.
-¡Que no se responda! –Gritó el capitán, sin apartar la mirada del muchacho, que estaba ya en la llanura,

pero que no corría ya y parecía desalentado-. ¡Anda…! ¡Corre…!
¡Desángrate, muere, desgraciado, pero llega!. Después lanzó una imprecación terrible:
-¡Ah, el infame holgazán se ha sentado!

En efecto, hasta entonces había visto sobresalir la cabeza del muchacho por encima de un campo de trigo, pero ahora había desaparecido, como si hubiese caído. No obstante, al cabo de un momento su cabeza volvió a sobresalir; por último, se perdió detrás de los sembrados, y el capitán ya no lo vio más.

Entonces bajó impetuosamente. Las balas llovían; las habitaciones estaban llenas de heridos, algunos daban vueltas como borrachos, agarrándose de los muebles, las paredes y los suelos, manchados de sangre; los cadáveres yacían en los umbrales de las puertas; el teniente tenía el brazo derecho destrozado por una bala. El humo y la polvareda lo envolvían todo.

-¡Ánimo! –gritó el capitán-. ¡Firmes en sus puestos! ¡Van a venir socorros! ¡Un poco de valor aún!

Los austríacos se habían acercado más y se veían ya entre el humo sus caras descompuestos; se oía, entre el estrépito de los tiros, s griterío que intimidaba la rendición. Algún soldado, atemorizado, se retiraba de las ventanas, y los sargentos lo empujaban hacia adelante.

El fuego de los sitiados aflojaba; el desaliento se veía en todos los rostros; no era ya posible llevar más allá la resistencia. Llegó un momento en que el ataque de los austríacos amainó, y una voz de trueno gritó primero en alemán y luego en italiano:

-¡Rendíos!

-¡No! –bramó el capitán desde una ventana.

Y el fuego recomenzó ahora aún más furioso por ambas partes. Cayeron otros soldados. Ya había más de una ventana sin defensores. El momento fatal era inminente. El capitán gritaba con voz que se le ahogaba en la garganta:

-¡No vienen! ¡No vienen!.

Y corría iracundo de un lado a otro, arqueando el sable con mano convulsa, resuelto a morir. Entonces un sargento bajando de la buhardilla, gritó con voz estentórea:

-¡Vienen!

-¡Vienen! –repitió con un grito de alegría el capitán.

Al oír aquellos gritos, todos, sanos, heridos, sargentos, oficiales, se asomaron a las ventanas, y la resistencia se redobló ferozmente otra vez. A los pocos instantes se notó una especie de vacilación y un principio de desorden entre los enemigos. De pronto, muy deprisa, el capitán reunió algunos soldados en el piso bajo para contener el ímpetu de afuera con bayoneta calada. Después volvió arriba. Apenas llegó, se oyó un rumor de pasos precipitados, acompañados de un ¡hurra! formidable, y vieron desde las ventanas avanzar entre el humo los sombreros de dos puntas de los carabineros italianos, un escuadrón que echaba cuerpo a tierra y un brillante centelleo de espadas que hendían el aire, en molinete, por encima de las cabezas, en torno de hombros y espaldas; entonces el pequeño piquete reunido por el capitán se precipitó a bayoneta calada fuera de la puerta.

Los enemigos, vacilaron, se dispersaron y al fin emprendieron la retirada. El terreno quedó desocupado, la casa estuvo libre, y poco después dos batallones italianos de infantería y dos cañones ocuparon la altura.

El capitán, con los soldados que le quedaron, se incorporó a su regimiento, peleó aún, y fue ligeramente herido en la mano izquierda por una bala rebotada, en el último asalto a la bayoneta.

La jornada acabó con la victoria de los nuestros.

Pero al día siguiente, habiendo vuelto a combatir, los italianos fueron vencidos, a pesar de su valerosa resistencia, por mayor número de austríacos, y la mañana del 26 tuvieron tristemente que retirarse hacia el Mincio.

El capitán, aunque herido, anduvo a pie con sus soldados, cansados y silenciosos, y llegó a Goito, sobre el Mincio, al ponerse el sol; buscó enseguida a su teniente que había sido recogido, con un brazo roto, por nuestra ambulancia, y que ya debía estar allí, y le indicaron una iglesia donde se había instalado precipitadamente el hospital de campaña. La iglesia estaba llena de heridos colocados en dos filas de camas y de colchones extendidos sobre el suelo. Dos médicos y varios practicantes iban y venían afanados; se oían gritos ahogados y gemidos.

Apenas entró, el capitán se detuvo y echó una mirada a su alrededor en busca de su oficial. En aquel momento oyó muy próxima una voz apagada de alguien que lo llamaba:
-¡Mi capitán!.

Se volvió; era el tamborcillo.

Estaba tendido sobre un catre de madera, cubierto hasta el pecho por una tosca cortina de ventana, de cuadros rojos y blancos, con los brazos afuera, pálido y demacrado, pero siempre con sus ojos brillantes como dos ascuas.

-¡Cómo! ¿Eres tu? —le preguntó el capitán, admirado, pero bruscamente-. ¡Bravo! ¡Has cumplido con tu deber!

-He hecho lo posible —respondió el tamborcillo.

-¿Estás herido? —dijo el capitán, buscando con la vista a su teniente en las camaspróximas.

-¡Qué quiere usted! —repuso el muchacho a quien daba alientos para hablar la honra de estar herido por vez primera, sin lo cual no habría osado abrir la boca ante aquel capitán-. Corrí mucho con la cabeza baja; pero, aun agachándome, me vieron enseguida. Habría estado veinte minutos antes si no llegan a acertarme. Afortunadamente encontré pronto a un capitán del estado mayor, a quien di la esquela. Pero me había costado gran trabajo bajar después de aquella caricia. Me moría de sed; temía no llegar ya; lloraba de rabia pensando que a cada minuto se iba uno al otro mundo, allá arriba. En fin, hice lo que pude. Estoy contento. Pero mire usted, y dispense, mi capitán, que pierde usted sangre.

En efecto, de la palma de la mano mal vendada del capitán corría alguna gota de sangre.

-¿Quiere usted que le apriete la venda, mi capitán? Déme la mano un momento.

El capitán tendió la mano izquierda y acudió con la derecha para ayudar al muchacho a hacer el nudo y atarlo; pero el chico apenas se alzó de la almohada palideció y tuvo que volver a apoyar la cabeza.

-¡Basta, basta! —dijo el capitán, mirándolo y retirando la mano vendada que el tambor quería retener-. Cuida de lo tuyo en vez de pensar en los demás, que las cosas ligeras, descuidándolas, pueden hacerse graves.

El tamborcillo movió la cabeza.

-Pero tú —le dijo el capitán mirándolo atentamente- debes de haber perdido mucha sangre para estar tan débil.

-¿Perdido mucha sangre? —Respondió el muchacho, sonriendo-. Algo más quesangre. ¡Mire! —y se destapó.

El capitán se echó atrás horrorizado.

El muchacho no tenía más que una pierna; la pierna izquierda se la habían amputado por encima de la rodilla; el muñón estaba vendado con paños ensangrentados.

En aquel momento pasó un médico militar, pequeño y gordo, en mangas de camisa.

-¡Ah, mi capitán! —dijo rápidamente, señalando al tamborcillo-. He aquí un caso desgraciado; esa pierna se habría salvado con nada si él no la hubiera forzado de aquella manera. ¡Maldita inflamación! Fue necesario cortar así. Pero es un valiente, se lo aseguro; no ha derramado una lágrima, ni se le ha oído un grito. Estaba yo orgulloso, al operarlo, de que fuese un muchacho italiano; palabra de honor. Es de buena raza, a fe mía.

Y siguió su camino.

El capitán arrugó sus grandes cejas blancas, miró fijamente al tamborcillo y le subió la colcha; después, lentamente, casi sin darse cuenta de ello y mirándolo siempre, levantó la mano hasta la cabeza y se quitó el quepis.

-¡Mi capitán! —exclamó el muchacho, admirado-, ¿Qué hace, mi capitán? ¡Por mí!.

Y entonces, aquel tosco soldado, que no había dicho nunca una palabra suave a un inferior suyo, respondió con voz dulce y extremadamente cariñosa:

-Yo no soy más que un capitán; tú eres un héroe.

Después se arrojó con los brazos abiertos sobre el tamborcillo y lo besó cariñosamente, con todo su corazón.

EL AMOR A LA PATRIA
Martes, 24.

"Puesto que la narración de El tamborcillo ha conmovido tu corazón, te será fácil hoy escribir bien el tema de examen: "¡Por qué se ama a Italia?". ¿Por qué quiero a Italia? ¿No se te ocurren enseguida cien respuestas?

"Amo a Italia por ser mi madre italiana; porque la sangre que corre por mis venas es italiana; porque Italia es la tierra donde están sepultados los muertos que mi madre llora, y los que venera mi padre; porque la ciudad donde he nacido, la lengua que hablo, los libros que me instruyen, mi hermano, mi hermana, mis compañeros, el gran pueblo en que vivo, la bella naturaleza que me rodea, todo lo que veo, lo que adoro, lo que admiro, es italiano.
¡Oh! ¡Tú no puedes sentir aún en toda su intensidad ese grande afecto! Lo sentirás cuando seas hombre, cuando, al volver de largo viaje, después de prolongada ausencia, y asomándote una mañana a la cubierta del buque, veas en el horizonte las azules montañas de tu país; lo sentirás, entonces, en la impetuosa onda de ternura que te llenará los ojos de lágrimas y te arrancará un grito del corazón. Lo sentirás en alguna gran ciudad lejana, en el impulso del alma que te empujará entre la multitud desconocida hacia un obrero oscuro, del cual hayas oído, pasando a su lado, una palabra italiana. Lo sentirás en la indignación dolorosa y profunda que te hará subir la sangre a la cabeza cuando oigas a algún extranjero injuriar a tu país. Lo sentirás más violento y más vivo el día en que la amenaza de un pueblo enemigo levante una tempestad de fuego sobre tu patria y veas brillar las armas por todas partes, correr los jóvenes a alistarse en las filas, los padres a besar a los hijos, diciendo: "¡Ánimo!" y las madres despedir a los jóvenes, gritando: "¡Vence!". Lo sentirás como una alegría divina si tienes la suerte de ver regresar a tu ciudad los regimientos diezmados, rendidos, terribles, con el brillo de la victoria en los ojos y las banderas atravesadas por las balas, seguidos de un convoy interminable de valientes que asoman sus cabezas vendadas y sus brazos in manos, en medio de la multitud loca que los cubre de flores, de bendiciones y de vítores. ¡Ah, comprenderás entonces el amor a la patria; entonces lo sentirás tú, Enrique mío!.

"Es cosa tan grande y tan sagrada que si un día te viera regresar ileso de una batalla en que se hubiese peleado por ella, salvo tú, que eres mi carne y mi alma, y supiera que habías conservado la vida por haberte escondido huyendo de la muerte, yo, tu padre, que te recibe con gritos de alegría cuando vuelves de la escuela, te recibiría con sollozos de angustia; no podría quererte ya y moriría con aquel puñal clavado en mi corazón.

Tu padre".

ENVIDIA
Miércoles, 25.

El que ha hecho mejor la composición sobre la patria ha sido también Derossi. ¡Y Votini, que daba por seguro el primer premio…!

Yo quería mucho a Votini, aunque es algo vanidosillo y presumido; pero me disgusta, ahora que estoy con él en el banco, ver lo que envidia a Derossi. Y estudia para competir con él; pero no puede en manera alguna, porque el otro le da cien vueltas en todas las asignaturas, y a Votini se le ponen los dientes largos. También siente envidia Carlos Nobis; pero éste tiene tanto orgullo que la misma soberbia no se la deja descubrir. Votini, por el contrario, se delata, se lamenta de las notas en su casa y dice que el maestro comete injusticia; y cuando Derossi responde a las preguntas tan pronto y tan bien como siempre, él pone la cara, hosca, baja la cabeza, finge no oír y se esfuerza por reír, pero con risa de conejo. Y como todos lo saben, en cuanto el maestro alaba a Derossi, todos se vuelven a mirar a Votini, que traga veneno, y el "albañilito" le hace la mueca de hocico de liebre.

Esta mañana, por ejemplo, lo ha demostrado. El maestro entró en la escuela y anunció el resultado de los exámenes: Derossi diez décimas y la primera medalla.

Votini estornudó con estrépito. El maestro lo miró, porque la cosa estaba bien clara.

-Votini –le dijo-, no dejes que se apodere de ti la serpiente de la envidia. Es una sierpe que roe el cerebro y corrompe el corazón.

Todos lo miraron, menos Derossi. Votini quiso responder pero no pudo. Después, mientras el maestro daba la lección, se puso a escribir, en gruesos caracteres, en una hoja: "Yo no estoy envidioso de los que ganan la primera medalla por favor y sin justicia". Se proponía mandar el papel a Derossi. Pero los que estaban junto a Derossi tramaban entretanto algo entre ellos hablándose al oído, y uno hacía con el cortaplumas una gran medalla de papel, sobre la cual habían dibujado una serpiente negra. Votini no advirtió nada. El maestro salió breves momentos. Enseguida, los que estaban junto a Derossi se levantaron para salir del banco e ir a presentar solemnemente la medalla de papel a Votini. Todo la clase se preparaba para presenciar una escena desagradable. Votini estaba ya temblando. Derossi gritó:

-¡Dádmela!

-Sí; mejor es –respondieron los demás-. Tú eres el que debe llevársela.

Dorssi tomó la medalla y la hizo mil pedazos. En aquel momento volvió el maestro y se reanudó la clase. Yo no cesaba de observar a Votini, que estaba rojo de vergüenza. Tomó el papel despacito, como si lo hiciese distraídamente, lo hizo mil dobleces a escondidas, se lo puso en la boca, lo mascó un poco y después lo echó debajo del banco.

Al salir de la escuela y pasar por delante de Derossi, a Votini, que estaba un poco confuso, se le cayó el papel secante. Derossi, siempre noble, lo recogió y se lo puso en la cartera, y lo ayudó a abrocharse el cinturón. Votini no se atrevió a levantar la cabeza.

LA MADRE DE FRANTI
Sábado, 28.

Pero Votini es incorregible. Ayer en la clase de religión, delante del director, el maestro preguntó a Derossi si sabía de memoria aquellas dos estrofas de libro de lectura: "Dondequiera que tiendo la vista te veo, inmenso Dios". Derossi respondió que no, y Votini dijo enseguida: "¡Yo lo sé!", sonriéndose, como para mortificar a Derossi; pero el mortificado fue él, porque no pudo recitar la poesía, pues en aquel momento entró en la escuela la madre de Franti, muy afligida, despeinados sus grises cabellos, toda llena de nieve, con su hijo, que había sido excluido de la escuela desde hacía ocho días.

¡Qué triste escena nos tocó presenciar! La pobre señora se echó casi de rodillas a los pies del director, tomándole las manos y suplicándole:

-¡Oh, señor director, hágame usted el favor de volver a admitir al niño en la escuela! Hace tres días que está en casa. Lo he tenido escondido; pero Dios me valga si su padre lo descubre, porque lo mata. ¡Tenga usted compasión!, que yo no sé ya que hacer. Se lo recomiendo con toda mi alma.

El director trató de llevarla afuera; pero ella se resistía siempre, rogándole:

-¡Oh, si supiese usted la lástima que me da este hijo! ¡Tenga usted compasión! ¡Hágame el favor! Yo espero que se enmendará. Si no me lo concede usted, no viviré ya más; me muero, aquí mismo; pero querría verlo corregido antes de morir, porque… -y la interrumpió el llanto- es mi hijo, lo quiero mucho y moriría desesperada. Admítalo de nuevo, señor director, para que no sobrevenga una desgracia. ¡Hágalo por caridad hacia una pobre mujer! –y se cubrió el rostro con las manos, sollozando.

Franti estaba impasible, con la frente baja. El director lo miró; estuvo un rato pensándolo, y después dijo:

-Franti, vete a tu puesto.

Entonces la madre se apartó las manos de la cara, muy consolada, y empezó a dar miles de gracias, sin dejar hablar al director, y se alejó hacia la puerta, enjugándose los ojos y diciendo con emoción creciente:

-Hijo mío, que seas bueno. Tengan ustedes paciencia. Gracias, señor director; ha hecho usted una obra de caridad. Adiós, hijo mío. Buenos días, niños. Gracias, señor maestro; hasta la vista. ¡Soy una pobre madre que ha sufrido tanto!

Y dirigiendo aún desde el umbral de la puerta una mirada suplicante a su hijo, se fue ahogando los lamentos que la destrozaban, pálida, encorvada, temblorosa, oyéndosele todavía toser cuando ya bajaba la escalera.

El director miró fijamente a Franti, en medio del silencio de la clase, y le dijo con una inflexión de voz que hacía temblar:

-¡Franti, estás matando a tu madre!

Todos se volvieron a mirar a Franti. Y el muy infame ¡se sonreía!.

ESPERANZA
Domingo, 29.

"Mucho me ha gustado, Enrique mío, el arranque con que te has echado en brazos de tu madre al volver de la clase de religión. ¡Qué cosas tan hermosas y tan consoladoras te ha dicho el maestro! Dios, que nos ha arrojado al uno en brazos del otro, no nos separará jamás. Cuando yo muera, cuando muera tu padre, no nos diremos aquellas terribles palabras: "Madre, padre, Enrique, ¡no te veré ya más!". Nosotros volveremos a vernos en otra vida, en la cual, quien ha sufrido mucho en ésta tendrá su compensación, y quien ha amado mucho sobre la tierra volverá a encontrar las almas que ha querido; en un mundo sin culpa, sin llanto, sin muerte; pero debemos todos hacernos dignos de esa otra vida.

"Oye, hijo; cada acción buena tuya, cada palabra de cariño para los que te quieren, cada acto noble tuyo, son como un paso que das hacia aquel mundo. También te lleva hacia él cada desgracia, cada dolor que sufres, porque todo dolor es la expiación de una culpa, toda lágrima borra una mancha.

"Propónte cada día ser mejor y más cariñoso que el día anterior. Di todas las mañanas:
<<Hoy quiero hacer algo de lo cual mi conciencia pueda alabarse y mi padre estar contento; algo que me haga ser más querido de éste o de aquel compañero, del maestro, de mi hermano o de otros>>, y pide a dios que te dé la fuerza necesaria para llevar a cabo tu propósito. <Señor, yo quiero ser bueno, noble, valiente, delicado, sincero. Ayúdame, haz que cada noche, cuando mi madre me despide con un beso, pueda yo decirle: "Tú besas esta noche a un niño mejor y más digno que el que besaste ayer">.

"Ten siempre en tu pensamiento aquel otro Enrique, sobrehumano y más feliz, que puedes ser después de esta vida. Luego reza. ¡Tú no puedes imaginar qué dulzura experimenta, cuánto mejor se siente una madre cuando ve a su hijo de rodillas! Cuando yo te veo rezando, me parece imposible que deje de haber alguien que te mire y te escuche. Creo entonces, más firmemente que nunca, que hay una Bondad suprema y una infinita Piedad, te quiero más, trabajo con más fe, sufro con más fortaleza, perdono con toda mi alma y pienso con serenidad en la muerte. ¡Oh, Dios mío! Volver a oír después de la muerte la voz de mi madre, volver a encontrar a mis hijos, volver a ver a mi Enrique, a mi Enrique inmortal y bendito, y estrecharlo en un abrazo que no se acabará ya nunca, nunca jamás, en una eternidad… ¡Oh, reza, recemos, querámonos, seamos buenos y llevemos en el alma esta celestial esperanza, adorado hijo!

Tu madre".

FEBRERO

UNA MEDALLA BIEN DADA
Sábado, 4.

Esta mañana vino a repartir los premios el inspector de escuelas, un señor con la barba y vestido de negro.

Entró con el director poco antes de la hora de salida y se sentó al lado del maestro. Hizo preguntas a varios niños, entregó luego la primera medalla a Derossi, y antes de dar la segunda estuvo oyendo un momento al maestro y al director, que le hablaban en voz baja. Todos nos preguntábamos: "¿A quién dará la segunda?".

El inspector dijo por fin en alta voz:

-Esta mañana ha merecido la segunda medalla el alumno Pedro Precossi, no sólo por los trabajos que ha hecho en casa, sino también por las lecciones, por la caligrafía, por su conducta; en suma: por todo.

Todos nos volvimos a mirar a Precossi, y en todos los semblantes se reflejaba la misma alegría. Precossi se aturdió tanto que no sabía dónde estaba.

-Ven acá –le dijo el inspector.

Precossi saltó fuera del banco y fue al lado de la mesa del maestro. El inspector, después de fijar atentamente su mirada en aquella cara de color de cera, en aquel cuerpecito enfundado en su ropa remendada y que no había sido hecha para su cuerpo, en aquellos ojos bondadosos y tristes que huían de los suyos y que dejaban adivinar una historia de sufrimientos, le dijo con voz llena de cariño al prenderle la medalla en el pecho:

-Precossi, te corresponde la medalla. Nadie más digno de llevarla que tú, no sólo por los méritos de tu inteligencia, sino también por tu buena voluntad. Te corresponde por tu corazón, por tu valor, por las cualidades de hijo bueno y valeroso que en ti resplandecen.
¿No es verdad –añadió volviéndose a la clase- que también la merece por esto?

-¡Sí, sí! –respondieron todos a una voz.

Precossi, moviendo su garganta como si necesitase tragar alguna cosa, dirigió sobre los bancos una dulcísima mirada llena de inmensa gratitud.

-Vete –añadió el inspector-, querido muchacho. ¡Que Dios te proteja!

Era la hora de salida. Nuestra clase salió antes que todas, ay apenas estuvimos fuera de la puerta... ¿a quién vemos allí, en el salón de espera? Al padre de Precossi, al herrero, pálido como de costumbre, con su torva mirada, con el pelo hasta los ojos, con la gorra medio caída y tambaleándose. El maestro lo vió enseguida y se puso a hablar al oído del inspector. Éste se fue presuroso en busca de Precossi, y tomándolo de la mano, lo llevó junto a su padre. El muchacho temblaba. El maestro y el director se habían acercado, y muchos chicos habían formado círculo en derredor de ellos.

-Es usted el padre de este muchacho, ¿no es cierto? –preguntó el inspector al herrero, con aire jovial, como si fuera su amigo, y sin esperar la respuesta añadió-: Me alegro mucho. Mire, ha ganado la segunda medalla a cincuenta y cuatro compañeros, y la merece por los trabajos de composición, por los de aritmética, por todo. Es un niño muy inteligente y de gran voluntad, que, sin duda, hará carrera; querido y estimado por todos. Puede usted estar orgulloso, yo se lo aseguro.

El herrero, que estaba oyendo todo esto con la boca abierta, miró fijamente al inspector y al director, y luego a su hijo, que estaba ante él, con los ojos bajos, temblando; y como si recordase o llegase a comprender en aquel momento por primera vez todo lo que había hecho padecer al pobre pequeñuelo, y la bondad y constancia heroica con que éste lo había sufrido, mostró repentinamente en su cara cierta estúpida admiración, luego acerbo dolor, y por fin, una ternura violenta y triste; y tomándole al muchacho la cabeza, la apretó contra su pecho.

Todos nosotros pasamos por delante de él. Yo lo invité para que fuera a casa el jueves, con Garrone y Crossi. Otros lo saludaron; uno le hacía una caricia, otro le tocaba la medalla; todos le dijeron algo. El padre nos miraba como atontado, y apretaba contra su pecho la cabeza de su hijo, que sollozaba.

BUENOS PROPÓSITOS.
Domingo, 5.

La medalla dada a Precossi ha despertado en mí un remordimiento. Yo todavía no he ganado ninguna. De algún tiempo a esta parte no estudio, estoy descontento de mí; el maestro, mi padre y mi madre también lo están. No siento el placer que sentía cuando trabajaba de buena voluntad y luego, al dejar el pupitre, corría a mis juegos lleno de alegría, como si no hubiera jugado en un mes entero. Ni siquiera me siento a la mesa con los míos con el gusto de antes. Me persigue una sombra en el ánimo, una voz interior que me dice continuamente: "Esto no marcha, esto no marcha".

Cuando al atardecer veo atravesar la plaza a tantos muchachos en medio de los grupos de operarios que vuelven de su trabajo, alegres a pesar del cansancio; que apresuran su paso, impacientes por llegar a comer cuanto antes a su casa, hablando fuerte, riendo y golpeándose unos a otros las espaldas con las manos ennegrecidas por el carbón o blanqueadas por la cal, pienso que han estado trabajando desde el rayar del alba hasta aquella hora. Cuando considero que tantos otros, aún más pequeños, han pasado todo el día sobre los tejados, o delante de los hornos, en medio de las máquinas, o dentro del agua, o bajo tierra, sin comer más que un pedazo de pan, no puedo menos de avergonzarme, yo, que en todo este tiempo no he hecho otra cosa que emborronar de mala gana cuatro malas páginas. ¡Ah, sí! ¡Estoy descontento, descontento! Bien veo que mi padre está de mal humor, y querría decírmelo; pero le apena hablarme de ello y espera todavía. ¡Querido padre mío! ¡Tú, que trabajas tanto! Todo es tuyo; todo lo que en casa me rodea, todo lo que me abriga y me alimenta, todo lo que me instruye y me divierte; todo es fruto de tu trabajo; todo te ha costado preocupaciones, privaciones, disgustos, sacrificios y yo no me esfuerzo! ¡Ah, no! ¡Esto es demasiado injusto, y me hace mucho daño!

Quiero comenzar desde hoy; quiero empezar a estudiar como Stardi, con los puños y los dientes apretados; quiero ponerme a ello con toda la fuerza de mi voluntad y de mi alma; quiero vencer el sueño por la noche, saltar de la cama muy temprano, martillarme el cerebro sin descanso y fustigar sin piedad la pereza; fatigarme, sufrir y hasta enfermar, con tal de no arrastrar más esta vida floja y abandonada que me envilece y llena de tristeza a los demás.

¡Ánimo y al trabajo! ¡Al trabajo con toda mi alma y con todas mis fuerzas! ¡Al trabajo, que me dará el reposo dulce, los juegos placenteros, el comer alegre! ¡Al trabajo, que me dará de nuevo la bondadosa sonrisa de mi maestro y el bendito beso de mi padre!

EL TREN DE JUGUETE
Viernes, 10.

Precossi vino ayer a casa, con Garrone. Yo creo que aun cuando hubieran sido hijos de príncipes no habrían sido acogidos con más jovialidad. Era la primera vez que venía Garrone, pues, además de ser un poco huraño, se avergüenza de que lo vean, porque es muy grande y todavía cursa el tercer año.

Todos salimos a abrir la puerta cuando llamaron. Crossi no vino, porque al fin había llegado su padre de América, después de seis años de ausencia. Mi madre besó inmediatamente a Precossi, y mi padre le presentó a Garrone diciendo:

-¡Aquí lo tienes! Éste no solamente es un buen muchacho, sino todo un hombre y un caballero.

Garrone llevaba la medalla y estaba contento porque su padre ha reanudado el trabajo y ya han pasado cinco días sin que beba. Quiere que su hijo esté siempre a su lado en el taller, y parece enteramente otro.

Nos pusimos a jugar. Saqué todos mis juguetes, y Precossi quedó encantado a la vista del tren, que anda solo cuando se da cuerda a la máquina. Jamás lo había visto, y devoraba con sus ojos los vagoncitos amarillos y rojos. Le di la llave para que jugase a su sabor; se arrodilló, y no volvió a levantar más la cabeza. Nunca lo había visto tan contento. Siempre nos decía: "Dispénsame, dispénsame", apartando nuestras manos si intentábamos detener la máquina. Asía y colocaba los vagoncitos con toda clase de miramientos, como si fueran de vidrio, temía empañarlos con el aliento, los limpiaba por arriba y por abajo, y se veía una sonrisa incesante en sus labios. Todos nosotros lo mirábamos; no quitábamos los ojos de aquel cuello como un hilo, de aquellas orejitas que yo había visto un día echar sangre, de aquel chaquetón con las bocamangas vueltas, pro donde salían los dos bracitos de enfermo que tantas veces se habían levantado para defender la cara de los goles… ¡Ah!, en aquel momento habría arrojado a sus pies todos mis juguetes y todos mis libros, habría arrancado de mi boca el último pedazo de pan para dárselo, me habría desnudado para que se vistiera, me habría arrodillado para besarle las manos.

"Por lo menos –pensé- querría darle el tren". Era preciso, sin embargo, pedir permiso a mi padre. En aquel momento sentí que me ponían un papelito en la mano. Miré: estaba escrito con lápiz por mi padre, y decía: "A Precossi le gusta tu tren. Él no tiene juguetes. ¿No te dice nada tu corazón?".

Alcé súbitamente la máquina y los vagones, hice que él tendiera las manos, y se lo entregué todo, diciéndole:

-Tómalo, es tuyo.

Se me quedó mirando sin comprender.

-Es tuyo –dije-; te lo regalo. Entonces dirigió sus ojos hacia mi padre y mi madre, todavía más admirado, y me preguntó:

-Pero, ¿por qué?

Mi padre le contestó:

-Te lo regala Enrique porque es amigo tuyo, porque te quiere…, para celebrar tu medalla. Precossi preguntó tímidamente:
-¿Y lo he de llevar conmigo… a mi casa?

-Pues, claro –respondieron todos.

Todavía estaba en la puerta y no se atrevía a marcharse. ¡Era feliz! Pedía perdón, y su boca temblaba y reía juntamente. Garrone lo ayudó a envolver el tren en el pañuelo, y al inclinarse sonaron los mendrugos que llenaban sus bolsillos.

-Un día —me dijo Precossi- vendrás al taller a ver cómo trabaja mi padre. Te daré unos clavos.

Mi madre puso un ramito en el ojal de la chaqueta a Garrone para que se lo diera a su madre en su nombre. Garrone, con su vozarrón, contestó: "Gracias", sin levantar la cabeza del pecho, pero revelando espléndidamente en sus ojos su alma buena y noble.

SOBERBIA

Sábado, 11.

¡Y decir que Carlos Nobis se limpia la manga con afectación cuando Precossi lo toca al pasar! Es la encarnación misma de la soberbia, y todo porque su padre es un ricachón. ¡Pero también el padre de Derossi es rico!

Carlos desearía tener un banco para él solo; tiene miedo de que todos lo ensucien; a todos mira de arriba bajo, con risa despreciativa en los labios. ¡Ay del que le tropiece en un pie cuando salimos en fila de dos en dos! Por cualquier insignificancia lanza al rostro una palabra injuriosa o amenaza con que hará venir a su padre a la escuela. ¡Y cuidado, que su padre le echó una buena reprimenda cuando llamó harapiento al hijo del carbonero! Nunca he visto altanería semejante. Nadie le dice adiós al salir; no hay quien le apunte una palabra cuando no sabe la lección. Él, en cambio, no puede sufrir a ninguno. Finge despreciar sobre todo a Derossi, porque es el primero de la clase, y a Garrone porque todos lo quieren bien; pero Derossi ni se acuerda de mirarlo, y Garrote, cuando le contaron que Nobis hablaba mal de él, contestó:

-Tiene una soberbia tan estúpida que no merece siquiera mis coscorrones.

Coretti, sin embargo, un día en que Nobis se mofaba de su gorra de pelo de gato, le dijo:

-¡Vete con Derossi para que aprendas un poco a ser caballero!.

Ayer se fue a quejar al maestro porque el calabrés lo había tocado con el pie en una pierna. El maestro preguntó al calabrés:

-¿Lo has hecho de intento?

-No, señor —respondió francamente.

-Eres demasiado quisquilloso, Nobis —dijo el maestro. Y Nobis, con su aire acostumbrado:
-¡Se lo diré a mi padre!.

El maestro entonces se encolerizó:

-Tu padre no te hará caso, como ha pasado otras veces. Además de que, en la escuela, el maestro es quien únicamente juzga y castiga. —Luego añadió con dulzura-; Vamos, Nobis, cambia de maneras. Sé bueno y cortés con tus compañeros. Mira, hay hijos de trabajadores y de señores, de ricos y de pobres. Todos se quieren bien y se tratan como hermanos, como lo que son. ¿Por qué no haces tú lo mismo que los demás? ¡Qué poco te costaría que todos te quisieran y estar tú mismo más contento...! ¡Qué! ¿No tienes nada que contestarme?

Nobis, que había estado escuchando con su acostumbrada altanería, contestó fríamente:

-No, señor.

-Siéntate –le dijo el maestro-; te compadezco. Eres un muchacho sin corazón.

Todo parecía haber concluido ya, cuando el "albañilito", que se sienta en el primer banco, volviendo su redonda cara hacia Nobis, que está en el último, le hizo una mueca, poniéndole un hocico de liebre tan bien hecho y tan gracioso, que estalló una sonora risotada en toda la clase. El maestro lo regañó; pero no tuvo más remedio, para ocultar la risa, que taparse la boca con la mano. Nobis también se rió, pero su risa no pasaba de los dientes.

LOS HERIDOS DEL TRABAJO
Lunes, 13.

Nobis puede hacer pareja con Franti: ni uno ni otro se conmovieron esta mañana ante lo que pasó a nuestra vista.

Fuera ya de la escuela, estaba yo con mi padre mirando a unos pilluelos de segundo grado, que se arrodillaban en tierra a refregar el hielo con las carpetas y las gorras para resbalar mejor, cuando vemos venir por el medio de la calle multitud de gente con paso precipitado, serios, todos, espantados, hablando en voz baja. En medio venían tres agentes de policía, y detrás de ellos dos hombres que llevaban una camilla. De todas partes acudieron los muchachos.

Sobre la camilla venía tendido un hombre, blanco como un cadáver y lleno de sangre, que también le salía de la boca y de los oídos. Al lado de la camilla venía una mujer con un niño en brazos. A cada paso gritaba:

-¡Está muerto! ¡Está muerto! ¡Está muerto!

Seguía a la mujer un muchacho con su cartera bajo el brazo sollozando.

-¿Qué ha pasado? –preguntó mi padre.

Alguien contestó que era un pobre albañil que se había caído de un cuarto piso donde estaba trabajando. Los que llevaban la camilla se detuvieron un instante. Muchos volvieron la cabeza horrorizados. Vi que la maestrita del penacho rojo sostenía a mi maestra de la clase superior, casi desmayada. Al mismo tiempo sentí que me tocaban en el codo; era el pobre "albañilito", tembloroso de pies a cabeza. Pensaba seguramente en su padre. También yo pensé en él. Por mi parte, tengo al menos el ánimo tranquilo cuando estoy en la escuela, porque sé que mi padre está en casa, sentado ante su mesa, lejos de todo peligro; ¡pero cuántos de mis compañeros pensarán que sus padres trabajan sobre un altísimo puente o cerca de las ruedas de una máquina y que sólo un gesto o un paso en falso les puede costar la vida! Son como otros tantos hijos de soldados que tienen a sus padres en la guerra.

El "albañilito" miraba y remiraba, temblando cada vez más, y, al notarlo, mi padre le dijo:

-Vete a casa, muchacho; vete a escape a ver a tu padre, a quien encontrarás sano y tranquilo. Anda.

El hijo del albañil se marchó, volviendo atrás el rostro a cada paso.

Entretanto, la multitud se puso otra vez en movimiento, y partía el corazón oír el clamor de la pobre mujer:

-¡Está muerto! ¡Está muerto! ¡Está muerto!

-No; no está muerto -le decían.

Ella no hacía caso y se mesaba desesperadamente los cabellos.

Oigo en esto una voz indignada que dice:

-¡Te ríes!

Era un hombre con barba que miraba cara a cara a Franti, el cual seguía sonriendo. El hombre, entonces, de un cachete le arrojó la gorra al suelo, diciendo:

-¡Descúbrete, mal nacido, cuando pase un herido del trabajo!

Toda la multitud había pasado ya y se veía en medio de la calle largo reguero de sangre.

EL PRESO
Viernes, 17.

¡Ah! He aquí, seguramente, la ocurrencia más extraña de todo el año. Ayer a la mañana me llevó mi padre a los alrededores de Moncalieri a ver una quinta que quería alquilar el verano próximo, porque este año nos vamos a Chieri. Se encontró que quien tenía las llaves era un maestro, el cual hace a la vez de administrador de la finca. Nos hizo ver la casa y nos llevó a su habitación, donde bebimos. Entre los vasos, en medio de la mesa, había un tintero de madera, de forma cónica y esculpido de una manera singular. Viendo que mi padre lo miraba atentamente, el maestro dijo:

-Ese tintero lo tengo en mucha estima. ¡Si ustedes supieran su historia!. Y nos la contó.
Hace algunos años, siendo maestro en Turín, durante todo un invierno fue a dar clase a los presos. Explicaba las lecciones en la capilla de la cárcel, que es un recinto circular, en cuyos paredones, altos y desnudos, se ven muchas ventanitas cuadradas, cerradas por barras de hierro en cruz, que corresponden cada una al interior de una pequeña celda. Daba su lección paseando por la iglesia oscura y fría. Los escolares se asomaban a aquellos agujeros, con los cuadernos apoyados en los hierros, sin enseñar más que

las caras, envueltas entre sombras: caras escuálidas y sombrías, barbas enmarañadas y grises; ojos fijos, de homicidas y ladrones.

Entre ellos había uno, el número 78, que estaba más atento que los demás, estudiaba mucho y miraba siempre al maestro con los ojos llenos de respeto y de gratitud. Era un joven de barba negra, más bien desgraciado que criminal; un ebanista que, en un rapto de cólera, acosado por su patrón, que lo perseguía con una pesa, había descargado contra él un cepillo, hiriéndolo mortalmente en la cabeza. Había sido por esto condenado a varios años de reclusión. En tres meses aprendió a leer y escribir; siempre estaba leyendo, y cuanto más aprendía, tanto mejor se hacía y mostraba mayor arrepentimiento por su delito.

Un día, al terminar la lección, hizo señal al maestro para que se acercase a la ventana, anunciándole con tristeza que al día siguiente saldría de Turín, para extinguir su pena en la cárcel de Venecia, y habiéndole dicho adiós, le suplicó con voz humilde y conmovida que le dejase tocarle la mano. El maestro se la alargó, y él se la besó: "¡Gracias! ¡Gracias!", le dijo, desapareciendo en el acto. El maestro retiró su mano cubierta de lágrimas. Desde entonces no lo volvió a ver más. Pasaron seis años.

-En lo que yo menos pensaba era en aquel desgraciado –continuó el maestro-,. Y he aquí que ayer por la mañana veo que llega a casa un desconocido, con gran barba negra, un poco entrecana ya, y malamente vestido. "¿Es usted, señor –me dijo, el maestro Fulano de Tal?" "¿Y usted?", pregunté yo. "Soy el preso número 78 –me contestó-. Usted me enseñó a leer y escribir hace seis años. Si recuerda, al terminar la última lección me dio usted la mano.
Ya he extinguido la pena y aquí estoy… para suplicarle que me haga el favor de aceptar un recuerdo mío, una cosilla que he hecho en la prisión. ¿Quiere aceptarla, señor maestro?". Me quedé atónito, sin decir una palabra, y creyendo él que tal vez no querría aceptar el regalo, me miró como diciéndome: "¡Seis años de sufrimiento no han bastado para purificar mis manos!" Fue tal y tan viva la expresión de dolor de su mirada que tendía inmediatamente la mano y tomé el objeto. Helo aquí.

Examinamos atentamente el tintero. Parecía trabajado con la punta de un clavo, y revelaba grandísima paciencia. Tenía esculpida encima una pluma atravesando un cuaderno, y escrito en su alrededor: "A mi maestro. Recuerdo del número 78. ¡Seis años!". Y debajo, en pequeños caracteres: "Estudio y esperanza".

E maestro no dijo más; nos fuimos. En todo el trayecto, desde Moncalieri hasta Turín, no pude quitarme de la cabeza aquel preso asomado a la ventanilla, aquel adiós al maestro, aquel pobre tintero hecho en la cárcel, que decía tantas cosas; soñé con él por la noche, y todavía esta mañana me parecía tenerlo delante… ¡Bien lejos estaba de imaginar la sorpresa que me esperaba en la escuela! Apenas me había colocado en mi nuevo banco, al lado de Derossi, y escrito el problema de aritmética para el examen mensual, referí a mi compañero toda la historia del preso y del tintero, y cómo estaba hecho con la pluma atravesada sobre el cuaderno y con aquella inscripción alrededor: "¡Seis años!".

Derossi se sobresaltó al oír aquella palabras; comenzó a mirarnos tan pronto a mí como a Crossi, el hijo de la verdulera, que estaba sentado en el banco de adelante, de espaldas a nosotros y por completo absorto en su problema.

-¡Silencio! –dijo luego en voz baja, tomándome por un brazo-. ¿No sabes? Cross me dijo que había visto de pasada, anteayer, un tintero de madera en manos de su padre, que ha vuelto de América; un tintero cónico, trabajado a mano, con esas figuras; un cuaderno y un a pluma. Es el mismo. Él decía que su padre estaba en América desde hacía seis años, pero estaba preso. Nada recuerda, su madre lo engañó, no sabe nada...¡No se te escape de esto ni una sílaba!

Me quedé sin poder articular palabra y con los ojos fijos sobre Crossi. Derossi, entonces, resolvió el problema y se lo pasó a Crossi por debajo del pupitre. Le dijo una hoja de papel, le quitó de las manos El pequeño enfermero, narración mensual que el maestro le había dado a copiar, para copiarla él; le regaló plumas, le dio golpecitos en las espaldas y me hizo prometer, bajo palabra de honor, que no diría nada a nadie.

Cuando estuvimos fuera de la clase, me dijo precipitadamente:

-Ayer vino su padre a recogerlo. Habrá venido hoy también; haz lo que yo haga.

Salimos a la calle, y allí estaba el padre de Crossi, algo apartado: un hombre de barba negra, más bien un poco entrecana, malamente vestido y de semblante pálido y pensativo. Derossi estrechó la mano a Crossi, de modo de ser visto, diciéndole en voz alta: "'asta la vista, Crossi'" y le pasó la mano por la barbilla. Yo hice lo mismo. Al hacer aquello Derossi se puso encendido como la grana; yo también; y el padre de Crossi nos miró atentamente, con ojos benévolos, pero en los cuales se traslucía una expresión de inquietud y de sospecha que nos heló el corazón.

EL PEQUEÑO ENFERMERO

En la mañana de un día lluvioso de marzo, un muchacho vestido de campesino, calado de agua y salpicado de lodo, con un envoltorio de ropa bajo el brazo, se presentaba al portero del Hospital Mayor de Nápoles a preguntar por su padre, con una carta en la mano. Tenía hermosa cara ovalada, de olor moreno pálido, ojos pensativo y gruesos labios entreabiertos, que dejaban ver sus blanquísimos dientes.

Venía de un pueblo de los alrededores de la ciudad. Su padre, que había salido de su casa el año anterior, para ir en busca de trabajo a Francia, había vuelto a Italia y desembarcado hacía pocos días en Nápoles, donde enfermó tan rápidamente que apenas si tuvo tiempo de escribir cuatro palabras a su familia para anunciarle su llegada y decirle que entraba en el hospital. Su mujer, desolada al recibir la noticia, no pudiendo moverse de su casa porque tenía una niña enferma y un niño de pecho, había mandado al hijo mayor con algún dinero para asistir a su padre, a su tata, como solía llamarlo.

El muchacho había andado diez millas de camino.

El portero, viendo la carta, llamó a un enfermero para que llevase al muchacho adonde estaba su padre.

-¿Qué padre? –preguntó el enfermero.

El muchacho, temblando por temor de una triste noticia, dijo el nombre. El enfermero no recordaba tal nombre.

-¿Un viejo trabajador que ha llegado de afuera? –interrogó.

-Trabajador, sí –respondió el muchacho, cada vez más ansioso-, pero no muy viejo. Sí; que ha venido de afuera.

-¿Cuándo entró en el hospital? –inquirió el enfermero. El muchacho miró la carta.
-Hace cinco días, parece.

El enfermero se quedó pensando un momento; luego, como recordando, dijo de pronto:

-¡Ah! La sala cuarta, la cama que está al fondo.

-¿Está muy malo? ¿Cómo está? –preguntó ansiosamente el niño. El enfermero lo miró sin responder. Luego dijo:
-Ven conmigo.

Subieron los tramos de la escalera, dirigiéndose al fondo del ancho corredor, hasta encontrarse frente a la puerta abierta de un salón con dos largas filas de camas.

-Ven –repitió el enfermero, entrando.

El muchacho se armó de valor y lo siguió, echando ojeadas medrosos, a derecha e izquierda, sobre las macilentas caras de los enfermos, algunos de los cuales, con los párpados cerrados, parecían muertos; otros miraban al espacio con ojos grandes y fijos; como espantados. Muchos gemían como niños. El salón estaba oscuro; el aire, impregnado de penetrante olor de medicamentos. Dos hermanas de Caridad iban de uno a otro lado con frascos en la mano.

Habiendo llegado al fondo de la sala, el enfermero se detuvo a la cabecera de una cama, abrió las cortinillas y dijo:

-Ahí tienes a tu padre.

El muchacho estalló en llanto. Dejando caer la ropa que traía bajo el brazo, abandonó la cabeza sobre el hombro del enfermo, asiéndolo del brazo que tenía extendido sobre la colcha. El enfermo no hizo movimiento alguno.

El muchacho se irguió, miró otra vez a su padre y rompió a llorar de nuevo. El enfermo le dirigió una larga mirada y pareció reconocerlo. Pero sus labios no se movieron. ¡Pobre tata, qué cambiado estaba! El hijo no lo había reconocido. Tenía blancos los cabellos, crecida la barba, la cara hinchada, de color encendido, con la piel tersa y reluciente; los ojos muy chiquitos, los labios gruesos, toda la fisonomía alterada. No conservaba suyo más que la frente y el arco de las cejas. Respiraba angustiosamente.

-¡Tata, tata mío! –Dijo el muchacho-. Soy yo, ¿no me reconoces? Soy Cecilio, tu Cecilio, que ha venido del pueblo, enviado por mi madre. Mírame bien: ¿no me reconoces? Dime una palabra siquiera.

Pero el enfermo, después de mirarlo atentamente, cerró los ojos.

-¡Tata! ¡Tata! ¿Qué tienes? Soy tu hijo, tuCecilio.

El enfermo no se movió, y continuó respirando con mucho afán.

Entonces, llorando, tomó el muchacho una silla y se sentó a esperar, sin levantar los ojos de la cara de su padre. "Pasará algún médico haciendo la visita –pensaba-, y me dirá algo".
Sumergido en tristes pensamientos ¡recordaba tantas cosas de su buen padre! El día de la partida, cuando le había dado el último adiós en el banco; las esperanzas que la familia había fundado sobre aquel viaje, la desolación de su madre al recibir la carta. Pensó también en la muerte. Veía a su padre muerto, a su madre vestida de negro, a la familia toda en la miseria.

Así pasó mucho tiempo. Una mano libera le tocó en el hombro. Él se estremeció: era una monja.

-¿Qué tiene mi padre? –le preguntó.

-¿Es éste tu padre? –dijo dulcemente la hermana.

-Sí; es mi padre; acabo de llegar. ¿Qué tiene?

-¡Ánimo muchacho! –respondió la monja-. Ahora vendrá el médico. –y se alejó sin decir más.

Al cabo de media hora se oyó sonar una campanilla y vio que por el fondo de la sala entraba el médico acompañado de un practicante; la monja y un enfermero lo seguían. Comenzó la visita, deteniéndose en todas las camas. Tanta espera le parecía eterna al pobre niño, y a cada paso que daba el médico crecía su ansiedad. Llegó, finalmente, al lecho inmediato. El médico era un viejo alto y encorvado, de fisonomía grave. Antes ya de que el médico se apartase de la cama vecina, el muchacho se puso de pie, y cuando se le acercó rompió a llorar.

El médico lo miró.

-Es hijo del enfermo –dijo la hermana de Caridad-, y ha llegado esta mañana del pueblo.

El médico posó una mano sobre el hombro del muchacho. Después se inclinó sobre el enfermo, le tomó el pulso, le tocó la frente e hizo alguna pregunta a la hermana, la cual respondió:

-Nada nuevo.

Quedó pensativo, y luego dijo:

-Continuad con lo mismo.

El chico cobró valor para preguntar con voz compungida.

-¿Qué tiene mi padre?

-Ten valor, muchacho –respondió el médico, poniéndole suavemente la mano en el hombro-. Tiene una erisipela facial. Es grave, pero todavía hay esperanza. Asístelo. Tu presencia le puede hacer bien.

-¡Pero si no me reconoce! –exclamó el niño, lleno de desolación.

-Te reconocerá mañana… quizás. Debemos esperarlo así; ten ánimo.

El muchacho habría querido preguntar más cosas, pero no se atrevió. el médico siguió adelante, y el niño comenzó la vida de enfermero. No pudiendo hacer otra cosa, arreglaba las ropas de la cama, tocaba la mano al enfermo, le espantaba los mosquitos, se inclinaba hacia él siempre que lo oía gemir, y cuando la hermana le traía de beber, tomaba de su mano el vaso y la cucharilla para asistir él mismo a su padre. El enfermo lo miraba alguna que otra vez, pero sin dar señales de haberlo reconocido. Sin embargo, su mirada se detenía en él cada vez más tiempo, sobre todo cuando el niño le limpiaba los ojos con el pañuelo. Así pasó el primer día. Aquella noche el muchacho durmió sobre dos sillas, en un ángulo de la sala, y por la mañana empezó su piadoso trabajo.

Al segundo día se notó que los ojos del enfermo revelaban un principio de conciencia. Por momentos, la cariñosa voz del niño parecía hacer brillar una vaga expresión de gratitud en sus pupilas, y en cierta ocasión movió un poco los labios, como si quisiera decir algo.
Después de cada período de somnolencia, abría mucho los ojos, buscando a su enfermero. El médico, en una segunda visita, le notó alguna mejoría. Hacia la tarde, al acercarle el vaso a la boca, el niño creyó ver deslizarse una leve sonrisa por sus hinchados labios.
Comenzó con esto a reanimarse y a tener alguna esperanza; así que, creyendo que le podía entender, por lo menos confusamente, le hablaba de su madre, de las hermanas pequeñas, de la vuelta a su casa, y lo exhortaba a tener valor, con palabras llenas de cariño. Aun cuando a menudo dudase de ser comprendido, seguía hablando, sin embargo, porque creía que el enfermo escuchaba con placer su voz y la entonación desusada de afecto y de tristeza de sus palabras. De esta manera pasaron el segundo día y el tercero y el cuarto, en alternativas continuas de ligeras mejorías y de retrocesos imprevistos.

El muchacho, totalmente absorto en el cuidado de su padre, y sin tomar más alimentos que algunos bocados de pan y queso, que dos veces por día le llevaba la hermana de Caridad, apenas advertía lo que pasaba a su alrededor: los enfermos moribundos, las hermanas que acudían precipitadamente por la noche, los llantos y muestras de desolación de los visitantes que salían sin esperanzas, todas las escenas lúgubres y dolorosas de la vida de hospital, que en cualquier otra ocasión lo habrían aturdido y horrorizado. Las horas, los días, pasaban y él siempre firme al lado de su tata, ansioso, atento, conmovido por los suspiros y las miradas, agitado continuamente entre una esperanza que le ensanchaba el alma y un desaliento que le helaba el corazón.

Al quinto día el enfermo se puso peor de repente.

El médico movió la cabeza, como diciendo que era asunto concluido, y el muchacho se abandonó sobre una silla rompiendo en sollozos. Sin embargo, lo consolaba una cosa; a pesar de empeorar, le parecía que el enfermo iba lentamente adquiriendo un poco de discernimiento. Miraba al muchacho cada vez con más atención y con creciente expresión de dulzura; no quería tomar bebida alguna ni medicinarse sino de su mano, y hacía con mas frecuencia aquel movimiento forzado de los labios, como si quisiera pronunciar alguna palabra, a veces tan marcado, que el niño le sujetaba el brazo con violencia, animado por repentina esperanza, y le decía con acento casi de alegría:

-¡Ánimo, ánimo, tata! Sanarás, nos iremos de aquí, volverás a casa de mi madre. Todavía hace falta un poco de valor.

Eran las cuatro de la tarde, momento en el cual el muchacho se había abandonado a uno de aquellos transportes de ternura y de esperanza, cuando por la puerta vecina de la sala oyó ruido de pasos y luego una fuerte voz; dos palabras solamente: "¡Adiós hermana!", que lo hicieron saltar de la silla, sofocando un grito en su garganta.

En el mismo momento entró en la sala un hombre con un gran lío en la mano, seguido de una hermana. El muchacho lanzó un grito agudo y quedó como clavado en su sitio. El hombre se volvió, lo miró un instante y gritó también a su vez: "¡Cecilio!", y se precipitó hacia él.

El muchacho cayó en los brazos de su padre casi accidentado.

La hermana, los enfermeros y el practicante acudieron y los rodearon llenos de estupor. El muchacho no podía recobrar la voz.
-¡Oh, Cecilio mío! —exclamó el padre, después de fijar una atenta mirada en el enfermo, besando repetidas veces al niño-. ¡Cecilio, hijo mío! ¿Cómo es esto? ¿Te han dirigido al lecho de otro enfermo? ¡Y yo que me desesperaba de no verte, después de que tu madre escribió: "Lo he enviado". ¡Pobre Cecilio! ¿Cuántos días llevas aquí ¿Cómo ha ocurrido esta confusión? Yo he sanado en pocos días. Estoy bien. ¿Y tu madre? ¿Y Concepción? Y el nenito, ¿cómo está? Yo me voy del hospital. Vamos, pues. ¡Oh, santo Dios! ¡Quién lo hubiera dicho!.

El muchacho apenas pudo balbucear cuatro palabras para dar noticias de la familia.

-¡Oh, qué contento estoy, pero qué contento! ¡Qué días tan malos he pasado! —y no acababa de besar a su padre.

Pero no se movía.

-Vamos, pues –le dice el padre-, que podremos llegar todavía esta tarde a casa. Vamos. Y lo atrajo hacia sí. El muchacho se volvió a mirar a su enfermo.

-Pero…, ¿vienes o no vienes? –le preguntó su padre, sorprendido.

El muchacho, vuelta a mirar al enfermo, el cual en aquel momento abrió los ojos y lo miró fijamente.

Entonces brotó de su alma un torrente de palabras.

-No, tata, espera… yo… no puedo. Mira a ese hombre. Hace cinco días que estoy aquí. Me está mirando siempre. Yo creía que eras tú. Lo quería. Me mira… yo le doy de beber. Quiere que esté siempre a su lado. Ahora está muy mal… ten paciencia, no tengo valor, no sé, me da mucha pena. ¡Mañana volveré a casa! Déjame estar otro poco. No estaría bien que lo dejase. ¿Ves… cómo me mira? No sé quién es, pero me quiere. Moriría solo:
¡déjame estar aquí, querido tata!.

-¡Bravo, chiquitín! –gritó el practicante.

El padre quedó perplejo mirando al muchacho, luego al enfermo.

-¿Quién es? –preguntó.

-Un campesino, como usted –respondió el practicante-, que ha venido de afuera y entró en el hospital el mismo día que usted. Cuando lo trajeron venía sin sentido y no pudo decir nada. Quizá tenga lejos a su familia, quizá tenga hijos. Creerá que éste es uno de ellos.

El enfermo no quitaba la vista del muchacho. El padre dijo a Cecilio:
-Quédate.

-No tendrá que quedarse por mucho tiempo –murmuró el practicante.

-¡Quédate! –repitió el padre-. Tú tienes corazón. Yo me marcho inmediatamente a casa para tranquilizar a tu madre. Aquí tienes algún dinero para lo que necesites. Adiós, excelente hijo mío. Hasta la vista.

Lo abrazó, lo miró fijamente, lo besó repetidas veces en la frente y se fue.

El niño volvió al lado del enfermo, que pareció consolado. Y Cecilio recomenzó su oficio de enfermero. Sin llorar más, pero con el mismo interés y con igual paciencia que antes le dio de beber, le arregló las ropas, le acarició la mano y le habló dulcemente para darle ánimo. Todo aquel día estuvo a su lado, y toda la noche y aun el siguiente día. Pero el enfermo se iba poniendo cada día peor; su cara iba tomando color violáceo, su respiración se iba haciendo más ronca, aumentaba la agitación, salían de su boca gritos inarticulados, la hinchazón se ponía monstruosa. En la visita de la tarde, el médico dijo que no pasaría de aquella noche. Entonces Cecilio redobló sus cuidados y no lo perdió de vista ni un minuto Y el enfermo lo miraba, lo miraba y movía aún los labios a ratos con gran esfuerzo, como si quisiera decir alguna cosa, y una expresión de extraordinaria dulzura se pintaba de cuando en cuando en sus ojos cada vez más pequeños y más turbios. Aquella noche el muchacho estuvo velando hasta que vio blanquear en las ventanas la luz del amanecer y apareció la hermana. Ésta se acercó al lecho, miró al enfermo y se fue precipitadamente. A los pocos minutos volvió con el médico ayudante y con un enfermero que llevaba una linterna.

-Está en los últimos momentos –dijo el médico.

El muchacho aferró la mano del enfermo, el cual abrió los ojos, lo miró fijamente y los volvió a cerrar.

En el mismo instante le pareció al muchacho que le apretaba la mano:

-¡Me ha apretado la mano! –exclamó.

El médico permaneció un momento inclinado hacia el enfermo. Cuando se irguió de nuevo, la hermana descolgó un crucifijo de la pared.

-¿Ha muerto? -preguntó el muchacho.

-Vete, hijo mío –dijo el médico-. ¡Tu santa obra ha concluido! Vete, y que tengas suerte, que bien la mereces. ¡Dios te protegerá…! ¡Adiós!.

La hermana, que se había alejado un momento, volvió con un ramito de violetas que tomó de un vaso que estaba sobre una ventana y se lo ofreció al niño, diciéndole:

-Nada más tengo que darte. Llévalo como recuerdo del hospital.

-Gracias –respondió el muchacho, tomando el ramito con una mano y limpiándose los ojos con la otra-; pero tengo que hacer tanto camino a pie… que lo voy a estropear. –Y desatando el ramito, esparció las violetas por el lecho, diciendo: -Se las dejo a él… Gracias, hermana; gracias, señor doctor. –Luego, volviéndose hacia el muerto, dijo-: Adiós… -y mientras buscaba un nombre que darle le vino a la boca el que le había dado durante cinco días-: ¡Adiós… pobre tata!

Dicho esto, puso bajo el brazo su envoltorio de ropa y torpemente, extenuado de cansancio, se fue. Despuntaba el día.

EL TALLER
Sábado, 18

Ayer vino Precossi a recordarme que debía ir a ver su taller, que está al final de la calle, y esta mañana, al salir con mi padre, hice que me llevase allí un momento. Según nos íbamos acercando al taller, vi que salía de allí Garoffi corriendo, con un paquete en la mano, haciendo ondear su gran capa, que ocultaba sus mercancías. ¡Ah! ¡Ahora ya sé dónde atrapa las limaduras de hierro que cambia luego por diarios atrasados ese traficante de Garoffi!.

Asomándonos a la puerta, vimos a Precossi sentado en un montón de ladrillos. Estaba estudiando la lección con el libro sobre las rodillas. Se levantó inmediatamente y nos hizo pasar. Era un local grande, lleno de polvo de carbón, con las paredes cubiertas de martillos, tenazas, barras, hierro de variadas formas. En un rincón ardía la fragua. Movía el fuelle un muchacho. Precossi padre estaba cerca del yunque, y un aprendiz tenía una barra de hierro metida en el fuego.

-¡Ah! ¡Aquí tenemos –dijo el herrero apenas nos vio, quitándose la gorra- al guapo muchacho que regala ferrocarriles! Ha venido a vernos trabajar un rato ¿no es verdad? Al momento será usted servido.

Y diciendo así, sonreía. No tenía ya aquella cara torva, aquellos ojos atravesados de otras veces. El aprendiz le presentó una larga barra de hierro enrojecida en la punta, y el herrero la apoyó sobre el yunque. Iba a hacer una de las barras con voluta que se usan en los antepechos de los balcones. Levantó un gran martillo y comenzó a golpear, apoyando la parte enrojecida tan pronto sobre un lado como sobre el otro, trayéndola a la orilla del yunque, o llevándola hacia el medio, dándole vueltas de continuo; y causaba maravilla ver cómo, bajo los golpes veloces, precisos, del martillo, el hierro se encorvaba, se retorcía y tomaba poco a poco la forma graciosa de la hoja rizada de una flor, como si hubiera sido pasta modelada con las manos.

El hijo entretanto nos miraba con cierto aire orgulloso como diciendo: "¡Mirad cómo trabaja mi padre!".

-¿Ha visto cómo se hace, señorito? –me preguntó el herrero, una vez acabada esta labor, poniendo ante mí la barra, que parecía el báculo de un obispo. La colocó a un lado y metió otra en el fuego.

-En verdad que está bien hecha –le dijo mi padre; y añadió-: ¡Vaya! Veo que se trabaja,
¿eh? ¿Ha vuelto el impulso?

-Ha vuelto, sí –respondió el obrero, limpiándose el sudor y poniéndose algo encendido-. Y
¿sabe quién lo ha hecho volver? –Mi padre se hizo el desentendido-. Aquel guapo muchacho –continuó el herrero señalando a su hijo con el dedo-. Aquel buen hijo que está allí, que estudiaba y honraba a su padre, mientras su padre andaba de "pirotecnia" y lo trataba como a una bestia. Cuando he visto aquella medalla… ¡Ah, chiquitín mío, alto como un grano de alpiste, ven acá, que te mire un poco la cara!.

El muchacho se precipitó hacia su padre; éste lo alzó y lo puso en pie sobre el yunque, y sosteniéndolo por debajo de los brazos, le dijo:

-Limpia un poco el frontispicio a este animal de tu padre.

Entonces Precossi cubrió de besos la cara ennegrecida de su padre, hasta ponerse también completamente negro.

-Así me gusta –dijo el herrero, y lo puso en tierra.

-¡Así me gusta, Precossi! –exclamó mi padre con alegría. Y habiéndonos despedido del herrero y de su hijo, nos retiramos. Al salir, me dijo Precossi:

-Dispénsame –y me metió en el bolsillo un paquete de clavos. Lo invité para que fuese a ver las máscaras desde nuestra casa.

-Tú le has regalado tu tren –me dijo mi padre por el camino-; pero aun cuando hubiese estado lleno de oro y de perlas, habría sido pequeño regalo para aquel santo hijo que ha rehecho el corazón de su padres.

EL PAYASITO
Lunes, 20.

Toda la ciudad está convertida en hervidero, a causa del carnaval, que ya toca a su término. En cada plaza se levantan calesitas y barracas de saltimbanquis. Nosotros tenemos precisamente frente a las ventanas un circo de lona, donde actúa una pequeña compañía veneciana, con cinco caballos. El circo se halla en medio de la plaza, y en un ángulo hay tres grandes carretas donde los titiriteros duermen y se visten, y tres casetas con ruedas, con dos ventanillas y una estufita cada una, que siempre está echando humo. Entre ventana y ventana están tendidos los pañales de los niños. Hay una mujer que da de mamar a un nene, hace la comida y baila en la cuerda. ¡Pobre gente! Se los llama con menosprecio saltimbanquis, y sin embargo ganan su pan honradamente, divirtiendo a todos. ¡Y cómo trabajan! Todo el día están corriendo del circo a los coches, en traje de malla, ¡y con el frío que hace! Comen dos bocados a escape, de pie, entre una y otra representación; y a veces, cuando tienen el circo ya lleno, se levanta un viento fuerte que sacude las telas y apaga las luces, y adiós espectáculo; tienen que devolver el dinero y trabajar toda la noche para reparar los desperfectos.

Hay dos niños que trabajan, y mi padre ha reconocido al más pequeño cuando atravesaba la plaza: el hijo del dueño, el mismo a quien vimos el año pasado hacer los juegos a caballo en un circo de la plaza Víctor Manuel. Ha crecido; tendrá unos ocho años, hermoso muchacho, con una carita redonda y morena de pillete y multitud de rizos negros que se le escapan fuera del sombrero cónico. Está vestido de payaso, metido dentro de una especie de bolsón con mangas, blanco, bordado de negro, y calza unos zapatitos de tela.

Es un diablillo. A todos gusta. Hace de todo. Se lo ve envuelto en un chal, muy de mañana, llevando la leche a su casucha de madera; luego va a buscar los caballos a la cuadra, que está en la calle próxima; tiene en brazos al niño de pecho; transporta aros, caballetes, barras, cuerdas; limpia los carros, enciende el fuego, y en los momentos de descanso siempre está pegado a su madre. Mi padre se queda mirándolo desde la ventana, y no hace otra cosa que hablar de él y de los suyos, que tienen todas las trazas de ser buenos y de querer mucho a sus hijos.

Una noche fuimos al circo. Hacía frío y no había casi nadie; pero no por eso el payasito dejó de estar en continuo movimiento para tener alegre a la gente: daba saltos mortales, se agarraba a la cola de los caballos, andaba con las piernas por alto, y cantaba, siempre con su carita morena sonriente; y su padre, que vestía traje rojo, con pantalones blancos y botas altas, y la fusta en la mano, lo miraba, pero estaba triste.

Mi padre tuvo compasión de él, y habló del asunto con el pintor Delis que vino a vernos.
¡Esta pobre gente se mata trabajando y hace muy mal negocio! ¡Aquel muchacho le parecía tan bien! ¿Qué se podía hacer por ellos? El pintor tuvo una idea.

-Escribe un buen artículo en algún diario –le dijo-. Tú que sabes escribir, cuenta los milagros del payasito, y yo haré su retrato; todos leen el diario, y por lo menos una vez acudirá la gente.

Así lo hicieron. Mi padre escribió un artículo hermoso y lleno de gracia, en que decía todo lo que nosotros veíamos desde las ventanas, y a través de él a cualquiera le entraban deseos de conocer y acariciar al pequeño artista; y el pintor trazó un retrato muy parecido y muy artístico, que se publicó el sábado por la noche.

En la representación del domingo, una gran multitud acudió al circo. Estaba anunciado: "Función a beneficio del payasito"; del payasito, como se lo llamaba en el diario. No cabía un alfiler en el circo. Muchos espectadores tenían el diario en la mano y se lo enseñaban al payasito, que se reía y corría, por un lado, por otro, loco de contento. ¡También el padre estaba alegre, ya lo creo! Jamás ningún diario le había hecho tanto honor, y la caja estaba llena de dinero. Mi padre se sentó a mi lado. Entre los espectadores había gente conocida. Cerca de la entrada de los caballos, en pie, estaba el maestro de gimnasia, uno que estuvo con Garibaldi; y frente a nosotros, en los segundos puestos, el "albañilito", con su carita redonda, sentado junto a su padre, que parecía un gigante; y apenas me vio me hizo el hocico de liebre. Algo más allá vi a Garoffi, que estaba contando los espectadores, calculando por los dedos cuánto habría recaudado la compañía. En los sillones de los primeros puestos, poco distante de nosotros, estaba el pobre Robetti, aquel que salvó al niño del ómnibus, con sus muletas entre las rodillas, apretado contra su padre, capitán de artillería, que le apoyaba una mano en el hombro.

Comenzó la representación. El payasito hizo maravillas sobre el caballo, en el trapecio y en la cuerda, y siempre que bajaba era aplaudido por todas las manos, y muchos cuando pasaba cerca le tiraban de los rizos. Luego hicieron otros ejercicios varios: funámbulos, escamoteadores y caballistas, vestidos de remiendos, pero deslumbradores por la plata que los recubría. Pero cuando el muchacho no trabajaba, la gente parecía aburrirse. En esto vi que el maestro de gimnasia, que estaba de pie a la entrada de los caballos, hablaba al oído con el dueño del circo, el cual, repentinamente, dirigió su mirada a los espectadores, como si buscase a alguien. Sus ojos se detuvieron en nosotros. Mi padre lo advirtió, comprendió que el maestro le había dicho quién era el autor del artículo, y para que no fuera a darle las gracias se largó, diciéndome:

-Quédate, Enrique, que yo te espero afuera.

El payasito, después de haber cruzado algunas palabras con su padre, hizo otro ejercicio. En pie, sobre el caballo que galopaba, se vistió cuatro veces; primero de peregrino, luego de marinero, después de soldado y, por fin, de acróbata, y siempre que pasaba cerca de mí me miraba. Luego, al bajarse, comenzó a dar una vuelta al circo, con el gorro de payaso en la mano, y todos le echaban algo, bien dinero, bien dulces. Yo tenía preparadas dos monedas, pero cuando llegó frente a mí, en vez de presentar el gorro, lo echó hacia atrás, me miró y pasó adelante. Me mortificó esto. ¿Por qué me habría hecho esta desatención?

La representación terminó, el dueño dio las gracias al público, y toda la gente se levantó, aglomerándose hacia la salida. Yo iba confundido entre la multitud, y estaba ya casi en la puerta, cuando sentí una mano que me tocaba. Me volví. Era el payasito, con su carita graciosa y morena y sus ricitos negros, que me sonreía. Tenía las manos llenas de dulces. Ahora comprendí.

-Si quisieras –me dijo- aceptar estos dulcecitos del payasito. Yo le indiqué que sí, y tomé tres o cuatro.
-Entonces –añadió- acepta también este beso.

-Dame dos –le respondí, y le presenté la cara. Se limpió con la manga la cara enharinada, me echó un brazo alrededor del cuello y me estampó dos besos sobre las mejillas, diciéndome:

-Toma, toma, y lleva uno a tu padre.

EL ÚLTIMO DÍA DE CARNAVAL
Martes, 21.

¡Qué conmovedora escena presenciamos hoy en el desfile de máscaras! Concluyó bien, pero podía haber ocurrido una gran desgracia. En la plaza de San Carlos, decorada toda ella con pabellones amarillos, rojos y blancos, se apiñaba numerosa multitud, pasaban máscaras de todos los colores, carros dorados llenos de banderas imitando colgaduras, teatros, barcos, y rebosando arlequines y guerreros, cocineros, marineros, pastorcillas. Era una confusión tan grande que no se sabía adónde mirar: un ruido de cornetas, de cuernos y de platillos que rompía los tímpanos; las máscaras de los carros bebían y cantaban, apostrofando a la gente de a pie, a los de las ventanas, que respondían hasta desgañitarse, tirándose con furia naranjas y dulces; y, por encima de los carruajes y de las apreturas, hasta donde alcanzaba la vista, se veían ondear banderolas, brillar cascos refulgentes, tremolar penachos, agitarse cabezotas de cartón piedra, cofias gigantescas, trompetas enormes, armas extravagantes, tambores, castañuelas, gorros rojos y botellas. Todos parecían locos.

Cuando nuestro coche entró en la plaza, nos precedía un carro magnífico, tirado por cuatro caballos con gualdrapas bordadas de oro, lleno de guirnaldas de rosas artificiales, en el cual iban catorce o quince señores disfrazados de caballeros de la corte de Francia, resplandecientes con sus trajes de seda, espadín, pelucón blanco, sombrero de pluma bajo el brazo, y el pecho cubierto de lazos y encajes hermosísimos. Todos a la vez iban cantando una cancioncilla francesa y arrojaban dulces a la gente y la gente aplaudía y gritaba.

De repente vimos que un hombre que estaba a nuestra izquierda levantaba, sobre las cabezas de la multitud, una niña de cinco o seis años, una pobrecilla que lloraba, desesperadamente, agitando los brazos como si estuviera acometida de convulsivo ataque. El hombre se hizo sitio hacia el carro de los señores. Uno de éste se inclinó, y el hombre le gritó:

-Tome esta niña, ha perdido a su madre entre la muchedumbre. Téngala en brazos. La madre no debe de estar lejos, y la verá. No hay otro remedio.

El señor tomó la niña en brazos; todos los demás dejaron de cantar; la niña chillaba y manoteaba; el señor se quitó la careta, y el carro continuó andando despacio. Entretanto, según nos dijeron después, en el extremo opuesto de la plaza, una pobre mujer, medio enloquecida, irrumpía entre la multitud a codazos y empellones, gritando:

-¡María! ¡María! ¡María! ¡He perdido a mi hija! ¡Me la han robado! ¡Han ahogado a mi hija!

Hacía un cuarto de hora que se hallaba en aquel estado de desesperación, yendo de un lado a otro, oprimida por la gente, que a duras penas podía abrirle paso. El señor del carro sostenía entretanto a la niña contra su pecho, paseando su mirada por toda la plaza y tratando de aquietar a la pobre criatura, que se tapaba la cara con las manos, sin darse cuenta dónde se hallaba y sollozando de tal modo que partía el corazón. El señor estaba conmovido. Bien se veía que aquellos gritos le llegaban al alma. Los demás ofrecían a la niña naranjas y dulces, pero ella todo lo rechazaba, cada vez más espantada y confusa.

-¡Buscad a su madre! —gritaba el señor a la multitud-. ¡Buscad a su madre! —Y todo el mundo se volvía a derecha e izquierda, pero la madre no aparecía.

Finalmente, a pocos pasos de la embocadura de la calle de Roma vimos a una mujer que se lanzaba hacia el carro... ¡Ah!, jamás la olvidaré. No parecía criatura humana: tenía el cabello suelto, la cara desfigurada, los vestidos rotos. Se lanzó hacia delante con un gemido que no se podía saber si era de gozo, de angustia o de rabia, y alzó sus manos como si fuesen garras, para tomar a la niña. El carro se detuvo.

-Aquí la tienes —dijo el señor, presentándole la niña después de darle y beso y colocándola entre los brazos de su madre, que la apretó contra su seno con furia... Pero una de las manecitas quedó por algunos segundos entre las manos del caballero, el cual sacándose un anillo de oro con un grueso diamante lo puso con presteza en un dedo de la pequeñita:

-Toma —le dijo-. Será tu dote de esposa.

La madre se quedó extática, como encantada; estallaron aplausos en la multitud, el señor se ajustó de nuevo la careta, sus compañeros volvieron a cantar, y la carroza reanudó la marcha en medio de una tempestad de palmadas y vítores.

LOS MUCHACHOS CIEGOS
Jueves, 24.

El maestro está muy enfermo y enviaron en su lugar al de la sección cuarta, que ha sido maestro en el instituto de los ciegos. Es el más viejo de todos, tan canoso que parece que lleva en la cabeza peluca de algodón, y habla como si entonase una salmodia melancólica; pero es muy bueno y sabe mucho.

Apenas entró en la escuela, viendo a un niño con un ojo vendado se acercó al banco para preguntarle qué tenía.

-Cuídate los ojos, muchacho –le dijo. Y entonces Derossi le preguntó:
-¿Es verdad, señor maestro, que ha sido usted maestro de los ciegos?
-Sí; durante varios años –respondió. Y Derossi le dijo a media voz:
-¿No nos diría usted algo sobre ellos?

El maestro se fue a sentar al lado de su mesa. Corten dijo en alta voz:
-El Instituto de Ciegos está en la calle de Niza.

-Vosotros decís ciegos, ciegos –comenzó el maestro-, así como dirías enfermos, pobres, o qué sé yo ¿Pero entendéis bien lo que esta palabra quiere decir? Pensad por unmomento.
¡Ciego! ¡No ver absolutamente nada, nunca! ¡No distinguir el día de la noche; no ver el cielo ni el sol, ni a sus propios padres, nada de lo que se tiene alrededor o se toca; estar sumergidos en perpetua oscuridad y como sepultados en las entrañas de la tierra!

"Probad un momento a cerrar los ojos, y pensad que hubieseis de permanecer para siempre así; inmediatamente os asalta la angustia, el terror; os parece que sería imposible resistirlo, que os pondríais a gritar, que os volveríais locos o moriríais: Y, sin embargo…, pobres niños, cuando se entra por primera vez en el Instituto de Ciegos, durante el recreo, al oírles tocar violines y flautas por todas partes, hablar fuerte y reír, subiendo y bajando las escaleras con paso veloz y moviéndose libremente por los corredores y dormitorios, nadie diría que son tan desventurados. Es preciso observarlos bien. Hay jóvenes de dieciséis y dieciocho años, robustos y alegres, que sobrellevan la ceguera con cierta clama, y hasta con presencia de ánimo, pero bien se trasluce, por la expresión desdeñosa y fiera de sus semblantes, que deben de haber sufrido tremendamente antes de resignarse a aquella desventura. Otros muestran un dulce y pálido semblante, en el cual se nota una grande pero triste resignación, y se comprende que alguna vez, en secreto, deben de llorar todavía.

"¡Ah, hijos míos! Pensad que algunos de ellos han perdido la vista en pocos días; que otros la han perdido después de sufrir como mártires años enteros, de haberles hecho operaciones quirúrgicas terribles; y muchos han nacido así, en una noche que no ha tenido amanecer para ellos; han entrado en el mundo como en una inmensa tumba, e ignoran cómo es la figura humana. Imaginaos cuánto habrán sufrido y cuánto deben de sufrir cuando piensan así, confusamente, en la diferencia tremenda que hay entre ellos y los que ven, y se preguntan a sí mismos: <<¿Por qué esta diferencia, si no tenemos culpa alguna?>>.

"Yo, que he estado varios años entre ellos, cuando recuerdo aquella clase, todos aquellos ojos sellados para siempre, todas aquellas pupilas sin mirada y sin vida, y luego os miro a vosotros…, me parece imposible que no seáis todos felices. ¡Pensad que hay cerca de veintiséis mil ciegos en Italia! Veintiséis mil personas que no ven la luz…

¿Comprendéis?… ¡Un ejército que tardaría cuatro horas en desfilar bajo nuestras ventanas!. El maestro calló; no se oía respirar en clase.

Derossi preguntó si era verdad que los ciegos tienen el tacto más fino que nosotros. El maestro dijo:

-Es verdad. Todos los demás sentidos se afinan en ellos, precisamente porque, debiendo suplir entre ellos al de la vista, los tienen más y mejor ejercitados que nosotros. Por la mañana, en los dormitorios, el uno pregunta al otro: "¿Hay sol?" Y el que es más listo para vestirse va corriendo al patio para agitar las manos en el aire y sentir, si lo hay, el calor del sol, y vuelve a dar la buena noticia: "¡Hay sol!". Por la voz de una persona se forman idea de la estatura. Nosotros juzgamos del alma de las personas por los ojos; ellos, por la voz. Recuerdan las entonaciones y los acentos a través de los años. Perciben si en una habitación hay varias personas, aunque sea una sola la que habla y las otras permanezcan inmóviles. Por tacto saben si una cuchara está o no bien limpia. Las niñas distinguen la lana teñida de la que tiene su color natural. Al pasar de dos en dos por las calles, reconocen casi todas las tiendas por el olor, aun aquellas en las cuales nosotros no alcanzamos a percibir olor alguno. Juegan al trompo, y al oír el levísimo zumbido que produce al girar se van derechos hacia él, sin equivocarse. Corren con los aros, tiran a los bolos, saltan a la comba, fabrican casitas con pedruscos, recolectan las violetas como si realmente las viese, hacen esteras y canastillos, tejiendo paja de varios colores, con ligereza y bien: ¡hasta tal punto tienen ejercitado el tacto! El tacto es para ellos la vista; y uno de sus mayores placeres es tocar, oprimir, hasta adivinar la forma de las cosas palpándolas. Resulta muy conmovedor, cuando van al museo industrial, donde les dejan tocar lo que quieran, ver con cuánto gusto se apoderan de los cuerpos geométricos y ponen sus manos sobre los modelitos de casas, sobre los instrumentos; con qué alegría palpan y revuelven entre las manos todas las cosas para "ver" cómo están hechas. ¡Ellos dicen "ver"!.

Garoffi interrumpió al maestro para preguntarle si era cierto que los niños ciegos aprenden a hacer cuentas mejor que los otros.

El maestro respondió:

-Es verdad. Aprenden a hacer cuentas y a leer. Tienen libros a propósito, con caracteres en relieve; pasan por encima los dedos, reconocen las letras y dicen las palabras; leen de corrido. Y es preciso ver, ¡pobrecillos!, cómo se ponen colorados cuando se equivocan.
También escriben sin tinta. Escriben sobre un papel grueso y duro con un punzón de metal que hace puntitos hundidos y agrupados, según un alfabeto especial; de modo que, volviendo la hoja y pasando los dedos sobre aquellos relieves, pueden leer lo que han escrito y la escritura de los demás. Es así como hacen composiciones y se escriben cartas entre ellos. La escritura de los números y de los cálculos la hacen del mismo modo.
Calculan mentalmente con increíble facilidad, porque no los distrae la vista de las cosas exteriores como a

nosotros. ¡Si vierais cuánto los apasiona oír leer en voz alta, qué atención prestan, cómo lo recuerdan todo, cómo discuten entre ellos, aun los más pequeños, de cosas de historia y de lenguas, sentados cuatro o cinco en un banco, sin volverse el uno hacia el otro, y conversando el primero con el tercero, el segundo con el cuarto, por la rapidez y agudeza que tiene su oído! Dan más importancia que vosotros a los exámenes, y toman más afecto a sus maestros.

"Reconocen a su maestro en el andar y por el olfato; perciben si está de buen humor o de malo, si está o no bien de salud; y todo esto sólo por el sonido de una palabra. Quieren que el maestro los toque cuando los anima y los alaba, y le palpan las manos y los brazos para expresarle su gratitud. También se profesan unos a otros mucho cariño y son buenos compañeros. En las horas de recreo casi siempre están juntos los mismos. En la sección de muchachas, por ejemplo, se forman tantos grupos cuantos son los instrumentos que saben tocar. Así, hay grupos de violinistas, pianistas, flautistas, que jamás se separan. Puesto su cariño en una persona, es difícil que se desprendan de ella. Su gran consuelo es la amistad; se juzgan unos a otros con rectitud; tienen concepto claro y profundo del bien y del mal.

No hay nadie que se exalte tanto como ellos en presencia de una acción generosa o de un hecho grande".

Votini preguntó si tocaban bien.

-Sienten ardiente amor por la música –respondió el maestro-. Su alegría y su vida están en la música. Hay niños ciegos que apenas entran en el colegio son capaces de estar tres horas inmóviles, a pie quieto, oyendo tocar. Aprenden pronto y tocan con pasión. Cuando el maestro le dice a uno que no tiene disposiciones para la música sufre un gran tormento, pero se pone a estudiar como un desesperado. ¡Ah! Si oyerais la música allí dentro, si los vierais cuando tocan con la frente alta, con la sonrisa en los labios, el semblante encendido, trémulos de emoción, extasiados, oyendo aquellas armonías que resplandecen en la oscuridad infinita que los rodea; ¡comprenderíais perfectamente que para ellos es consuelo divina la música! El júbilo y la felicidad rebosan cuando les dice el maestro: "Tú llegarás a ser un artista". El que sobresale en la música y llega a tocar bien el piano o el violín, es un rey: lo aman, lo veneran. Si se origina una disputa, los contendientes van a sometérsela, y si dos amigos riñen, él también es quien los reconcilia. Los más pequeñitos, a quienes él enseña a tocar, lo consideran como a su padre. Antes de ir a acostarse, todos van a darle las buenas noches. Hablan sin cesar de música. A lo mejor, estando ya acostados, casi todos cansados del estudio y del trabajo y medio dormidos, todavía se los oye charlar en voz baja de óperas, de maestros, de instrumentos, de orquestas. Y es tan grande castigo privarles de la lectura o de la lección de música, sienten tanta pena que casi nunca se tiene valor para castigarlos de ese modo. Lo que la luz es para nuestros ojos es la música para el corazón de ellos.

Derossi preguntó si se podía ir a verlos.

-Se puede –respondió el maestro-; pero vosotros, siendo niños, no debéis ir por ahora. Iréis más tarde, cuando estéis en situación de comprender toda la enormidad de su desventura, y de sentir toda la piedad que merecen. Es un espectáculo triste, hijos míos. Os encontráis a veces con unos cuantos muchachos sentados frente a una ventana abierta de par en par, gozando del ambiente fresco, con la cara inmóvil, que parecen mirar la gran llanura verde y las bellas montañas azules que vosotros veis…; y al pensar que no ven nada, que jamás podrán ver nada de toda aquella magnífica belleza, se os oprime el alma como si ellos se hubieran vuelto ciegos en aquel momento. Los ciegos de nacimiento, que no han visto nunca el mundo, no echan nada de menos, producen tal vez menos compasión. Pero hay niños que hace pocos meses se han quedado ciegos, que todo lo tienen presente todavía, que comprenden muy bien lo que han perdido, y que además sienten el dolor de comprobar cómo se van oscureciendo las imágenes más queridas al paso de los días. Es como si en su memoria se fuera muriendo el recuerdo de las personas amadas.

"Uno de estos infelices me decía un día con inexplicable tristeza: <<¡Querría llegar a tener vista una vez nada más, un momento para ver la cara de mi madre, que no la recuerdo ya!>>. Y cuando las madres van a buscarlos, ellos les ponen las manos sobre la cara, las tocan bien desde la frente hasta el mentón y las orejas, para poder sentir cómo son, y casi no llegan a persuadirse de que no pueden verlas. Las llaman por sus nombres muchas veces como para suplicarles que se dejen ver, que se hagan ver una sola vez siquiera. ¡Cuántos salen de allí llorando, aun los hombres de corazón duro! Y cuando se sale, nos parece que somos una excepción, que gozamos de un privilegio inmerecido, al ver la gente, las casas, el cielo. ¡Oh! No hay ninguno de vosotros, estoy seguro de ello, que al salir de allí no estuviera dispuesto a privarse de algo de su propia vista, para dar siquiera fuese un ligero resplandor a aquellos pobres niños, para los cuales ni el sol tiene luz ni cara sus respectivas madres!".

EL MAESTRO ENFERMO
Sábado, 25.

Ayer tarde, al salir de la escuela, fui a visitar al profesor, que está malo. El trabajo excesivo lo ha puesto enfermo. Cinco horas de lección al día, luego una hora de gimnasia, después otras dos de escuela de adultos por la noche, lo cual significa que duerme muy poco, que come a escape y que no puede respirar siquiera tranquilamente de la mañana a la noche.
Todo esto tenía que acabar arruinando su salud. Eso dice mi madre. Ella me esperó abajo, a la puerta de calle; subí solo, y en la escaleras me encontré con el maestro de las barbazas negras. Coatti, el que da miedo a todos y no castiga a nadie. Me miró con los ojos fijos, rugió como un león (por broma) y pasó muy serio.
Aún me reía yo cuando llegaba al cuarto piso y tiraba de la campanilla; pero pronto cambié, cuando la criada me hizo entrar en un cuarto pobre, medio a oscuras, donde hallaba acurrucado mi maestro. Estaba en una cama pequeña, de hierro. Tenía la barba crecida. Se llevó la mano a la frente, como pantalla, para verme mejor, y exclamó, con voz afectuosa:

-¡Oh, Enrique! –me acerqué al lecho, me puso una mano sobre el hombro y me dijo-: ¡Muy bien, hijo mío! Has hecho bien en venir a ver a tu pobre maestro. Estoy en mal estado, como ves, querido Enrique. Y, ¿cómo anda la escuela? ¿Qué tal los compañeros? ¿Todo va bien, eh, aun sin mí? ¿Os encontráis bien sin mí, no es verdad? ¡Sin vuestro viejo maestro!

Yo quería decir que no. Él me interrumpió:

-Ea, vamos; ya lo sé que no me queréis mal. –y dio un suspiro. Yo miraba unas fotografías clavadas en las paredes.
-¿Ves? –me dijo-. Todos éstos son muchachos que me han dado sus retratos desde hace más de veinte años. Guapos chicos. He ahí mis recuerdos. Cuando esté a punto de morir, mi última mirada irá a posarse ahí, en todos esos

pilluelos entre los cuales he pasado la vida. ¿Me darás tu retrato también, no es verdad, cuando hayas concluido el grado elemental?. –luego tomó una naranja que tenía sobre la mesa de noche y me la ofreció, diciendo–: no tengo otra cosa que darte. Es un regalo de enfermo.

Yo lo miraba, y tenía el corazón triste, no sé por qué.

-Ten cuidado, ¿eh?... -volvió a decirme-. Yo espero que saldré bien de ésta; pero si no me curase..., cuida de ponerte fuerte en aritmética, que es tu lado flaco. Haz un esfuerzo. No se trata más que de un primer esfuerzo, porque a veces no es falta de aptitud, es una preocupación o, como si dijésemos, una manía. – Pero entre tanto respiraba fuerte; se veía que sufría-. Tengo una fiebre muy alta –suspiró-; estoy medio muerto. Te recomiendo, pues: ¡firme en aritmética, en los problemas! ¿Qué no sale bien a la primera? Se descansa un momento y se vuelve a intentar. ¿Qué todavía no sale bien? Otro poco de descanso y vuelta a empezar. Y adelante, pero con tranquilidad, sin afanarse, sin perder la cabeza. Vete. Saluda a tu madre y no vuelvas a subir las escaleras. Nos volveremos a ver en la escuela. Y si no nos volvemos a ver, acuérdate alguna vez de tu maestro de tercer año, que siempre te ha querido bien. Al oír aquellas palabras sentí deseos de llorar.

-Inclina la cabeza –me dijo.

La incliné sobre la almohada y me besó sobre los cabellos. Luego añadió.

-Vete –y volvió la cara al lado de la pared.

Yo bajé volando las escaleras, porque tenía necesidad de abrazar a mi madre.

LA CALLE
Sábado, 25.

"Te observaba desde la ventana esta tarde: al volver de casa del maestro tropezaste con una pobre mujer. Cuida mejor de ver cómo andas por la calle. También en ella hay deberes que cumplir. Si tienes cuidado de medir tus pasos y tus gestos en una casa,, ¿por qué no has de hacer lo mismo en la calle, que es la casa de todos?. Acuérdate, Enrique: siempre que encuentres a un anciano, a un pobre, a una mujer con un niño en brazos, a un impedido que anda con muletas, a un hombre encorvado bajo el peso de su carga, a una familia vestida de luto, cédeles el paso con respeto. Debemos respetar la vejez, la miseria, el amor maternal, la enfermedad, la fatiga, la muerte. Siempre que veas una persona a la cual se le viene encima un carruaje, apártala del peligro si es un niño, avísale si es un hombre.

Pregunta siempre qué tiene el niño que veas llorando. Recoge el bastón al anciano que lo haya dejado caer.

"Si dos niños riñen, sepáralos; si son dos hombres, aléjate por no asistir al espectáculo de la violencia brutal que ofende y endurece el corazón. Y cuando pasa un hombre maniatado entre dos guardias, no añadas a la curiosidad cruel de la multitud la tuya; puede ser un inocente. Cesa de hablar con tu compañero y de sonreír cuando encuentres una camilla de hospital, que quizá lleva un moribundo, o un cortejo mortuorio, porque, ¡quién sabe si mañana no podría salir uno de tu casa! Mira con reverencia a todos los muchachos de los establecimiento benéficos que pasan de dos en dos: los ciegos, los mudos, los raquíticos, los huérfanos, los niños abandonados. Piensa que son la desventura y la caridad humanas las que pasan. Finge siempre no ver a quien tenga una deformidad repugnante, ridícula.

Apaga siempre los fósforos que encuentres encendidos al pasar: el no hacerlo podría costar caro a alguien. Responde siempre con finura al que te pregunte por una calle. La educación de un pueblo se juzga, ante todo, por el comedimiento que observa en la vía pública. Donde en la calle notes falta de educación, la encontrarás también bajo techo.

"Estudia las calles, estudia la ciudad donde vives, que si mañana estuvieses lejos de ella, te alegrarías tenerla bien presente en la memoria, y poder recorrer con el pensamiento tu ciudad, tu pequeña patria, la que ha constituido por tantos años tu mundo, donde has dado tus primeros pasos al lado de tu madre, donde has sentido las primeras emociones, donde se abrió tu mente a las primeras ideas y has encontrado los primeros amigos. Tu ciudad ha sido como una madre para ti: te ha instruido, deleitado y protegido. Estúdiala en sus calles y en su gente; ámala y cuando oigas que la injurian, defiéndela.

Tu padre".

MARZO

LAS CLASES NOCTURNAS
Jueves, 2.

Ayer noche me llevó mi padre a ver las aulas de los adultos de la escuela Baretti, que es la nuestra. Ya estaban todas iluminadas, y los obreros comenzaban a entrar.

Al llegar, encontramos al director y a los maestros encolerizados porque momentos antes habían roto a pedradas los cristales de una ventana. El bedel, precipitándose a la calle, medió mano a un muchacho que pasaba, pero Stardi, que vive frente a la escuela, se presentó inmediatamente y dijo:

-Éste no ha sido. Lo he visto con mis propios ojos. Franti ha sido, y me ha dicho: "¡Ay de ti si hablas!"; pero yo no tengo miedo.

El director dijo que Franti sería expulsado para siempre. Entretanto yo observaba a los obreros, que entraban de dos en dos o de tres en tres. Ya habían entrado más de doscientos.
¡Nunca había visto yo lo hermosa que es una escuela de adultos! Allí estaban mezclados muchachos desde doce años y hombres con barba, que volvían del trabajo con sus libros y cuadernos. Había carpinteros, polvoristas, fogoneros con la cara negra, albañiles con las manos blancas de cal, mozos de panadería con el pelo enharinado. Se sentía olor a barniz, cuero, pez, aceite; olores de todos los oficios. También entró un pelotón de obreros de la maestranza de artillería, de uniforme, con un cabo al frente.

Todos se acomodaban presurosos en los bancos, levantaban el travesaño donde nosotros ponemos los pies, e inmediatamente se inclinaban sobre sus cuadernos. Algunos iban a pedir explicación a los maestros, con los cuadernos abiertos. Vi a aquel maestro joven y bien vestido, "el abogadillo", que tenía tres o cuatro obreros alrededor de la mesa y hacía correcciones con la pluma; también al cojo, que se reía grandemente porque un tintorero le llevaba un cuaderno todo manchado de tinta roja y azul. Mi maestro, ya curado, se encontraba allí también. Mañana volverá a la escuela.

Las puertas de las aulas estaban abiertas. Me quedé admirado, cuando comenzaron las lecciones, al ver la atención que todos prestaban, sin mover siquiera los ojos. Y sin embargo, la mayor parte –decía el director-, por no llegar demasiado tarde, no habían ido a casa a tomar siquiera un poco de pan, y tenían hambre. Los pequeños, al cabo de media hora de clase, se caían de sueño. Alguno se dormía con la cabeza apoyada en el banco, y el maestro lo despertaba haciéndole cosquillas en la oreja con una pluma. Los mayores no.
Estaban bien despiertos, oyendo la lección con la boca abierta, sin pestañear. Me causaba maravilla ver en nuestros bancos toda aquella gente barbuda.

Subimos al piso superior, corrí hacia la puerta de mi aula y me encontré con que mi sitio estaba ocupado por un hombre de grandes bigotes, que llevaba una mano vendada, porque quizá se había hecho daño con alguna herramienta, y que, sin embargo, se ingeniaba para poder escribir muy despacio. Lo que más me agradó fue ver que, precisamente en el mismo banco y en el mismo rinconcito donde se sienta el "albañilito", se sienta también su padre, aquel albañil grande como un gigante, que apenas cabe en el sitio, con los codos apoyados en la mesa, el mentón sobre los puños y los ojos fijos en el libro, y tan atento que no se lo oye respirar. Y no era pura casualidad, porque él fue precisamente quien dijo al director el primer día que asistió a la escuela:

-Señor director, haga el favor de ponerme en el mismo sitio que ocupa mi "carita de liebre"
–porque siempre llama a su hijo así.

Permanecimos en la escuela hasta el final, y vimos luego en la calle a muchas mujeres, con los niños abrazados al cuello, que esperaban a sus maridos y que, en cuanto éstos salían, hacían el cambio: los obreros tomaban a sus hijos en brazos, las mujeres los libros y los cuadernos y así se encaminaban a sus casas. Por algún tiempo la calle estuvo llena de gente y ruido. Luego todo quedó en silencio. Y no distinguimos ya más que la figura larga y cansada del director, que se alejaba.

LA LUCHA
Domingo, 5.

Era de esperar: Franti, expulsado por el director, quiso vengarse y aguardó a Stardi en una esquina, a la salida de la escuela, por donde éste había de pasar con su hermana, a quien todos los días va a buscar a un colegio de la calle Dora Grossa

Mi hermana Silvia, al salir de su clase, lo vio todo y volvió a casa llena de espanto. He aquí lo que ocurrió. Franti, con su gorra lustrosa de hule, aplastada y caída sobre una oreja, corrió de puntillas hasta alcanzar a

Stardi, y para provocarlo dio un tirón a la trenza de su hermana, pero tan fuerte que a poco más la echa por tierra. La muchachita dio un grito. Su hermano se volvió. Franti, que es mucho más alto y más fuerte que Stardi, pensaba: "O se aguanta, o le doy dos cachetes". Pero Stardi no se detuvo a pensarlo, y a pesar de ser tan pequeño y mal formado, se lanzó de un salto sobre aquel grandulón y lo asedió a puñetazos, pero no podía con él y le tocaba más de lo que él daba. No pasaban por la calle sino algunas niñas. Nadie podía separarlos.

Franti lo tiró al suelo; pero él enseguida se puso en pie, y vuelta a echársele encima a Franti, que lo golpeaba como quien golpea en una puerta: en un momento le rasgó media oreja, le magulló un ojo y le hizo echar sangre por la nariz. Pero Stardi, duro, no cejaba.

-Me matarás —rugía-, pero me las has de pagar.

Franti le daba puntapiés y bofetadas; Stardi se defendía a patadas y empellones, y hasta con la cabeza. Una mujer gritaba desde la ventana_

-¡Bravo por el pequeño! Otras decían:
-Es un muchacho que defiende a su hermana. ¡Valor! ale a puño cerrado- Y a Franti le gritaban:
-¡Porque eres mayor, cobarde!
Pero Franti también se había enfurecido, y le echó la zancadilla. Stardi cayó, y el otro encima.

-¡Ríndete!

-¡No!

-¡Rídete!

-¡No!

Y de un empujón se deslizó de entre sus manos y se puso en pie; aferró a Franti por la cintura, y con un esfuerzo furioso lo tiró impetuosamente sobre el empedrado, echándole la rodilla al pecho.

-¡Ah, el infame tiene una navaja! —gritó un hombre que corrió para desarmar a Franti.

Pero ya Stardi, fuera de sí, le había asido el brazo con las dos manos, y dándole un fuerte mordisco, le hizo soltar la navaja y sangrar la mano. Acudieron otros varios, los separaron y los levantaron. Franti echó a correr, malparado. Stardi permaneció en el sitio con la cara arañada y con un ojo magullado, pero vencedor, al lado de su hermana, que lloraba, mientras otras niñas recogían los cuadernos y los libros desparramados por el suelo.

-¡Bravo, por el pequeño! —decían alrededor-, que ha defendido a su hermana!.

Pero Stardi, que pensaba más en su cartera que en su victoria, se puso luego a examinar uno por uno los libros y los cuadernos, para ver si faltaba alguno o se habían estropeado; los limpió con la manga, miró el cartapacio, puso todo en su sitio, y luego, tranquilo y serio como siempre, dijo a su hermana:

-Vamos pronto, que tengo que hacer un problema con cuatro operaciones.

LOS PADRES DE LOS CHICOS
Lunes, 6.

Esta mañana estaba el grueso padre de Stardi esperando a su hijo, temiendo que se encontrase a Franti de nuevo; pero dicen que Franti no volverá más, porque lo meterán en la cárcel.

Había muchos padres esta mañana. Entre otros, se hallaba el revendedor de leña, el padre de Corten, que es el retrato de su hijo, esbelto, alegre, con sus bigotes aguzados y un lacito de dos colores en el ojal de la chaqueta. Yo conozco a casi todos los padres de los muchachos, de verlos siempre por allí. Hay una abuela encorvada, con cofia blanca, que aunque llueva, nieve o truene, viene siempre cuatro veces al día a traer o llevarse un nietecillo suyo que va a la clase de primera superior y a quien quita el capote, se lo vuelve a poner a la salida, le arregla la corbata, le sacude el polvo, lo atusa, le mira los cuadernos. ¡Se ve que no tiene otro pensamiento y que no encuentra nada más hermoso en el mundo!.

Viene a menudo también el capitán de artillería, padre de Robetti, el niño de las muletas, aquel que salvó de un ómnibus a otro niño; y luego que todos los compañeros de su hijo le hacen al pasar una caricia, el padre devuelve la caricia y el saludo, sin olvidarse de nadie. A todos se dirige, y cuanto más pobres y peor vestidos van, con mayor alegría les agradece.

A veces también se ven cosas tristes: un caballero que no venía ya, porque hacía un mes que se le había muerto un hijo, y que mandaba a la portera a recoger a otro, volvió ayer por primera vez, y al ver al aula y a los compañeros de su pequeñuelo muerto, se metió en un rincón y prorrumpió en sollozos, tapándose la cara con las manos. El director lo tomó del brazo y lo llevó a su despacho.

Hay padres y madres que conocen por su nombre a todos los compañeros de sus hijos; muchachas de la escuela inmediata y alumnos del Instituto que vienen a esperar a sus hermanos. Suele venir también un señor viejo, que era coronel, y cuando a algún muchacho se le cae un cuaderno o un portaplumas en medio de la calle, él lo recoge. No faltan tampoco señoras elegantes que hablan de cosas de la escuela con pobres mujeres de pañuelo a la cabeza y cesta al brazo, diciendo.

-¡Ah! ¡Ha sido terrible esta vez el problema! Esta mañana tenía una lección de gramática que no se acababa nunca.

Si hay un enfermo de una clase todas lo saben, y cuando está mejor todas se alegran. Precisamente esta mañana había ocho o diez señoras y obreras, que rodeaban a la madre de Crossi, la verdulera, pidiéndole noticias de un pobre niño de la clase de mi hermano, que vive en su patio y está en peligro de muerte. Parece que la escuela hace a todos iguales y amigos a todos.

EL NÚMERO 78
Miércoles, 8.

Ayer tarde presencié una escena conmovedora. Varios días hacía que la verdulera, siempre que Derossi pasaba a su lado, lo miraba y remiraba con una expresión de afecto muy grande, porque Derossi, desde que hizo el descubrimiento del tintero del presidiario número 78, tomó cariño a Crossi, su hijo, el de los cabellos rojos, el del brazo paralítico. Le ayuda a hacer los trabajos en la escuela, le indica las respuestas, le da papel, plumas y lápiz; en suma, lo trata como a un hermano, como para compensarlo de aquella desgracia de su padre, que de alguna manera le toca y que él no sabe.

Habían pasado varios días en que la verdulera miraba a Derossi, como queriendo tragárselo con los ojos, porque es una buena mujer, que no vive más que para su hijo. Como Derossi es el que lo ayuda y gracias a él hace buen papel en la escuela, siendo Derossi un señor y el primero de la clase, le parece a ella un rey, un santo. Sus ojos daban a entender que quería decirle algo, pero que le daba vergüenza. Finalmente, ayer por la mañana se armó de valor y lo detuvo delante de una puerta:

-Dispénseme, señorito. Usted que es tan bueno y quiere tanto a mi hijo, hágame el favor de aceptar este pequeño recuerdo de una pobre madre –y sacó de su cesta de verdura una cajita de cartón blanca y dorada.

Derossi se puso como la grana y amable, pero resuelto, la rehusó diciendo:

-Désela usted a su niño... Yo no acepto nada.

La mujer quedó contrariada y pidió perdón, balbuceando:

-No creía ofenderlo... ¡Si no son más que caramelos!

Pero Derossi repitió la negativa, meneando la cabeza. Entonces ella sacó tímidamente de la cesta un manojo de rabanillos, y le dijo:

-Acepte al menos éstos, que son frescos, para llevárselos a su madre. Derossi contestó sonriendo:
-No, gracias; no quiero nada. Haré siempre lo que pueda por Crossi, pero no debo aceptar nada. Gracias de todos modos.

-Pero, ¿no se ha ofendido usted? –preguntó la pobre mujer, con ansiedad. Derossi sonrió de nuevo y dijo:
-No.

Y se fue, mientras ella exclamaba alegremente:

-¡Oh, qué muchacho tan bueno! ¡Nunca he visto otro tan guapo!.

Todo parecía concluido, pero he aquí que por la tarde, a las cuatro, en lugar de la madre de Crossi, se le acerca el padre, con su cara mortecina y melancólica. Detuvo a Derossi, y en la manera de mirarlo se comprendía enseguida su sospecha de que Derossi conociese su secreto. Lo miró fijamente y le dijo con voz triste y afectuosa:

-Usted quiere mucho a mi hijo… ¿Por qué lo quiere tanto?.

Derossi se puso todo encendido. Habría querido responder: "Lo quiero tanto porque ha sido desgraciado, porque también usted, su padre, ha sido más desgraciado que culpable, y ha expiado noblemente su delito, siendo un hombre de corazón". Pero le faltaron ánimos para decirlo, porque en el fondo sentía temor y casi repugnancia ante aquel hombre que había derramado la sangre de otro y había estado seis años preso. Éste lo adivinó todo, y bajando la voz dijo al oído, casi temblando, a Derossi:

-Usted quiere bien al hijo, pero no quiere mal… no desprecia al padre, ¿no es verdad?.

-¡Ah, no, no! ¡Todo lo contrario! —exclamó Derossi, en un arranque del alma.

El hombre hizo entonces un movimiento impetuoso como para echarle los brazos al cuello, pero no se atrevió, contentándose con tomar entre dos dedos uno de sus rubios rizos, lo estiró y lo dejó libre enseguida. Luego se llevó su propia mano a la boca y la besó, mirando a Derossi con los ojos humedecidos, como para decirle que aquel beso era para él. Después volvió a tomar a su hijo de la mano y se fue con paso rápido.

EL CHIQUITÍN MUERTO
Lunes, 13.

El niño del patio de la verdulera, que era, como mi hermano, de la sección de primero superior, ha muerto. El sábado por la tarde, la maestra Delcatti vino muy apenada a dar la noticia al maestro. Inmediatamente Garrone y Corten se ofrecieron para llevar el ataúd.

Era un muchacho excelente; la semana anterior había ganado la medalla, quería mucho a mi hermano y le había regalado una alcancía rota. Mi madre le hacía caricias siempre que lo encontraba. Usaba una gorra con dos tiras de paño rojo. Su padre es mozo de la estación.
Ayer tarde, domingo, a las cuatro y media, fuimos a su casa para acompañarlo hasta la iglesia. Viven en el piso bajo. Estaban ya en el patio muchos niños de su sección, con cirios, acompañados de sus madres. Había también cinco o seis maestras y algunos vecinos.

Por una ventana abierta vimos a la maestra de la pluma roja y a la Delcatti que estaban llorando, y a la madre del niño, que sollozaba fuertemente. Dos señoras, madres de dos compañeros de escuela del muerto, habían llevado sendas guirnaldas de flores.

A las cinco en punto nos pusimos en camino. Iba delante un muchacho que llevaba la cruz, luego el cura, enseguida la caja, una caja muy pequeña, ¡pobre niño!, cubierta de paño negro y con las guirnaldas de las dos señoras. A un lado del paño habían prendido la medalla y tres menciones honoríficas que el muchacho había ganado durante el curso.

Conducían el ataúd Garrone, Corten y dos muchachos del patio. Detrás venía, en primer lugar, la Delcatti, que lloraba como si el muerto fuera hijo suyo; luego otras maestras, y finalmente los muchachos, entre los cuales había algunos muy pequeños con sus ramitos de violetas en la mano, dando la otra a sus madres, que llevaban las velas por ellos. Miraban atónitos al féretro, y oí que uno de ellos decía:

-¿Y ahora ya no vendrá más a la escuela?

Cuando el pequeño ataúd fue sacado del patio, un grito desesperado se oyó en la ventana: era la madre del niño, a quien hicieron retirar al interior en seguida. En la calle encontramos a los muchachos de un colegio, que iban de dos en dos, y al ver el féretro con la medalla y a las maestras se quitaron todos sus gorras.

¡Pobre chiquitín! ¡Se fue a dormir para siempre con su medalla! Ya no veremos más su gorrilla con las tiras rojas. Estaba bien y a los cuatro días murió. El último, hizo un esfuerzo para levantarse y poder escribir su trabajo de gramática, y se empeñó en que le habían de poner su medalla sobre la cama, temiendo que se la quitasen. ¡Nadie te la quitará ya, pobre niño! ¡Adiós, adiós! ¡Siempre nos acordaremos de ti en la sección Baretti!

¡Angel, duerme en paz!

LA VÍSPERA DEL 14 DE MARZO

Hoy ha sido un día más alegre que ayer. ¡Trece de marzo1 Víspera de la distribución de premios en el teatro Víctor Manuel: la fiesta grande y hermosa de todos los años.

Esta vez no han sido designados al azar los muchachos que deben ir al palco escénico para entregar los diplomas de los premios a los señores que hacen la distribución. El director vino esta mañana al final de la clase, y dijo:

-Muchachos, una buena noticia. —y llamó en seguida-: ¡Coraci! —éste (el calabrés) se levantó-. ¿Quieres ser uno de los que mañana, en el teatro, entreguen los diplomas a las autoridades?

El calabrés dijo que sí.

-Está bien —repuso el director-. De esta manera tendremos también un representante de Calabria. Será cosa hermosa. La Municipalidad, este año, ha querido que los diez o doce muchachos que presentan los premios sean chicos de todas partes de Italia, elegidos de las distintas secciones de las escuelas públicas. Contamos con veinte secciones y cinco sucursales: siete mil alumnos. Entre tan gran número no costó trabajo encontrar un muchacho pro cada región italiana. En la sección llamada Torcuato Tasso se encontraron dos representantes de las islas: un sardo y un siciliano; la escuela Boncompagni dio un pequeño florentino, hijo de un escultor en madera; hay un romano, de la misma Roma, en la sección Tommaseo; vénetos, lombardos, de la Romaña se encuentran varios; un napolitano, hijo de un oficial, procede de la sección Monviso. Por nuestra parte, damos un genovés y un calabrés, tú, Coraci. Con el piamontés, serán los doce. Es hermoso ¿no es verdad?

Vuestros hermanos de todas las regiones serán los que os den los premios: los doce se presentarán a la vez en el escenario. Acogedlos con nutridos aplausos. Son muchachos, pero representan al país, como si fueran hombres. Lo mismo simboliza a Italia una pequeña bandera tricolor que una grande. ¿No es verdad? Aplaudidlos calurosamente; mostrad que vuestros corazones infantiles se encienden, que también vuestras almas de diez años se exaltan ante la santa imagen de la patria.

Dicho esto, se fue, y el maestro añadió, sonriente:

-Por consiguiente, tú, Coraci, eres el diputado por Calabria.

Todos batieron palmas, riendo, y cuando salimos a la calle, rodearon a Coraci, lo asieron por las piernas, lo levantaron en alto y comenzaron a llevarlo en triunfo, gritando: "¡Viva el diputado por Calabria!" Una broma, por supuesto, no para ridiculizarlo, sino para festejarlo, porque es un chico querido de todos. Él no cesaba de reír. Así lo llevaron hasta la esquina, donde se encontraron con un señor de barba negra, que también rompió a reír.
El calabrés dijo: "¡Es mi padre!". Entonces dejaron los compañeros al hijo en brazos de su padre, y se dispersaron en todas direcciones.

DISTRIBUCIÓN DE PREMIOS
Martes, 14.

A eso de las dos, el grandísimo teatro estaba repleto: la platea, las galerías, los palcos, el escenario, todo rebosando. Se veían miles de caras de muchachos, señoras, maestros, trabajadores, mujeres de pueblo, niños. Era un movimiento de cabezas y de manos, un vaivén de plumas, lazos y rizos; un murmullo nutrido y jovial que daba verdadera alegría al alma.

El teatro estaba adornado con pabellones de tela roja, blancas y verde. En la platea habían hecho dos escaleras: una a la derecha, por la cual los premiados debían subir al proscenio; otra a la izquierda, por donde debían bajar después de haber recibido el premio. Delante, en el escenario, había una fila de sillones rojos, y del que ocupaba el centro pendía un linda corona de laurel; en el fondo, un trofeo de banderas; a un lado, una mesa con tapete verde, sobre la cual estaban todos los diplomas atados con lazos tricolores.

La orquesta ocupaba su sitio; los maestros y las maestras llenaban la mitad de la primera galería que les había sido reservada; las butacas estaban atestadas de cientos de muchachos que habían de cantar con los papeles de música en la mano. Por todas partes veíanse ir y venir maestros y maestras que arreglaban las filas de los premiados, y a las madres que daban el último toque a los cabellos y a las corbatas de sus hijos.

Apenas entré con mi familia en el palco, vi en el de enfrente a la maestrita de la pluma roja que reía con sus hermosos hoyuelos en las mejillas, y con ella a la maestra de mi hermano y a la "monjita", vestida de negro, y a mi buena maestra de la sección superior, pero tan pálida, ¡pobrecilla! y tosiendo tan fuerte que se oía de todas partes. Mirando a la platea, me encontré con la simpática carota de Garrone. Algo más allá vi a Garoffi con su nariz de gavilán, que se agitaba mucho por recoger listas impresas de los que iban a ser premiados, y de las cuales había reunido un gran fajo para hacer, sin duda, algún tráfico de los suyos... que mañana sabremos. Cerca de la puerta estaba el vendedor de leña con su mujer, ambos vestidos de día de fiesta, y su hijo, que tiene tercer premio en la sección segunda. Me quedé maravillado al ver que no llevaba la gorra de piel de gato ni el chaleco de punto de color de chocolate. Estaba vestido como un señorito. en la galería alcancé a ver por un momento a Votini, con su gran cuello bordado; luego desapareció. También estaba en un palco de proscenio, lleno de gente, el capitán de artillería, el padre e Robetti, el niño de las muletas, el pobre cojo.

Al dar las dos la banda tocó, y en el mismo momento subieron por la escalerilla de la derecha el síndico, el prefecto, el asesor, el proveedor y muchos otros señores vestidos todos de negro, que fueron a sentarse en los sillones rojos colocados en el proscenio. La banda cesó de tocar. Se adelantó el director de la escuela de canto con una batuta en la mano. A una señal suya todos los muchachos de la platea se pusieron en pie; a otra, comenzaron a cantar. Eran setecientos los que cantaban una bellísima canción; setecientas voces de muchachos ¡qué hermoso coro! Todos escuchaban inmóviles1 Era un canto dulce, límpido, lento, que parecía canto de iglesia. Cuando callaron, todos aplaudieron. Después reinó completo silencio. La distribución iba a comenzar. Mi pequeño maestro de la sección segunda se había adelantado ya, con su cabeza rubia y con sus avispados ojos, para leer los nombres de los premiados. Se esperaba que entrasen los doce elegidos para presentar los diplomas. Los diarios habían publicado ya que serían chicos pertenecientes a todas las provincias italianas. Todos lo sabían y lo esperaban, mirando con curiosidad al sitio por donde debían entrar; también el síndico y os demás señores. En todo el teatro imperaba profundo silencio…

De repente aparecen a la carrera, deteniéndose en el proscenio, en correcta formación y sonrientes. Todo el teatro, tres mil personas, se levanta y prorrumpe a la vez en un aplauso, que más bien parecía el estallido de un trueno. Los muchachos quedaron como desconcertados en el primer momento.

-¡Aquí tenéis a Italia! –dijo una voz desde el escenario.

Inmediatamente reconocí a Coraci, el calabrés, vestido, como siempre, de negro. Un señor del Municipio, que estaba con nosotros y conocía a todos, se los iba indicando a mi madre.

-Aquel pequeño rubio es el representante de Venecia. El romano es aquel otro alto y con pelo rizado.

Había dos o tres vestidos de señoritos. Los demás eran hijos de obreros, pero bien ataviados y limpios. El florentino, que era el más pequeño, llevaba una faja azul en la cintura. Pasaron todos delante del síndico, quien fue besándolos en la frente uno a uno, mientras otro señor que estaba a su lado le iba diciendo por lo bajo y sonriendo los nombres de las ciudades:

-Florencia, Nápoles, Bolonia, Palermo…

Y a cada uno que desfilaba, el teatro entero aplaudía. Luego se colocaron todos al lado de la mesa verde para ir recogiendo los diplomas. El maestro empezó a leer la lista, diciendo las secciones, las clases y los nombres, y comenzaron a subir por su orden los premiados.

Apenas habían subido los primeros, cuando empezó a oírse detrás del escenario una música muy suave de violines, que duró todo el tiempo que tardaron en desfilar los agraciados.

Tocaban un aire gracioso y siempre igual, que semejaba un murmullo de muchas voces apagadas: las voces de todas las madres y de todos los maestros y maestras, como si todos a una diesen consejos, suplicasen o reprendiesen amorosamente. Mientras tanto los premiados pasaban uno tras otro delante de los señores entados, que les presentaban los diplomas y les decían alguna palabra afectuosa o les hacían alguna caricia. Cada vez que algún pequeñuelo pasaba, los muchachos de las butacas y de las galerías aplaudían; lo mismo cuando se presentaba alguno de pobre aspecto o que tuviera los cabellos rizados, o fuera vestido de encarnado o de blanco. Entre ellos había algunos de la sección primera superior que, una vez en el proscenio, se confundían y no sabían a qué lado volverse, provocando la risa en todo el teatro. A uno de ellos, que apenas medía tres palmos, con un gran lazo de cinta encarnada en la espalda, le costó trabajo andar, se enredó en la alfombra y cayó. el prefecto lo levantó y fue motivo para risas y aplausos generales. Otro resbaló en la escalerilla, yendo a parar de nuevo a la platea; se oyeron algunos gritos, pero no se hizo daño. Toda clase de fisonomías fueron desfilando: caras de traviesos, caras de asustados, caras coloradas como las cerezas, y caras siempre risueñas. Apenas bajaban a las butacas, los padres y las madres los agarraban y se los llevaban consigo.

Cuando tocó la vez a nuestra sección, ¡entonces sí que me divertía! A casi todos conocía. Apareció Corten, que estrenaba todo elt raje, con el semblante risueño y alegre, enseñando sus blancos dientes, y, sin embargo, ¡quién sabe cuántos quintales de leña habría ya repartido por la mañana! El síndico, al darle el diploma, le preguntó qué era una señal encarnada que tenía en la frente, posándole entretanto una mano en el hombo. Yo busqué en la platea a su padre y a su madre, y los vi que reían, tapándose la boca con las manos.

Pasó luego Derossi, vestido de azul, con los botones relucientes y los rizos como de oro; esbelto, gracioso, con la frente alta, tan guapo y tan simpático que le habría dado un abrazo. Todos los señores le hablaban y le dieron un apretón de manos. El maestro pronunció el nombre de Robetti. Y vimos avanzar al hijo del capitán de artillería, con las muletas.

Cientos de muchachos conocían el hecho. La voz se esparció en un abrir y cerrar de ojos, y una salva de aplausos y de gritos hizo retemblar el teatro. Los hombres se pusieron en pie, las señoras agitaron sus pañuelos, y el pobre muchacho se detuvo en medio del escenario, aturdido y tembloroso. El síndico lo hizo acercarse y le dio el premio y un beso, y tomando del respaldo del sillón la corona de laurel que estaba colgada, la colocó en la almohadilla de una muleta. Lo acompañó luego hasta el palco del proscenio, donde estaba su padre, el cual lo levantó en vilo y lo metió dentro, en medio de una gritería indecible de "bravos" y de "vivas". la suave música de los violines continuaba entretanto, y los muchachos seguían pasando. Los de la sección de la Consolata eran casi todos hijos de comerciantes; los de la sección Vanchiglia, hijos de obreros; los de la sección Boncompagni, hijos de labradores muchos de ellos. Los últimos fueron algunos de la escuela Rayneri.

Apenas concluyó el reparto de premios, los setecientos muchachos de las butacas cantaron otro hermosísimo himno; habló luego el síndico y tras éste el inspector de escuelas, que terminó su discurso, diciendo:

-..."No salgáis de aquí sin enviar un saludo a los que tanto se afanan por vosotros, a los que os consagran todas las fuerzas de su inteligencia y de su corazón, y que viven y mueren por vosotros. ¡Helos allí!".

Y señaló a la galería de los maestros. Todos los muchachos de las galerías, de los palcos y de la platea se levantaron, tendiéndoles los brazos a vitorearlos. Los maestros respondieron agitando las manos. La banda tocó otra vez, y el público envió su último saludo en un fragoroso aplauso a los doce muchachos de todas las provincias de Italia, que se presentaron en fila en el proscenio, con los brazos entrelazados, bajo una lluvia de flores.

LITIGIO
Lunes, 20.

Sin embargo, no es posible que sea por envidia, porque él haya alcanzado el premio y yo no, que haya tenido un altercado con Corten. No fue por envidia. ¡Pero hice mal!.

El maestro lo había colocado a mi lado; yo estaba escribiendo en el cuaderno de caligrafía, que empujó con el codo y me hizo echar un borrón y manchar también el cuento mensual, Sangre romañola, que tenía que copiar para el "albañilito", que está enfermo. Yo me enfurecí y le solté una palabrota. Él me contestó, sonriendo:

-No lo he hecho a propósito.

Debería haberle creído, porque lo conozco; pero me desagradó que sonriera, y pensé: "¡Oh!
¡Ahora que ha obtenido el premio está ensoberbecido!". Y al poco rato, para vengarme, le di tal empujó que le estropeé la plana.

Entonces, encendido de rabia:

-Tú sí que lo has hecho de intento —me dijo, levantando la mano, que retiró enseguida al ver que el maestro lo observaba. Añadió entonces por lo bajo:

-¡Te espero afuera!

Yo me quedé en mala situación; la rabia se desvaneció, y sentí un verdadero arrepentimiento. No, Corten no podía haberlo hecho a propósito. "Es bueno", pensé. Se me vino a las mientes cómo lo había visto cuidar a su madre enferma y la alegría con que luego lo había recibido yo en mi casa, y cuánto le había gustado a mi padre. ¡No sé lo que habría dado por no haberle dicho aquella injuria ni cometido semejante bajeza! Se me ocurría el consejo que mi padre me habría dado: "¿Has hecho mal? Sí. Pues entonces, pídele perdón". No me atrevía a hacerlo así, porque me avergonzaba el tener que humillarme. Lo miraba de reojo, veía su chaqueta de punto descosida por la espalda, ¡quién sabe!, quizás por la mucha leña que había tenido que llevar; sentía que lo quería de veras, y me decía a mí mismo: "¡Valor!", pero la palabra "perdóname" no pasaba de la garganta.

El también, alguna que otra vez, me miraba de reojo, pero más bien me parecía apesadumbrado que rabioso. En tales ocasiones también yo lo miraba hosco, para dar a entender que no tenía miedo. Él me repitió:

-¡Ya nos veremos afuera!. Y yo:
-¡Sí que nos veremos afuera!.

Pero no cesaba de pensar lo que mi padre me había dicho una vez: "¡Si no tienes razón, defiéndete; pero no pelees!".

Y no cesaba de decir para mis adentro: "Me defenderé, pero no pegaré".

Estaba desazonado, triste; no oía lo que decía el maestro. Al fin llegó la hora de salida. Cuando me encontré solo en la calle, noté que él me seguía. Me detuve, y lo esperé con la regla en la mano. Se acercó él, y yo levanté la regla.

-No, Enrique –dijo él, con su bondadosa sonrisa-. Seamos tan amigos como antes.

Me quedé aturdido por un momento, y luego sentí como si una mano me empujase por las espaldas, hasta encontrarme en sus brazos. me abrazó y me dijo:

-Basta de trifulcas entre nosotros, ¿no es verdad?

-¡Nunca, jamás! ¡Nunca, jamás! –le respondí. Y nos separamos contentos.

Pero cuando llegué a casa y se lo conté todo a mi padre, creyendo que le agradaría, le sentó muy mal, y me replicó:

-Tú debías haber sido el que primero tendiera la mano, puesto que habías cometido la falta. Luego añadió:
-¡No debiste levantar la regla sobre el compañero mejor que tú, sobre el hijo de un soldado! Y tomándome la regla de la mano, la hizo pedazos y la tiró contra la pared.

MI HERMANA
Viernes, 24.

"¿Por qué, Enrique, después de que nuestro padre te censuró el haberte portado mal con Corten has hecho todavía contra mí aquella acción? No te puedes imaginar la pena que he tenido.

"¿No sabes que cuando tú eras un niñito estaba al lado de tu cuna horas y horas, en vez de ir a divertirme con mis amigas, y cuando estabas malo, todas las noches saltaba de la cama para ver si ardía tu frente? ¿No sabes, tú que ofendes a tu hermana, que ella haría de madre si una tremenda desgracia nos afligiese, y te querría tanto como a un hijo? ¿No sabes que cuando nuestro padre y nuestra madre no exista yo seré tu mejor amiga, la sola con quien podrás hablas de nuestros muertos y de la infancia, y que, si fuera preciso, trabajaría para ti, Enrique, para poder tener pan y hacerte estudiar, y que te querré siempre cuando seas grande, y te seguiré con mi pensamiento cuando estés lejos, sin cesar, porque hemos crecido juntos y tenemos la misma sangre? ¡Oh, Enrique, tenlo por seguro! Cuando seas hombre, si te ocurre una desgracia, si estás solo, estoy segura de que me buscarás y me vendrás a decir: <<Silvia, hermana, déjame estas contigo, hablemos de cuando éramos felices. ¿Te acuerdas? Hablemos de nuestra madre, de nuestra casa, de aquellos días hermosos tan lejanos>>. ¡Ah, Enrique! Siempre encontrarás a tu hermana con los brazos abiertos. Sí, querido Enrique, y perdóname también el reproche que ahora te hago. Yo no me acordaré de ningún agravio tuyo, ni aun cuando me dieres otros disgustos. ¿Qué me importa? Serás siempre mi hermano. Del mismo modo, no me acordaré de otra cosa más que de haberte tenido en brazos cuando niño, haber querido contigo a nuestros padres, haberte visto crecer y haber sido tantos años tu más fiel compañera. Pero escríbeme alguna palabra en este mismo cuaderno y yo pasaré de nuevo a leerla antes de la noche.

"Entretanto, para demostrarte que no estoy incomodada contigo, al ver que estabas cansado, he copiado por ti el cuento mensual Sangre romañola, que tú debías copias para el "albañilito" enfermo; búscalo en el cajoncito de tu mesa; lo he escrito todo esta noche, mientras dormías. Escríbeme alguna palabrita cariñosa, te lo suplico.

Tu hermana Silvia"

"No soy digno de besar tus plantas. Enrique".

SANGRE ROMAÑOLA

Aquella noche la casa de Ferrucho estaba más tranquila que de costumbre. El padre que tenía una pequeña tienda de mercería, había ido a Forli de compras; su madre lo acompañaba con Luisita, una niña a quien llevaba para que el médico la viese y le operase un ojo enfermo.

Poco faltaba ya para la medianoche. La mujer que venía a prestar servicios durante el día se había ido al oscurecer. En la casa no quedaban más que la abuela, con las piernas paralizadas y Ferrucho, muchacho de trece años.

Era una casita sólo con piso bajo, al borde la carretera, y como a un tiro de escopeta de un pueblo inmediato a Forli, ciudad de la Romaña; a su lado no había más que otra casa deshabitada, arruinada hacía dos meses por un incendio, sobre la cual se veía aún la muestra de una hospedería.

Detrás de la casita había un huertecillo rodeado de seto vivo, al cual daba una puertecita rústica. La puerta de la tienda, que era también puerta de la casa, se abría sobre la carretera. Alrededor se extendía la campiña solitaria, vastos campos cultivados y plantados de moreras.

Llovía y había viento. Ferrucho y la abuela, todavía levantados, estaban en el cuarto que hacía de comedor. Entre éste y el huerto había una pequeña habitación llena de trastos viejos. Ferrucho había vuelto a casa a las once, después de pasar fuera muchas horas. La abuela lo había esperado con los ojos abiertos, llena de ansiedad, clavada en un ancho sillón de brazos, en el cual solía pasar todo el día y frecuentemente la noche, porque la fatiga no la dejaba respirar cuando estaba acostada.

El viento lanzaba la lluvia contra los cristales; la noche era oscurísima. Ferrucho había vuelto cansado, lleno de lodo, con la chaqueta hecha jirones y un cardenal en la frente, de una pedrada. Venía de estar apedreándose con sus compañeros. Llegaron a las manos como de costumbre, y, por añadidura, había jugado y perdido su dinero. Además se le había extraviado la gorra en un foso.

Aun cuando la cocina no estaba iluminada más que por una pequeña lámpara de aceite colocada en la esquina de una mesa que estaba al lado del sillón, la pobre abuela había visto enseguida en qué estado miserable se encontraba su nieto, y en parte adivinó y en parte le hizo confesar sus diabluras.

Ella quería con toda su alma al muchacho. Cuando lo supo todo, se echó a llorar.

-¡Ah, no! —dijo luego, al cabo de largo silencio-. Tú no tienes corazón para tu pobre abuela. No tienes corazón cuando de tal modo te aprovechas de la ausencia de tu padre y de tu madre para darme estos disgustos. ¡Todo el día me has dejado sola! Tú vas por pésimo camino, que te conducirá a un triste fin. He visto a otros que comenzaron como tú y concluyeron muy mal. Se empieza por marcharse de casa para armar camorra con los chicos y jugar el dinero; luego, poco a poco, de las pedradas se pasa a las cuchilladas, del juego, a otros vicios, y de los vicios… al hurto.

Ferrucho estaba oyendo a tres pasos de distancia, apoyado en un arca, con la barbilla caída sobre el pecho, el entrecejo arrugado, y todavía caldeado por la ira de la riña. Un mechón de pelo castaño caía sobre su frente, y sus ojos azules estaban inmóviles.

-Del juego al robo —repitió la abuela, que seguía llorando-. Piensa en ello, Ferrucho. Piensa en aquella ignominia de aquí, del pueblo: en aquel Víctor Mozzoni, que está ahora en la ciudad haciendo vida de vagabundo; que a los veinticuatro años ha estado dos veces en la cárcel y ha hecho morir de sentimiento a aquella pobre mujer, su madre, que yo conocí, y ha obligado a su padre a huir a Suiza. Piensa en ese triste sujeto, a quien su padre se avergüenza de devolver el saludo, que anda en enredos con malvados peores que él, hasta el día que vaya a parar a un presidio. Pues bien; yo lo he conocido siendo muchacho, y comenzó como tú. Piensa que puedes reducir a tu padre y a tu madre a los extremos en que él puso a los suyos.

Ferrucho callaba. En realidad, sentía contristado el corazón, pues sus travesuras se derivaban más bien de superabundancia de vida y de audacia que de mala índole. Su padre lo tenía mal acostumbrado, precisamente por esto; porque, considerándolo en el fondo capaz de los más hermosos sentimientos, y esperando ponerlo a prueba de acciones varoniles y generosas, le dejaba rienda suelta, en la confianza de que por sí mismo se haría juicioso. Era, en fin, bueno más bien que malo, pero obstinado y muy difícil, aun cuando estuviese con el corazón oprimido por el arrepentimiento, para dejar escapar de su boca aquellas palabras que nos obligan al perdón: "¡Sí, he hecho mal, no lo haré más, te lo prometo; perdóname!". Tenía el alma llena de ternura, pero el orgullo no le consentía dejarla rebosar.

-¡Ah, Ferrucho! —continuó la abuela, viéndolo tan callado-. ¿No tienes ni una palabra de arrepentimiento? ¿No ves en qué estado me encuentro reducida, que me podrían enterrar? No deberías tener corazón para hacerme sufrir, para hacer llorar a la madre de tu madre, tan vieja, con los días contados; a tu pobre abuela, que siempre te ha querido tanto, que noches y noches enteras te mecía en la cuna cuando eras niño de pocos meses y que no comía por entretenerte. ¡Tú no sabes! Lo decía siempre: "¡Éste será mi último consuelo!" ¡Y ahora me haces morir! Daría de buena voluntad la poca vida que me resta por ver que has vuelto bueno, obediente como en aquellos días…, cuando te llevaba al santuario. ¿Te acuerdas, Ferrucho, que me llenabas los bolsillos de piedrecillas y hierbas y yo te volvía a casa en brazos, dormido? Entonces querías mucho a tu pobre abuela. Ahora, que estoy paralítica y que necesito de tu cariño, como el aire para respirar, porque o tengo otro en el mundo y soy una pobre mujer medio muerta… ¡Dios mío…!.

Ferrucho iba a lanzarse hacia su abuela, vencido por la emoción, cuando le pareció oír ligero rumor, cierto rechinamiento en el cuarto inmediato, aquel que daba sobre el huerto. Pero no comprendió si eran las maderas sacudidas por el viento u otra cosa.

Puso el oído alerta.

La lluvia azotaba los cristales.

El ruido se repitió. La abuela lo oyó también.

-¿Qué es? —preguntó, turbada, después de un momento.

-La lluvia —murmuró el muchacho.

-Por consiguiente, Ferrucho —dijo la anciana, enjugándose los ojos-, ¿me prometes que serás bueno, que no harás nunca llorar a tu pobre abuela…?

La interrumpió nuevamente un ligero ruido.

-¡No me parece lluvia! —exclamó, palideciendo-. ¡Ve a ver! Pero —añadió enseguida-, no; quédate aquí —y tomó a Ferrucho de la mano.

Los dos permanecieron con la respiración en suspenso. No se oía sino el ruido de la lluvia. Luego ambos se estremecieron. Tanto a uno como a otro les había parecido sentir pasos en el cuartito.

-¿Quién anda ahí? —Preguntó el muchacho, haciendo un esfuerzo. Nadie respondió.
-¿Quién anda ahí? —volvió a preguntar Ferrucho, helado demiedo.

Pero apenas había pronunciado aquellas palabras, ambos lanzaron un grito de terror.

Dos hombres entraron en la habitación: el uno agarró al muchacho y le tapó la boca con la mano; el otro aferró a la abuela por la garganta. El primero dijo:

-¡Silencio, si no quieres morir! l segundo:
-¡Calla! –y la amenazó con un cuchillo.

Uno y otro llevaban un pañuelo oscuro sobre la cara, con dos agujeros delante de los ojos.

Durante un momento no se oyó más que la entrecortada respiración de los cuatro y el rumor de la lluvia. La anciana apenas podía respirar de fatiga; tenía los ojos fuera de las órbitas.

El que tenía sujeto al chico le dijo al oído:

-¿Dónde tiene tu padre el dinero?

El muchacho respondió con un hilo de voz y dando diente con diente:

-Allá… en el armario.

-Ven conmigo –dijo el hombre.

Lo arrastró hasta el cuartito, teniéndolo apretado por la garganta. Allí había una linterna en el suelo.

-¿Dónde está el armario? –preguntó. Ferrucho, sofocado, se lo señaló.
Entonces, para estar seguro del muchacho, el hombre lo arrodilló delante del armario, y apretándole el cuello entre sus piernas para poder sofocarlo si gritaba, y teniendo el cuchillo entre los dientes y la linterna en una mano, sacó del bolsillo con la otra un hierro aguzado que metió en la cerradura, forcejeó, rompió, abrió de par en par las puertas, revolvió furiosamente todo, se llenó las faltriqueras, cerró, volvió a abrir y rebuscó; luego asió de nuevo al muchacho por la garganta y lo llevó a donde el otro tenía aún asida a la vieja, convulsa, con la cabeza hacia atrás y la boca abierta.

Éste preguntó en voz baja:

-¿Encontraste?

El compañero respondió:

-Encontré. –Y añadió-: vigila la puerta.

El que tenía sujeta a la anciana corrió a la puerta del huerto a ver si oía a alguien, y dijo desde el cuartito con voz que pareció un silbido:
-Ven.

El otro, que aún no había soltado a Ferrucho, enseñó el puñal al muchacho y a la anciana, que entreabría los ojos, y dijo antes de acudir:

-Ni una voz, o vuelvo atrás y os degüello. Y los miró fijamente a los dos.
En el mismo momento se oyó a lo lejos, por la carretera, un cántico de muchas voces.

El ladrón volvió rápidamente la cabeza hacia la puerta, y por la brusquedad del movimiento se le cayó el antifaz.

La anciana lanzó un grito:

-¡Mozzoni!.

-¡Maldita! —rugió el ladrón, reconocido-. Tienes que morir. —Y se volvió con el cuchillo levantado contra la anciana, que quedó desvanecida en el mismo instante.

El asesino descargó el golpe.

Pero con un movimiento rapidísimo, dando un grito desesperado, Ferrucho se había lanado sobre su abuela y la había cubierto con su cuerpo.

El asesino huyó, tropezando con la mesa y derribando la lámpara, que cayó al suelo yse apagó.

El muchacho resbaló lentamente de encima de la abuela y cayó de rodillas, y así permaneció, con los brazos rodeándole la cintura y la cabeza apoyada en su seno.
Pasó algún tiempo. Todo seguía completamente oscuro. El cántico de los labradores se iba alejando por el campo.

La anciana volvió de su desmayo.

-¡Ferrucho! —llamó con voz apenas perceptible, temblorosa.

La anciana hizo un esfuerzo para hablar, pero el terror le paralizaba la lengua. Estuvo un momento silenciosa, temblando fuertemente. Luego logró preguntar:
-¿Ya no están?

-No.

-¡No me han matado! —murmuró la anciana, con la voz sofocada.

-No..., estás salvada —dijo Ferrucho, con voz débil-. Estás salvada, querida abuela. Se han llevado el dinero. Pero mi padre... lo había recogido casi todo.

La abuela respiró con fuerza.

-Abuela –dijo Ferrucho, siempre de rodillas y apretándole la cintura-, querida abuela…, me quieres mucho, ¿verdad?

-¡Oh, Ferrucho! ¡Pobre hijo mío! –respondió ella, poniéndole las manos sobre la cabeza-. ¡Qué espanto debes de haber tenido! ¡Oh santo Dios misericordioso! Enciende luz… No, quedémonos a oscuras; todavía tengo miedo.

-Abuela –replicó el muchacho-, yo siempre he dado disgustos a todos…

-No, Ferrucho, no digas eso; ya no pienses más en ello. Todo lo he olvidado: ¡te quiero tanto!

-Siempre os he dado disgustos –continuó Ferrucho, trabajosamente y con la voz trémula-; pero… os he querido siempre. ¿Me perdonas? Perdóname, abuela.

-Sí, hijo, te perdono; te perdono de corazón. Piensa si no debo perdonarte. Levántate, niño mío. Ya no te reñiré nunca. ¡Eres bueno, eres muy bueno! Encendamos la luz. Tengamos un poco de valor. Levántate, Ferrucho.

-Gracias, abuela –dijo el muchacho, con la voz cada vez más débil-. Ahora… estoy contento. Te acordarás de mí, abuela…, ¿no es verdad? Os acordaréis todos siempre de mí…, de vuestro Ferrucho.

-¡Ferrucho mío! –exclamó la abuela, maravillada e inquieta, poniéndole la mano en las espaldas e inclinando la cabeza, como para mirarle la cara.

-Acordaos de mí –murmuró todavía el niño, con la voz que parecía un soplo-. Da un beso a mi madre…, a mi padre…, a Luisita… Adiós, abuela…

-En nombre del cielo, ¿qué tienes? –Gritó la viejecita, palpando afanosamente al niño en la cabeza, que había caído abandonada a sí misma sobre sus rodillas; y luego, con cuanta voz tenía en su garganta, gritó desesperadamente-: ¡Ferrucho! ¡Ferrucho! ¡Ferrucho! ¡Niño mío!
¡Amor mío! ¡Ángeles del paraíso, ayudadme!

Pero Ferrucho ya no respondió. el pequeño héroe, salvador de la madre de su madre, herido de una cuchillada en el costado, había entregado su hermosa y valiente alma a Dios.

EL "ALBAÑILITO" MORIBUNDO
Martes, 28.

El pobre hijo del albañil está gravemente enfermo. El maestro nos dijo que fuésemos a verlo, y convinimos en ir juntos Garrone, Derossi y yo. Stardi habría venido también; pero como el maestro nos encargó la descripción del monumento a Cavour, quería verlo para hacerla más exacta. Sólo para probarlo, invitamos al soberbio Nobis, que nos contestó "No", sin más. Votini se excusó también quizá por miedo a mancharse el vestido de cal.

Nos fuimos allá al salir de clase, a las cuatro. Llovía a cántaros. Garrone se detuvo de pronto, diciendo con la boca llena de pan:

-¿Qué compramos?

Y hacía sonar dos monedas en el bolsillo. Pusimos otras dos más y compramos tres naranjas grandes.

Subimos a la buhardilla. Delante de la puerta, Derossi se quitó la medalla y la guardó en el bolsillo. Le pregunté por qué

-No sé –respondió-. Para no presentarme así… Me parece más delicado entrar sin medalla.

Llamamos. Nos abrió el padre, aquel hombrón que parece un gigante; tenía la cara desencajada y staba como espantado.

-¡Quiénes sois? –preguntó. Garrone respondió.
-Somos compañeros de clase de Antonio y le traemos tres naranjas.

-¡Ah pobre Toño! —exclamó el albañil, moviendo la cabeza-. ¡Me temo que no va a probar vuestras naranjas! —Y se secaba los ojos con el dorso de la mano.

Nos hizo pasar a un curto abuhardillado donde vimos al "albañilito" que dormía en una cama de hierro: si madre estaba apoyada en la cama, con la cara entre las manos, y apenas se volvió para mirarnos. A un lado había colgados brochas, picos y cribas para la cal; a los pies del enfermo estaba extendida una chaqueta de albañil, blanqueada por el yeso. El pobre muchacho estaba flaco, muy pálido, con la nariz afilada, la respiración premiosa.
¡Oh, querido Toño, compañero mío, tan bueno, tan alegre! ¡Qué pena verte así! ¡Cuánto habría dado por verte poner el hocico de liebre, pobre "albañilito"! Garrone le dejó una naranja sobre la almohada, junto a la cara. El aroma lo despertó; lo tomó, pero luego la abandonó y se quedó mirando fijamente a Garrone.

-Soy yo –dijo éste-, Garrone. ¿Me conoces?

Él sonrió, con una sonrisa apenas perceptible, levantó con dificultad la mano y se la presentó a Garrone, que la tomó entre las suyas, apoyó contra ella sus mejillas, y le dijo:

-¡Ánimo, ánimo, "albañilito"! Te pondrás bueno pronto, volverás a la escuela, y el maestro te pondrá cerca de mí. ¿Estás contento?
Pero él no respondió. La madre estalló en sollozos:

-¡Oh, mi pobre Toño! ¡Mi pobre toño! ¡Tan guapo, tan bueno, y Dios me lo quiere arrebatar!

-¡Cállate! –le dijo el albañil, desesperado-: ¡cállate, por amor de Dios, o pierdo la cabeza! – Luego, dirigiéndose a nosotros, angustiosamente-: Marchaos, muchachos. Gracias, marchaos. ¿Qué queréis hacer aquí? Gracias, volved a casa.

En efermo había cerrado los ojos y parecía muerto.

-¿Podemos servirles en algo? –preguntó Garrone.

-No, hijo mío, gracias –respondió el albañil-; idos a casa.

Y repitiendo esto, nos empujó hasta el descansillo de la escalera, y cerró la puerta. Pero apenas habíamos bajado la mitad de los escalones, cuando lo oímos gritar:

-¡Garrone, Garrone! Subimos volando los tres.

-¡Garrone! –gritó el albañil, con el semblante descompuesto-. Te ha llamado por tu nombre. Dos días hacía que no hablaba y te ha llamado dos veces, quiere que estés con él. Ven en seguida.   ¡Ah santo Dios! ¡Si fuera una buena señal!.

-Hasta la vista –nos dijo Garrone-; yo me quedo. Y entró en la casa con el padre.
Derossi tenía los ojos llenos de lágrimas. Yo le dije:

-¿Lloras por el "albañilito"? Si ya ha hablado, se curará.

-¡Así lo creo! –respondió Derossi-, pero no pensaba ahora en él… ¡Pensaba en lo bueno que es y en el alma tan hermosa que tiene Garrone!.

EL CONDE DE CAVOUR
Miércoles, 29.

"Tienes que hacer la descripción del monumento al conde de Cavour. Puedes hacerla. Pero quién era el conde de Cavour, es lo que ahora no puedes comprender. Sabe solamente lo siguiente: fue durante muchos años primer ministro del Piamonte; fue quien mandó el ejército piamontés a Crimea para levantar con la victoria de Cercaia nuestra gloria militar, caída en la derrota de Novara; fue quien hizo bajar de los Alpes ciento cincuenta mil franceses para arrojar a los austríacos de Lombardía; quien gobernó a Italia en el período más solemne de nuestra revolución; quien dio en aquellos años el más poderoso impulso a la santa empresa de la unidad de la patria, con su claro ingenio, su constancia invencible, su laboriosidad fuera de los humanos límites. Muchos generales pasaron horas terribles sobre el campo de batalla, pero él las pasó más terribles aún en su gabinete, cuando su enorme empresa podría venirse a tierra de un momento a otro, como frágil edificio sacudido por un terremoto; pasó horas de lucha, noches de angustia, con la razón perturbada y la muerte en el corazón.

"Este trabajo gigantesco y tempestuoso le acortó veinte años de vida. Y, sin embargo, devorado por la fiebre que lo debía llevar al sepulcro, luchaba todavía desesperadamente con la enfermedad para poder hacer algo por su patria. <<Es extraño –decía con dolor, en su lecho de muerte-. Ya no sé leer, no puedo leer>>. Mientras le extraían sangre y la fiebre aumentaba, pensaba en Italia y decía imperiosamente: <<Curadme; mi mente se oscurece; necesito todas mis facultades para poder ocuparme de graves asuntos>>. Cuando estaba en sus últimos momentos, y toda la ciudad se agitaba, y el rey no se separaba de su cabecera, decía con angustia: <<Tengo muchas cosa que deciros, majestad; muchas cosas que haceros ver, pero estoy enfermo, no puedo, no puedo>> y se desconsolaba.

"Siempre su pensamiento febril volaba tras el Estado, a las nuevas provincias italianas que se habían unido a nosotros, a tantas otras cosas que quedaban por hacer. Cuando el delirio se apoderaba de él: <<Educad a la infancia>>, exclamaba entre las angustias de la muerte,
<<Educad a la infancia y a la juventud..., gobernad con la libertad>>.

"El delirio crecía, la muerte se le venía encima, y él invocaba con ardientes palabras al general Garibaldi, con el cual había tenido disentimientos, y a Venecia y a Roma, que todavía no eran libres; tenía vastas visiones del porvenir e Italia y de Europa; soñaba con una invasión extranjera; preguntaba dónde estaban los cuerpos del ejército y los generales; temblaba por nosotros todavía, por su pueblo. Su mayor dolor, ¿comprendes? , no era que le faltara la vida, sino ver que se le escapaba la patria, que aún tenía necesidad de él y por la cual había consumido en pocos años las fuerzas desmedidas de su prodigioso organismo. Murió con el grito de batalla en la garganta, y su muerte fue grande como su vida.

"Ahora, piensa un poco, Enrique: ¿qué es nuestro trabajo, que nos parece tan pesado? ¿Qué son nuestros dolores, nuestra misma muerte, frente a los trabajos, a los afanes formidables, a las tremendas agonías de aquellos hombres sobre cuyo corazón pesa un mundo? Piensa en eso, hijo mío, cuando pases por delante de aquella imagen de mármol, y dile desde el fondo de tu corazón: <<¡Yo te glorifico!>>.

Tu padre.

ABRIL

PRIMAVERA
Sábado, 1°

¡Primero de abril! Tres meses, tres meses todavía. Ha sido la mañana de hoy una de las más hermosas del año. Esta contento en la escuela, porque Corten me había dicho que pasado mañana iremos con su padre a ver llegar al rey (que, según él, conoce al padre); y también porque mi madre me había prometido llevarme el mismo día a visitar al asilo infantil de la calle Valdocco. También lo estaba porque el "albañilito" se encuentra mejor, y porque ayer tarde, al pasar, el maestro dijo a mi padre: "V a bien, va bien". ¡Y, luego, hacía una mañana tan hermosa de primavera! Desde las ventanas de la escuela se veían el cielo azul, los árboles del jardín todos cubiertos de brotes y las ventanas de las casas abiertas de par en par, con los cajones y macetas ya reverdecidos.

El maestro no se reía, porque jamás se ríe; pero estaba de buen humor; tanto, que no se le veía la arruga recta que casi siempre tiene en medio de la frente, y explicaba un problema en la pizarra bromeando. Bien se notaba que sentía un placer al respirar el aire del jardín que entraba por las ventanas, lleno de fresco perfume de tierra y hojas, que hacía pensar en los paseos por el campo. Mientras él explicaba, se oía en la calle inmediata a un maestro herrero que golpeaba sobre el yunque, y en la casa de enfrente a una mujer que cantaba para dormir a un niño. Lejos, en el cuartel de la Cernaia, tocaban las trompetas. Todos parecían contentos, hasta el mismo Stardi.

En un momento, el herrero se puso a martillar más fuertemente, y la mujer a cantar más alto. El maestro cesó de explicar y puso oído atento. Luego, mirando por la ventana, dijo, lentamente:

-El cielo que sonríe, una madre que canta, un hombre honrado que trabaja, muchachos que estudian... ¡Qué cosas tan hermosas!.

Cuando salimos de la clase, vimos que todos los demás estaban también alegres; marchaban todos en fila, marcando fuertemente el paso y cantando, como en víspera de vacaciones.
Las maestras jugueteaban. La de la pluma roja saltaba siguiente a sus niños como una colegiala. Los padres de los muchachos hablaban entre sí, riéndose, y la madre de Crossi, la verdulera, tenía en la cesta muchos ramitos de violetas, que llenaban e aroma el salón de espera. Yo nunca me he sentido tan contento como esta mañana al ver a mi madre que me aguardaba en la calle; y se lo dije al correr a su encuentro:

-Estoy alegre. ¿Qué ocurre para que yo esté tan contento hoy?

Y mi madre me respondió, sonriendo, que eran la bella estación y la conciencia tranquila.

EL REY HUMBERTO
Lunes, 3.

A las diez en punto mi padre vio desde la ventana a Corten, el vendedor de leña y a su hijo, que me esperaban en la plaza.

-Allí están, Enrique —me dijo-. Ve a ver a tu rey.

Bajé a escape como un cohete. Padre e hijo estaban más graciosos que nunca y jamás los encontré tan parecidos. El padre llevaba puesta en la chaqueta la medalla al valor, entre otras dos conmemorativas; los bigotes rizados y puntiagudos como dos agujas.

Nos pusimos en marcha enseguida hacia la estación del ferrocarril, donde debía llegar el rey a las diez y media. Corten padre fumaba su pipa y se frotaba las manos.

-¿Sabéis —decía- que no he vuelto a verlo desde la guerra del sesenta y seis? La friolera de quince años y seis meses. Primero tres años en Francia, luego en Mondoví, y aquí, que lo habría podido ver, jamás se dio la maldita coincidencia de estar yo en la ciudad cuando él venía. ¡Lo que son las casualidades!

Llamaba al rey, Humberto, como si fuera su camarada. Humberto mandaba la 16ª. división. Humberto tenía veintidós años y tantos días. Humberto montaba un caballo de esta y de otra manera.

-¡Quince años! —decía fuertemente, alargando el paso-. Tengo verdadera ansia de verlo. Lo dejé príncipe y lo vuelvo a ver rey. También yo he cambiado; he pasado de soldado a vendedor de leña —y se reía.

El hizo le preguntó:

-Si te viera ¿te reconocería? Se echó a reír.

-¡Estás loco! —respondió-. ¡Pues, no faltaba más! Él, Humberto, era uno solo, y nosotros éramos como las moscas. Y luego ¡te parece que iba a estar mirándonos uno a uno!.

Desembocamos en la carretera de Víctor Manual. Mucha gente se dirigía a la estación. Una compañía de alpinos pasaba con trompetas. Dos carabineros iban a galope. El cielo estaba espléndido.

-¡Sí! —exclamó Corten padre, animándose-. Tengo un inmenso gusto de volver a ver a mi general de división. ¡Ah! ¡Qué pronto ha envejecido! Aún me parece que fue ayer cuando tenía la mochila al hombro y el fusil entre las manos en medio de aquella confusión la mañana del 24 de junio, cuando íbamos a comenzar la pelea. Humberto iba y venía con sus oficiales mientras el cañón retumbaba a lo lejos; todos lo mirábamos, y nos decíamos: "¡Con tal de que no lo toque a éste una bala!". Estaba a mil leguas de pensar que poco después lo iba a encontrar tan inmediato, allí mismo, ante las lanzas de los ulanos austríacos; pero así, precisamente, a cuatro pasos uno de otros, hijos míos. Era un día hermoso. El cielo parecía un espejo ¡con un calor…! . Veamos si se puede entrar.

Habíamos llegado a la estación. Se veía inmenso gentío: carruajes, guardias, carabineros, sociedades con banderas. Tocaba la banda de un regimiento. Corten padre intentó entrar bajo el pórtico, pero no lo dejaron. Entonces pensó meterse en primera fila, entre la multitud que hacía calle a la salida, y, abriéndose paso con los codos, logró llevarnos adelante. Pero la muchedumbre, en sus movimientos de vaivén, nos empujaba tan pronto a un lado como al otro. El vendedor de leña se colocó pegado a una pilastra del pórtico, donde los guardias no dejaban estar a nadie.

-Venid conmigo —dijo de repente, tomándonos de la mano.

En dos saltos atravesamos el espacio libre, y se fue a plantar con las espaldas pegadas a la pared.

Inmediatamente acudió un sargento de policía, y le dijo:

-No se puede estar aquí.

-Soy del 4° batallón del 49 –respondió Corten, tocándose la medalla. El sargento lo miró y dijo:
-Quédese.

-¡Pero si siempre lo he dicho! –exclamó Corten con aire de triunfo-. "¡Cuarto del cuarenta y nueve" es una frase mágica! ¡No he de tener derecho a ver un momento a satisfacción a mi general, yo que formé parte del cuarto! Si entonces lo tuve cerca, me parece justo que ahora lo pueda ver de cerca también. ¡Y qué digo general! ¡Si fue el comandante de mi batallón por media hora, porque en aquellos momentos era él quien lo mandaba, era él quien estaba en medio, y no el comandante Ulbrich, diablo!.

En el salón de espera y fuera se veía un confuso tropel de señores y oficiales, y delante de la puerta una fila de coches con los lacayos vestidos de rojo.

Corten preguntó a su padre si el príncipe Humberto tenía la espada en la mano cuando estuvo en el cuadro.

-¡Ya lo creo que tenía la espada en la mano! –respondió-. Para poder parar una lanzada, que lo mismo podía tocarle a él que a cualquier otro. ¡Ah, los demonios desencadenados se nos vinieron encima con la ira de Dios! Corrían por entre los grupos, por entre los cuadros y por entre los cañones, como empujados por el huracán, haciendo estragos con sus lanzas. Era una confusión de coraceros de Alejandría, lanceros de Fogia, de infantería, de ulanos, de cazadores; un infierno del cual no era posible entender nada. Yo oía gritar: "¡Alteza!
¡Alteza!". Vi venir las lanzas a la carga; disparamos los fusiles, una nube de pólvora lo ocultó todo… Luego el homo de la pólvora se disipó.. La tierra estaba cubierta de caballos y de ulanos heridos y muertos. Me volví hacia atrás y vi en medio de nosotros a Humberto a caballo, que miraba en derredor, tranquilo y como con aire de preguntar: "¿Hay alguno de mis valientes que esté arañado?" Nosotros lo vitoreamos: "¡Viva!", en su misma cara, como locos. ¡Santo Dios, qué momento…! ¡Ahí está el tren!.

La banda tocó, los oficiales acudieron y la gente se puso sobre la punta de los pies.

-¡Ah, no saldrá tan pronto! –dijo un guardia-. Ahora está oyendo un discurso. Coretti no cabía en su propia piel.
-¡Ah! Cuando pienso en ello –dijo-, me parece que lo estoy viendo siempre allí. Pero está en todas partes, con los coléricos y los que sufrieron terremotos y no sé con cuánta gente más. Ha sido en todas las circunstancias un valiente, pero yo lo tengo en mi cabeza como lo vi entonces, entre nosotros y con aquella cara tranquila. Y estoy seguro de que él mismo se acuerda también del Cuarto del 49, ahora siendo rey, y que tendría mucho gusto en que nos reuniéramos a comer juntos todos los que estuvimos a su lado en aquellos momentos. Ahora tiene generales, señorones y libreas; entonces no tenía más que pobres soldados. ¡Si pudiera cruzar a solas cuatro palabras con él! ¡Nuestro general de veintidós años, nuestro príncipe confiado a nuestras bayonetas! ¡Quionce años que no lo veo…! ¡Nuestro Humberto! Esta música me enciende la sangre, palabra de honor.

Una frenética gritería lo interrumpió; millares de sombreros saludaron; cuatro señores vestidos de negro subieron en el primer carruaje:

-¡Él es! –gritó Coretti y se quedó como encantado. Luego dijo en voz baja-: ¡Virgen mía, qué canoso está ya!

Los tres nos descubrimos. El carruaje avanzaba con lentitud, en medio de la gente que gritaba y agitaba los sombreros. Yo miraba a Coretti padre; parecía otro, me parecía que fuera más alto, más serio y algo pálido, allí pegado a la pilastra.

El carruaje llegó delante de nosotros a un paso nada más de la pilastra.

-¡Viva! –gritaron muchos.

-¡Viva! –gritó Coretti, después de todos.

El rey lo miró a la cara y detuvo un momento sus ojos sobre las tres medallas. Entonces Coretti perdió la cabeza, y gritó:
-¡Cuarto batallón del cuarenta y nueve!

El rey, que había vuelto la cabeza a otro lado, se volvió hacia nosotros, y fijándose en Coretti, extendió la mano fuera del coche.

Coretti dio un salto hacia delante y se la apretó. El carruaje pasó, la multitud se interpuso y nos quedamos separados, perdiendo de vista a Coretti padre. Fue sólo un momento. Lo encontramos enseguida, fatigado, con lágrimas en los ojos, llamando a voces a su hijo y con la mano alzada. El hijo se lanzó hacia él, y él gritó:

-¡Ven acá, chiquitín, que todavía tengo caliente la mano…! –y le pasó la mano por la cara, diciendo-: esta es una caricia del rey.

Allí se quedó como si despertase de un sueño, contemplando a lo lejos el carruaje, sonriendo, con la piña entre las manos y en medio de un grupo de curiosos que lo miraban.

-Es uno del cuadro del 49 –decían.

-Es un soldado que conoce al rey.

-Es el rey quien lo ha reconocido.

-Es él quien le tendió la mano.

Ha dado un memorial al rey –dijo otro más fuertemente.

-No –respondió Coretti, volviéndose con brusquedad-, no, yo no le he dado ningún memorial. Otra cosa le daría, si me la pidiese…

Todos se quedaron mirándolo. Y él, sin inmutarse, dijo:
-¡Mi sangre!

EL ASILO INFANTIL
Martes, 4.

Mi madre, según me había prometido, me llevó ayer, después de almorzar, al asilo infantil de la avenida Valdocco. Iba para recomendar a la directora una hermanita de Precossi.

Yo no había visto nunca un asilo. ¡Cuánto me divertí! Eran doscientos entre niños y niñas, tan pequeños que los de la sección primera de nuestra escuela son hombres a su lado.

Llegamos en el momento en que estaban formados en el refectorio, donde había dos larguísimas mesas con muchos agujeros redondos y en cada uno una escudilla negra, llena de arroz y alubias, y una cucharilla de estaño al lado. Al entrar, algunos se caían y permanecían sentados en el suelo, y allí se quedaban hasta que venía alguna maestra a ponerlos de pie. Muchos se paraban delante de una escudilla, creyendo que aquel era su sitio y engullían a escape una cucharada, cuando llegaba una maestra y les decía: "¡Adelante!" Avanzaban tres o cuatro pasos, y vuelta a tragar otra cucharada, y así hasta que llegaban a su puesto después de haber picoteado una media ración a cuenta de los demás.

Finalmente, a fuerza de empujar y gritar: "¡Despachad! ¡Vamos pronto!", Los pusieron a todos en orden y comenzó la oración. Pero los de las filas interiores, que al rezar tenían que ponerse de espaldas a la escudilla, constantemente se volvían a mirarla, temiendo que se la llevasen, y así rezaban con las manos juntas y los ojos al cielo, pero con el corazón en el plato. Después se pusieron a comer. ¡Oh, qué espectáculo más divertido! Uno comía con dos cucharas; otro se arreglaba las manos; muchos separaban las alubias, las metían en el bolsillo y las golpeaban hasta hacer una pasta. No faltaba quien dejaba de comer, embobado con el vuelo de las moscas, ni quien al toser lanzase una lluvia de arroz por su boca. Un gallinero parecía aquel comedor. Pero, así y todo, el espectáculo era gracioso.
Las dos filas de niñas hacían hermoso conjunto, con sus cabellos atados atrás con cintas rojas, verdes, azules. Una maestra preguntó a una fila de ocho niñas:

-¿En dónde nace el arroz?

Las ocho, abriendo de par en par la boca llena de comida, respondieron a una voz, cantando:

-Nace en el agua.

Luego la maestra mandó:
-¡Manos en alto!

Daba gusto ver entonces cómo de todos los bracitos, que dos meses antes estaban fajados, salían las manecitas, agitándose como si fueran otras tantas mariposas blancas o rosadas.

Después fueron a jugar, no sin haber recogido antes sus cestitas con la merienda, que estaban colgadas en las paredes. Salieron al jardín, se desparramaron y sacaron sus provisiones: pan, ciruelas, pasas, pedacitos de queso, un huevo cocido, manzanitas, puñaditos de cerezas, un ala de pollo. En un momento quedó cubierto el jardín de migajas, como si se hubiera esparcido granza para bandadas de pájaros. Comían de las maneras más extrañas, como los conejos, como los topos y como los gatos, royendo, lamiendo, chupando. Un niño sostenía de punta contra el pecho una rebanada de pan y la untaba con un níspero como si estuviese sacando brillo a una espada. Había niñas que estrujaban en la mano requesones frescos, que escurrían por entre los dedos como si fuera leche hasta meterse por entre las mangas, y ellas apenas si lo advertían. Corrían y se perseguían unos a otros, con las manzanas y los panecillos entre los dientes, como los perros. Me chocó ver tres niñas que agujereaban con un palito un huevo duro, creyendo que en su interior había un tesoro, lo desparramaban por el suelo y luego iban recogiendo pacientemente los fragmentos como si fueran perlas. Al que tenía en su cesto algo extraordinario, lo rodeaban ocho o diez con la cabeza inclinada para mirar, como habrían mirado la luna dentro de un pozo. Lo menos había veinte alrededor de cierto arrapiezo, como un huevo de alto, que tenía en la mano un cucurucho de azúcar, y todos iban a hacerle cumplidos para que les permitiera hundir allí el pan. Tras de oír muchos ruegos, él solo concedía que le chupasen un dedo después de haberlo metido en el cucurucho.

Mi madre, en esto, había vuelto al jardín y acariciaba ya a uno, ya a otro. Muchos la seguían y se le echaban encima, pidiéndole un beso, como si mirasen a un tercer piso, abriendo y cerrando la boca, como para pedir la papilla. Uno le ofreció un gajo de naranja mordido ya; otro, una cortecita de pan; una niña le dio una hoja; otra le enseñó con gran seriedad la punta del dedo índice, donde, mirando bien, se veía una ampollita microscópica que se había hecho el día antes tocando la llama de una luz. Le ponían ante sus ojos, como grandes maravillas, insectos pequeñísimos que yo no sé cómo los veían y los recogían; tapones de corcho partido por la mitad, botoncitos de camisa, florecillas que cortaban de las macetas. Un niño con una venda en la cabeza, que quería que a toda costa lo oyesen, le contó yo no sé qué historia de una voltereta, de la que no pude comprender ni palabra; otro se empeñó en que mi madre se inclinase, y le dijo al oído:

-Mi padre hace escobas.

Entretanto, mil desgracias ocurrían en todas partes, que hacían acudir a las maestras; niñas que lloraban porque no podían deshacer un nudo del pañuelo; otras que se disputaban a arañazos y gritos dos pepitas de manzana; otro niño que se había caído boca abajo sobre un banco derribando y sollozaba sin poder levantarse.

Antes de salir, mi madre tomó en brazos a tres o cuatro, y entonces de todos lados vinieron corriendo para que también los alzase a ellos, con las caras manchadas de yema de huevo y de zumo de naranja; quién la agarraba de las manos, quién le tomaba un dedo para ver la sortija, le tiraba de la cadena del reloj o se esforzaba por tocarle las trenzas.

-¡Por Dios! –decían las maestras-. Le estropean a usted todo el vestido.

Pero a mi madre no le importaba nada el vestido, y siguió besándolos, y ellos echándose encima; los primeros, con los brazos extendidos como si quisieran trepar, los demás tratando de ponerse en primera fila, y todos gritando: "¡Adiós! ¡Adiós! ¡Adiós!". Por fin mi madre pudo escapar del jardín. Todos fueron corriendo a asomarse por entre los hierros de la verja para verla pasar y sacaban los brazos fuera saludándola, ofreciéndole todavía pedazos de pan, bocaditos de níspero, cortezas de queso, gritando al unísono:

-¡Adiós! ¡Adiós! ¡Adiós! ¡Vuelva mañana! ¡Que venga otra vez!.

Mi madre, al salir, todavía deslizó su mano por aquellas cien manecitas, como si acariciase una viva guirnalda, y una vez en la calle, toda desaliñada, cubierta de migajas y de manchas, con una mano llena de flores y los ojos llenos de lágrimas, se sentía contenta como si saliera de una fiesta. Aún se oía el vocerío de adentro, cual gorjeo de pajarillos que dijeran:

-¡Adiós! ¡Adiós! ¡Venga otra vez, señora!.

EN CLASE DE GIMASIA
Miércoles, 5.

En vista de que el tiempo sigue hermosísimo, nos han hecho pasar de la gimnasia del salón a la de aparatos, que están colocados en el jardín. Garrone estaba ayer en el despacho del director cuando llegó la madre de Nelli, aquella señora rubia, vestida de negro, para suplicarle que dispensasen a su hijo de los nuevos ejercicios. Cada palabra le costaba un esfuerzo, y hablaba teniendo una mano puesta sobre la cabeza de su muchacho.

-No puede… -dijo al director.

Pero Nelli se puso angustiado al ver que lo excluían de los aparatos y que tenía que sufrir otra humillación más…

-Ya verás, mamá –decía-, cómo hago lo que los demás.

Su madre lo miraba en silencio, con expresión de afecto y de piedad. Luego, dudando, le hizo observar:

-Pero temo que tus compañeros…

Quería decir: "Temo que te hagan burla". Pero Nelli respondió:
-¡No me importa…! Y luego está Garrone. Me basta que esté él y que no se ría. En vista de esto lo dejaron venir.
El maestro, aquel que tiene una herida en el cuello y que estuvo con Garibaldi, nos llevó enseguida a las

barras verticales, que son muy altas, y era preciso que trepáramos hasta la punta y que nos pusiéramos en pie sobre el penúltimo eje transversal. Derossi y Coretti se subieron como dos monos; también el pequeño Precossi subió con soltura, aunque entorpecido por su chaquetón, que le llegaba hasta las rodillas. Para hacerlo reír mientras iba subiendo, todos le decían su estribillo: "Dispénsame, dispénsame". Stardi bufaba, se ponía colorado como un pavo, apretaba tanto los dientes que parecía un perro rabioso; pero aun cuando hubiese reventado habría llegado a lo lato, como llegó, en efecto; y también Nobis, que al llegar arriba adoptó una actitud de emperador; pero Votini se resbaló dos veces, a pesar de su bonito traje nuevo de rayitas azules, hecho ex profeso para la gimnasia. Para subir con más facilidad, todos se habían embadurnado las manos con pez griega, colofonia, como la llamamos, y, ya se sabe, el traficante de Garoffi es quien provee a todos, vendiéndola en polvo. Luego tocó la vez a Garrone, que subió mascando pan, como si no hiciese nada, y creo que habría sido capaz de subir a uno de nosotros montado en las espaldas; hasta tal punto es vigoroso y fuerte aquel torito. Después de Garrone vino Nelli.

Apenas lo vieron agarrarse a la barra, con sus manos largas y delgadas, mucho comenzaron a reír y a burlarse, pero Garrone cruzó sus gruesos brazos sobre el pecho y echó en derredor una mirada tan expresiva que todos entendieron claramente que soltaría cuatro golpes al que se atreviese, aun delante del maestro; así que todos dejaron de reír. Nelli comenzó a trepar; le costaba trabajo, ¡pobrecillo!; se le ponía la cara morada, respiraba muy fuerte, le corría el sudor por la frente. El maestro dijo:

-¡Baja!.-

Pero él no hacía caso, se obstinaba y hacía esfuerzos. Yo esperaba verlo desplomarse medio muerto. ¡Pobre Nelli! Si hubiera sido como él, pensaba, y me hubiera visto mi madre, ¡cómo habría sufrido, pobre madre mía! Y pensando en esto, lo quería tanto a Nelli que habría dado no sé qué por que al fin hubiera llegado arriba, o por poderlo sostener por debajo, sin que me viesen.

Entretanto, Garrone, Derossi y Coretti decían:

-¡Arriba, Nelli, arriba! ¡Fuerza! ¡Todavía otro empujón! ¡Ánimo!

Nelli hizo un esfuerzo violento y, lanzando un gemido, se encontró a dos cuartas del travesaño.

-¡Bravo! –gritaron todos-. ¡Ánimo! ¡Ya no falta más que otro empujón!. Y Nelli se agarró del travesaño. Todos lo aplaudieron.
-¡Bravo! –dijo el maestro-; pero ya basta, bájate.

Nelli quiso subir hasta la punta como los demás, y depués de forcejear un momento llegó a agarrarse con los brazos al último travesaño, luego puso la rodilla en el penúltimo y, por fin los pies. ¡Ya está de pie!, sin poder respirar, pero sonriente. Tornamos a aplaudirlo, y él miró entonces hacia la calle. Volví la cabeza hacia aquel lado, y al través de las plantas que cubren las verjas del jardín vi a su madre que paseaba por la acera sin atreverse a mirar.
Nelli bajó, y todos lo festejaron. Estaba excitado, encendido, sus ojos resplandecían y no parecía el mismo.

Luego, a la salida, cuando su madre se le acercó y le preguntó algo inquieta, abrazándolo: "Y qué, pobre hijo, ¿cómo te ha ido?" Todos los compañeros respondieron: "¡Lo ha hecho bien! Ha subido como nosotros. Es fuerte. Es ágil. Hace lo que los demás".

¡Era preciso ver el placer de aquella señora! Nos quiso dar gracias y no pudo. Apretó la mano de tres o cuatro, hizo una caricia a Garrone, se llevó consigo al hijo, y los vimos por un gran trecho que iban deprisa, hablando y gesticulando entre sí, tan contentos como no se los había visto nunca.

EL MAESTRO DE MI PADRE
Martes, 11.

¡Qué viaje tan hermoso hice ayer con mi padre! He aquí cómo. Anteayer, al comer, leyendo el diario, mi padre saltó de repente con una exclamación de maravilla. Luego añadió:

-¡Y yo que lo creía muerto hacía veinte años! ¿Sabéis que todavía vive mi primer maestro de escuela, Vicente Crosetti, que tiene ochenta y cuatro años? Ve que el ministro le ha dado la medalla al mérito por sesenta años de enseñanza. Sesenta años… ¿lo entendéis? Y no hace más que dos que ha necesitado dejar de dar clase. ¡Pobre Crosetti! Vive a una hora de ferrocarril de aquí, en Condove, el pueblo de nuestra antigua jardinera de la quinta de Chieri. —Y añadió-: Enrique, iremos a verlo.

Y en toda la tarde no habló más que de él.

Y el nombre de su maestro de escuela le traía a la memoria cosas de cuando era muchacho, de sus primeros compañeros, de su madre ya difunta.

-¡Crosetti! —exclamaba-. Tenía cuarenta años cuando yo iba a la escuela. Me parece estar viéndolo. Un hombrecillo un poco encorvado ya, con los ojos claros y la cara siempre afeitada. Severo, pero de buenas maneras, que nos quería como un padre, sin dejarnos pasar nada. A fuerza de estudio y privaciones había llegado a maestro, desde trabajador de campo. Un hombre honrado. Mi madre le profesaba gran afecto y mi padre lo trataba como a un amigo. ¿Cómo ha ido a parar a Condove desde Turín? No me reconocerá ciertamente. No importa. Lo reconoceré yo. Han pasado cuarenta y cuatro años.
¡Cuarenta y cuatro años! Enrique, iremos a verlo mañana.

Ayer, por la mañana, a las nueve, estábamos en la estación de Susa. Yo habría querido que Garrone nos acompañara, pero no pudo, porque tiene a su madre enferma. Era una hermosa mañana de primavera. El tren corría por entre verdes prados y setos floridos, se sentía un aire cargado de olores. Mi padre estaba contento, y a cada paso me echaba un brazo al cuello y me hablaba como a un amigo, mirando al campo.

-¡Pobre Corsetti! —decía-. Él es el primer hombre que me quiso después de mi padre. No he olvidado nunca ciertos buenos consejos suyos, ni tampoco algunos reproches desabridos que me hacían volver a casa con el corazón triste. Tenía las manos gruesas y pequeñas.
Aún lo estoy viendo entrar en la escuela: ponía su bastón en un rincón, colgaba su capa en la percha, siempre con los mismos movimientos. Todos los días el mismo humor, concienzudo, atento y lleno de

cariño, como si siempre fuera la primera vez que diera clase. Lo recuerdo como si ahora mismo me gritase: "¡Bottini, eh, Bottini! El dedo índice y el medio sobre la pluma". ¡Cómo habrá cambiado después de cuarenta y cuatro años!.

Apenas llegamos a Condove fuimos en busca de nuestra antigua jardinera de Chieri, que tiene una tenducha en una callejuela. La encontramos con sus muchachos, nos recibió con mucha alegría, nos dio noticias de su marido, que debe de volver de Grecia, donde está trabajando hace tres años, y de su primera hija, que está en el Instituto de Sordomudos, en Turín. Luego nos señaló la calle para ir a casa del maestro, a quien todos conocen.

Salimos del pueblo y tomamos un caminito en cuesta, flanqueado de setos en flor.

Mi padre no hablaba; parecía totalmente absorto en sus recuerdos, y tan pronto sonreía como sacudía la cabeza.

De repente me detuvo, y dijo:

-Ahí está; apostaría cualquier cosa a que es él.

Venía bajando hacia nosotros, por el caminillo, un viejo pequeñito, de barba blanca, con ancho sombrero y apoyado en su bastón: arrastraba los pies y le temblaban las manos.

-Él es —repitió mi padre, apurando el paso.

Cuando estábamos cerca nos detuvimos. El anciano también se detuvo y miró a mi padre. Todavía tenía la cara fresca y los ojos claros y vivos.

-¿Es usted —preguntó mi padre, quitándose el sombrero- el maestro Vicente Crosetti? el anciano también se quitó el sombrero, y respondió:
-Yo soy —con voz algo temblorosa, pero llena.

-Pues bien —dijo mi padre, tomándole la mano-. Permita a un antiguo discípulo estrecharle la mano y preguntarle cómo está. He venido de Turín para verlo a usted.

El anciano lo miró asombrado. Después dijo:

-Es demasiado honor para mí... No sé... ¿Cuándo ha sido mi discípulo? Perdóneme si se lo pregunto. ¿Cuál es su nombre, por favor?

Mi padre le dijo su nombre, Alberto Bottini, el año en que había ido a su escuela y dónde, y añadió:

-Usted no se acordará de mí, es natural. ¡Pero yo lo reconozco a usted tan bien...!.

El maestro inclinó la cabeza y se puso a mirar al suelo, pensando y murmurando por dos o tres veces el nombre de mi padre, el cual, entretanto, lo miraba sonriente.

De pronto el anciano levantó la cara con los ojos muy abiertos y dijo con lentitud:

-¡Alberto Bottini! ¿El hijo del ingeniero Bottini...? ¿Aquél que vivía en la plaza de la Consolación?

-El mismo —respondió mi padre, tomándole las manos.

-Entonces... -dijo el anciano-. Permítame, querido señor, permítame —y habiéndose adelantado, abrazó a mi padre. Su cabeza blanca apenas le llegaba al hombro. Mi padre apoyó las mejillas sobre su frente.

-Tenga la bondad de venir conmigo —dijo el maestro.

Y sin hablar, se volvió y emprendió el camino hacia su casa. En pocos minutos llegamos a una era, delante de una casa pequeña con dos puertas, una de ellas blanqueada alrededor.

El maestro abrió esta última y nos hizo entrar en un cuarto. Cuatro paredes blancas. En un rincón un catre de tijera con colcha de cuadritos blancos y azules; en otro, la mesita con una pequeña biblioteca; cuatro sillas y un viejo mapa clavado en la pared. ¡Qué olor tan rico a manzanas!

Nos sentamos los tres. Mi padre y el maestro se estuvieron mirando en silencio un momento.

-¡Bottini! —exclamó el maestro, fijando su mirada sobre el suelo de ladrillos, donde el sol pintaba un tablero de ajedrez-. ¡Oh!, me acuerdo bien. ¡Su señora madre era una señora tan buena...! Usted en el primer año estuvo una temporada en el primer banco de la izquierda, cerca de la ventana. ¡Vea usted si me acuerdo! Me parece que estoy viendo su cabeza rizada. —Luego se quedó un rato pensativo-. ¡Era un muchacho vivo...! ¡Vaya!
¡Mucho! El segundo año estuvo enfermo de crup. Me acuerdo cuando volvió usted a la escuela, delgado y envuelto en un chal. Cuarenta años han pasado, ¿no es verdad? Ha sido usted muy bueno acordándose de su maestro. Han venido otros en años anteriores a buscarme, antiguos discípulos míos, un coronel, sacerdotes, varios señores.

Preguntó a mi padre cuál era su profesión. Después dijo: Hacía tanto tiempo que no venía a nadie, que tengo miedo de que usted sea el último.

-¡Quién piensa en eso! —exclamó mi padre-. Usted está bien y es robusto. No debe decir semejante cosa.

-¡Eh, no! —respondió el maestro-. ¿No ve usted este temblor? —y mostró la mano-. Ésta es mala señal. Me atacó hace tres años, cuando todavía estaba en la escuela. Al principio no hice caso, me figuré que pasaría. Pero, al contrario, fue creciendo. Llegó un día en que no podía escribir. ¡Ah! Aquel día, la primera vez que hice un garabato en el cuaderno de un discípulo, fue para mí un golpe mortal. Aún seguí adelante algún tiempo, pero al fin no pude mas, y después de sesenta años de enseñanza tuve que despedirme de la escuela, de los alumnos y del trabajo. Me costó mucha pena. La última vez que di clase me acompañaron todos hasta casa y me festejaron mucho; pero yo estaba triste y comprendí que mi vida había acabado. El año anterior había perdido a mi mujer y a mi hijo único. No me quedaron más que dos nietos, ambos labradores. Ahora vivo con algunos cientos de liras que me dan de pensión. No hago nada, y me parece que los días no concluyen nunca.

Mi única ocupación consiste en hojear mis viejos libros de escuela, colecciones de periódicos escolares y algún libro que me regalan. Allí están —dijo, señalando a la pequeña biblioteca-, allí están mis recuerdos, todo mi pasado… ¡No me queda más en el mundo!

Luego, cambiando de improviso, dijo alegremente:

-Voy a darle a usted una sorpresa, querido señor Bottini.

Se levantó y acercándose a una mesa abrió un cajoncito largo que contenía muchos paquetes pequeños, atados todos con un cordón, y con una fecha escrita de cuatro cifras. Después de buscar un momento, abrió uno, hojeó muchos papeles, sacó uno amarillo y se lo presentó a mi padre. ¡Era un trabajo suyo de hacía cuarenta años! En la cabeza había escrito lo siguiente: "Alberto Bottini. Dictado. 3 de abril de 1838". Mi padre al momento reconoció su letra, gruesa, de chico, y se puso a leer, sonriendo. Pero de pronto se le nublaron los ojos. Yo me levanté para preguntarle qué tenía.

Me pasó un brazo alrededor de la cintura, y apretándome contra él, me dijo:

-Mira esta hoja. ¿Ves? Estas son las correcciones de mi pobre madre. Ella siempre me duplicaba las "eles" y las "erres". Las últimas líneas son todas suyas. Había aprendido a imitar mi letra, y cuando estaba cansado y tenía sueño terminaba el trabajo por mí. ¡Santa madre mía!.

Y besó la página.

-He aquí —dijo el maestro, enseñando los otros paquetes- mis memorias. Cada año ponía aparte un trabajo de cada uno de mis discípulos, y aquí están numerados y ordenados.
Muchas veces los hojeo, y así, al pasar, leo una línea de uno, otra línea de otro, y vuelven a mi mente mil cosas, que me hacen resucitar tiempos idos. ¡Cuántos años han pasado, querido señor! Yo cierro los ojos y empiezo a ver caras y más caras, clases y más clases, cientos y cientos de muchachos, de los cuales Dios sabe cuántos han muerto ya. De muchos me acuerdo bien. Me acuerdo bien de los mejores y de los peores, de aquellos que me han dado muchas satisfacciones y de aquellos que me hicieron pasar momentos tristes. Los he tenido verdaderamente endiablados, porque en tan gran número no hay más remedio. Ahora, usted lo comprende, estoy ya como en el otro mundo, y a todos los quiero por igual.

Se volvió a sentar tomando una de mis manos entre las suyas.

-Y de mí —preguntó mi padre, riéndose-. ¿No recuerda ninguna travesura?

-¿De usted, señor? –respondió el anciano, con la sonrisa también en los labios-. No, por el momento. Pero no quiere esto decir que no me las hiciera. Usted tenía, sin embargo, juicio y era serio para su edad. Recuerdo el cariño tan grande que le tenía a su señora madre… ¡Qué bueno ha sido y qué atento al venir a verme aquí! ¿Cómo ha podido dejar sus ocupaciones para llegar a la pobre morada de un viejo maestro?.

-Oiga, señor Crosetti –respondió mi padre con viveza-. Recuerdo la primera vez que mi madre me acompañó a su escuela. Era la primera vez que debía separarse de mí por dos horas y dejarme fuera de casa, en otras manos que las de mi padre, al lado de una persona desconocida. Para aquella buena criatura, mi entrada en la escuela era como la entrada en el mundo, la primera de una larga serie de separaciones necesarias y dolorosas; era la sociedad que le arrancaba por primera vez al hijo para no devolvérselo jamás por completo. Estaba conmovida, y yo también. Me recomendó a usted con voz temblorosa y luego, al irse, me saludó por la puerta entreabierta, con los ojos llenos de lágrimas. Precisamente en aquel momento usted le hizo un ademán con una mano, poniéndose la otra sobre el pecho, como para decirle: "Señora, confíe en mí". Pues bien, aquel ademán suyo, aquella mirada, por la cual me di cuenta de que usted había comprendido todos los sentimientos, todos los pensamientos de mi madre; aquella mirada, que quería decir: "¡Valor!"; aquel ademán, que era una honrada promesa de protección, de cariño y de indulgencia, jamás los he olvidado; me quedaron grabados en el corazón para siempre. Aquel recuerdo es el que me ha hecho salir de Turín. Heme aquí, después de cuarenta y cuatro años, para decirle: Gracias, querido maestro.

El maestro no respondió: me acariciaba los cabellos con la mano, la cual temblaba saltando de los cabellos a la frente, de la frente a los hombros.

Entretanto, mi padre miraba aquellas paredes desnudas, aquel humilde lecho, un pedazo de pan y una botellita de aceite que tenía sobre la ventana, como si quisiese decir: "Pobre maestro, después de sesenta años de trabajo, ¿es éste tu premio?".

Pero el buen viejo estaba contento, y comenzó de nuevo a hablar con viveza de nuestra familia, de otros maestros de aquellos años, de los compañeros de escuela de mi padre, el cual se acordaba de algunos, pero de otros no; el uno daba al otro noticias de éste o aquél. Mi padre interrumpió la conversación para suplicar al maestro que bajase con nosotros al pueblo para almorzar. Él contestó con espontaneidad:

-Se lo agradezco, muchas gracias. Pero parecía indeciso.
Mi padre, tomándole ambas manos, le suplicó una y otra vez.

-¿Pero cómo voy a arreglarme –dijo el maestro- para poder comer con estas pobres manos, que siempre están bailando de este modo? ¡Es un martirio para los demás!

-Nosotros lo ayudaremos, maestro –dijo mi padre. Aceptó, moviendo la cabeza y sonriendo.
-¡Hermoso día! –dijo, cerrando la puerta de fuera-. ¡Un día hermoso, querido señor Bottini! Le aseguro que me acordaré mientras viva.

Mi padre dio el brazo al maestro, éste me tomó de la mano, y bajamos por el caminito. Encontramos dos muchachitas descalzas que conducían vacas, y a un muchacho que pasó corriendo con una gran carga de paja al hombro. El maestro nos dijo que eran dos alumnas y un alumno de segunda, que por la mañana llevaban las bestias al pasto y trabajaban en el campo, y por la tarde se ponían los zapatitos e iban a la escuela.

Era ya cerca del mediodía. No encontramos a nadie más. En pocos minutos llegamos a la posada, nos sentamos ante una gran mesa, el maestro en el centro, y empezamos enseguida a almorzar. La posada estaba silenciosa como un convento. El maestro rebosaba de alegría, y la emoción aumentaba el temblor de sus manos; casi no podía comer. Pero mi padre le partía la carne, le preparaba el pan y le ponía la sal en los manjares. Para beber era necesario que tomase el vaso con las dos manos, y aún así golpeaba contra los dientes.

Charlaba mucho, con calor, de los libros de lectura, de cuando era joven, de los honorarios de entonces, de los elogios que los superiores le habían otorgado, de los reglamentos de los últimos años, sin perder su fisonomía serena, más encendida que en un principio, con la voz alegre y la cara animada de un muchacho.

Mi padre no se cansaba de mirarlo, con la misma expresión con que a veces lo sorprendo yo cuando me mira en casa, pensando y sonriendo a solas, con la cabeza algo inclinada hacia mi lado. Al maestro se le volcó el vino sobre el pecho, y mi padre se levantó y le limpió con la servilleta.

-¡No, eso no, señor, no lo permito! –decía riéndose.

Pronunciaba algunas palabras en latín. Al fin, levantó el vaso, que le bailaba en la mano, y dijo con mucha seriedad:

-¡A su salud, querido señor ingeniero, a la de sus hijos y a la memoria de su buena madre!-

¡A la salud de usted, mi buen maestro! –respondió mi padre, apretándole una mano. En el fondo de la habitación estaban el posadero y otros, que parecían gozar con aquella fiesta en honor del maestro de su pueblo.

Pasadas ya las dos, salimos, y el maestro se empeñó en acompañarnos a la estación. Mi padre le dio el brazo otra vez, y él me tomó de nuevo de la mano. Yo le llevaba el bastón. La gente se detenía a mirar, porque todos lo conocían; algunos lo saludaban. Al llegar a cierto punto del camino, oímos muchas voces que salían de una ventana, como de muchachos que leían juntos. El anciano se detuvo y pareció entristecerse.

-He ahí, querido señor Bottini –dijo-. Lo que me da pena: oír la voz de los muchachos en la escuela, y no estar con ellos, y pensar que está otro. He escuchado sesenta años seguidos esta música, y mi corazón estaba hecho a ella. Ahora estoy sin familia. Ya no tengo hijos.

-No, maestro –le dijo mi padre, reanudando la marcha-. Usted tiene ahora muchos hijos esparcidos por el mundo, que se acuerdan de usted como me he acordado yo siempre.

-No, no –respondió el maestro, con tristeza-, ya no tengo escuela, ya no tengo hijos; y sin hijos no puedo vivir más. Pronto sonará mi última hora.

-No diga eso, maestro, no lo piense –repuso mi padre-. De todos modos, ¡usted ha hecho tanto bien…! ¡Ha empleado su vida tan noblemente…!

El viejo maestro inclinó un momento su blanca cabeza sobre el hombro de mi padre, y me apretó la mano. Habíamos entrado ya en la estación. El tren iba a partir.

-¡Adiós, maestro! –dijo mi padre, abrazándolo y besándole la mano.

-¡Adiós, gracias, adiós! –respondió el maestro, tomando con sus temblorosas manos una de mi pare, que apretaba contra su corazón.

Luego lo besé yo. Tenía la cara mojada por las lágrimas. Mi padre me empujó hacia dentro del vagón, y en el momento de subir tomó con rapidez el tosco bastón que llevaba el maestro en su mano y en su lugar puso una hermosa caña, con puño de plata y sus iniciales, diciéndole:

-Consérvela en memoria de mí.

El anciano intentó devolvérsela y recobrar la suya, pero mi padre estaba ya dentro y había cerrado la portezuela.

-¡Adiós, mi buen maestro!

-Adiós, hijo mío –contestó él, mientras el tren se ponía en movimiento-, y Dios lo bendiga por el consuelo que ha traído a un pobre viejo.

-¡Hasta la vista! –gritó mi padre, con voz conmovida.

Pero el maestro movió la cabeza, como diciendo: "No, ya no nos veremos más".

-Sí, sí –repitió mi padre-; hasta la vista.

El respondió, levantando su trémula mano al cielo:

-¡Allá arriba!

Y aún seguía en la misma actitud cuando, al correr del tren, dejamos de verlo.

CONVALECENCIA
Jueves, 20.

¡Quién me había de decir, cuando volvía tan alegre de aquella hermosa excursión con mi padre, que iba a pasar diez días sin ver ni el cielo!.

He estado muy malo, en peligro de muerte. He oído sollozar a mi madre; he visto a mi padre muy pálido, mirándome con los ojos fijos; a mi hermana Silvia y a mi hermano, que hablaban en voz baja; al médico de los anteojos, que no se separaba de mi lado y me decía cosas que yo no comprendía. He estado muy cerca de dar un último adiós a todos. ¡Ah, pobre madre mía! Pasé tres o cuatro días, por lo menos, de los cuales no me acuerdo nada, como si hubiese estado en medio de un sueño embrollado y oscuro. Me parece haber visto al lado de mi cama a la buena maestra de la sección primaria superior, que se esforzaba por sofocar la tos con el pañuelo para no molestarme; recuerdo, confusamente también, a mi maestro, que se inclinó para besarme y me pinchó un poco la cara con las barbas; he visto pasar, como en medio de una niebla, la cabeza roja de Crossi, los rizos rubios de Derossi, al calabrés vestido de negro y a Garrone, que me trajo una naranja mandarina con las hojas y se marchó enseguida, porque su madre estaba enferma.

Me desperté como de un larguísimo sueño, y comprendí que estaba mejor al ver sonreír a mis padres y al oír a Silvia que cantaba. ¡Oh, qué sueño tan triste ha sido! Vino el "albañilito", que me hizo reír al poner el hocico de liebre, que ahora lo hace admirablemente, porque se le ha alargado algo la cara con la enfermedad, ¡pobrecillo!.
Vino Coretti, y también Garoffi, a regalarme dos billetes para su nueva rifa de "un cortaplumas con cinco sorpresas" que compró a un tendero amigo suyo. Ayer, mientras dormía, entró Precossi, que puso su cara sobre mi mano, sin despertarme, y como venía del taller de su padre, negro del polvo del carbón, me dejó una marca negra en la manga, que luego, al despertarme, vi con mucho gusto.

¡Qué verdes se han puesto los árboles en estos pocos días! ¡Y qué envidia me dan los muchachos que veo ir corriendo a la escuela con sus libros, cuando mi padre me acerca a la ventana! Pero poco tardaré en volver yo también. Estoy tan impaciente por ver de nuevo a todos, y también mi banco, el jardín, aquellas calles; saber lo que en este tiempo ha pasado; volver a mis cuadernos y mis libros que me parece que hace un año que no los veo. ¡Pobre padre mío, qué aire tan cansado tiene! ¡Y mis compañeros que han venido a verme y andaban de puntillas y me besaban en la frente! Me da tristeza pensar que llegará un día en que nos separaremos. Con Derossi y con algún otro quizá continuaré haciendo mis estudios; pero ¿y los demás? Una vez que concluyamos el cuarto año ¡adiós!, no nos volveremos a ver; no los veré ya al lado de mi cama cuando esté malo. Garrone, Precossi, Coretti, tan buenos muchachos, tan queridos compañeros míos, a ésos no los volveré a ver probablemente.

LOS AMIGOS OBREROS
Jueves, 20.

"¿Por qué, Enrique, no los volverás a ver? Esto dependerá de ti. Una vez que termines el cuarto año, irás al Gimnasio, y ellos se dedicarán a un oficio. Pero permaneceréis en la ciudad, quizá por muchos años. ¿Por qué entonces no os habréis de ver más? Cuando estés en la Universidad, o en la Academia, los irás a buscar a sus tiendas o a sus talleres, y te dará mucho gusto encontrarte con tus compañeros de la infancia, ya hombres, en su trabajo.

"¿Cómo es posible que tú no vayas a buscar a Coretti y Precossi dondequiera que estén? Irás y pasarás horas enteras en su compañía y verás, estudiando la vida y el mundo, cuántas cosas puedes aprender con ellos, que nadie te sabrá enseñar mejor, tanto sobre sus oficios como acerca de su sociedad, y en general, de tu país. Y ten presente que si no conservas estas amistades, será muy difícil que adquieras otras semejantes en el provenir; amistades, quiero decir, fuera de la clase a que tú perteneces. Así vivirás en una sola clase, y el hombre que no frecuente más que una clase sola es como el hombre estudioso que no lee más que un solo libro.

"Propónte, por consiguiente, conservar estos buenos amigos, ahora y cuando os separéis, y procura cultivar su trato con preferencia, precisamente porque son hijos de obreros. Mira: los hombres de las clases superiores son los oficiales, y los operarios son los soldados del trabajo; pero tanto en la sociedad civil como en el ejército el soldado es tan noble como el oficial, toda vez que la nobleza está en el trabajo y no en la ganancia, en el valor y no en el grado; y si hay superioridad en el mérito, está de parte del soldado y del operario, porque sacan de su propio esfuerzo menor ganancia.

"Ama, pues, y respeta, sobre todos, entre tus compañeros, a los hijos de los soldados del trabajo; honra en ellos los sacrificios de sus padres; no repares en diferencias de fortuna y de clase, porque sólo las gentes despreciables miden los sentimientos y la cortesía por tales diferencias; piensa que de las venas de los que trabajan en los talleres y los campos salió la sangre bendita que redimió a la patria; ama a Garrone, ama a Precossi, ama a Coretti, ama a tu "albañilito", que encierran en su pecho de trabajadores corazones de príncipes; júrate a ti mismo que ningún cambio de fortuna podrá jamás arrancar de tu alma estas santas amistades infantiles. Jura que si dentro de cuarenta años, al pasar por una estación de ferrocarril, reconocieras bajo el traje de maquinista a tu viejo Garrone, con la cara negro…
¡Ah! No quiero que lo jures. Estoy seguro de que saltarás sobre la máquina y que le echarás los brazos al cuello, aun cuando seas senador del reino.

Tu padre".

LA MADRE DE GARRONE
Viernes, 28.

Apenas volví a la escuela recibí una noticia muy triste. Hace varios días que Garrone no iba, porque su madre estaba gravemente enferma. Murió el sábado por la tarde. Ayer por la mañana, en seguida que entré en la escuela, nos dijo el maestro:

–Al pobre Garrone le ha sucedido la mayor desgracia que puede acaecer a un niño: su madre ha muerto. Mañana volverá a clase. Desde ahora os suplico, muchachos, que respetéis el terrible dolor que destroza su alma. Cuando entre, debéis saludarlo con cariño y seriedad. Que nadie juegue ni sonría al mirarlo, os lo recomiendo.

Y, en efecto, esta mañana, algo más tarde que los demás, entró el pobre Garrone. Sentí una gran angustia en el corazón al verlo. Tenía la cara sin vida, los ojos encendidos, y apenas se sostenía sobre las piernas, como si hubiese estado enfermo un mes. Era difícil reconocerlo: vestía todo de negro. Daba compasión. Nadie respiró; todos lo miraron.

Apenas entró, al ver por vez primera la escuela, donde su madre había venido a buscarlo casi todos los días, aquel banco sobre el cual tantas veces había pensado en ella, impaciente por salir a encontrarla, no pudo menos de estallar en un golpe de llanto desesperado. El maestro lo llevó a su lado y, apretándolo contra su pecho, le dijo:

-¡Llora, llora, pobre niño; pero ten valor! Tu madre ya no está aquí, pero te ve, te ama todavía, vive a tu lado, y la volverás a ver, porque tienes un alma buena y honrada como ella. Ten valor.

Dicho esto, lo acompañó al banco, cerca de mí. Yo no me atrevía a mirarlo. Sacó sus cuadernos y sus libros, que hacía muchos días que no se habían abierto; al abrir el libro de lectura, donde hay una viñeta que representa una madre con su hijo de la mano, no pudo contener el llanto y dejó caer su cabeza sobre el brazo. el maestro nos hizo señal para que lo dejásemos estar así, y comenzó la lección. Yo habría querido decirle algo, pero no sabía. Le puse una mano sobre el brazo y le dije al oído:

-No llores, Garrone.

No contestó y sin levantar la cabeza del banco puso su mano en la mía, y así la tuvo un buen rato.

A la salida nadie le habló. Todos pasaron a su lado con respeto y en silencio. Yo vi a mi madre que me esperaba y corrí a su encuentro para abrazarla, pero ella me contuvo mirando a Garrone. En el primero momento no comprendí por qué; pero luego noté que Garrone, solo, a un lado, me contemplaba con tristeza, una tristeza que quería decir: "¡Tú abrazas a tu madre; yo no abrazaré ya más a la mía!".

Entonces comprendí la actitud de mi madre y salí sin darle la mano.

JOSÉ MAZZINI
Sábado, 29.

Garrone vino también esta mañana a la escuela pálido y con los ojos hinchados por el llanto. Apenas miró los regalitos que habíamos puesto sobre el banco para consolarlo. El maestro había preparado también una página de un libro de lectura para reanimarlo.

Primero nos advirtió que fuésemos todos mañana a las doce a la Municipalidad para ver dar la medalla del valor cívico a un muchacho que había salvado a un niño en el Po, y que el lunes nos dictará él la descripción de la fiesta, en lugar del cuento mensual. Después, volviéndose a Garrone, que estaba con la cabeza baja, le dijo:

-Garrone, haz un esfuerzo y escribe tú también lo que voy a dictar. Todos tomamos la pluma. El maestro dictó:

"José Mazzini, nacido en Génova, en 1805, murió en Pisa en 1872. Patriota del alma grande, escritor de preclaro ingenio, inspirador y primer apóstol de nuestra revolución italiana, por amor a la patria vivió cuarenta años pobre, desterrado, perseguido, errante, con heroica consecuencia en sus principios y en sus propósitos. José Mazzini, que adoraba a su madre y que había heredado de ella todo lo que en su alma fortísima y noble había de más elevado y puro, escribía así a un fiel amigo suyo, para consolarlo de la mayor de las desventuras. Poco más o menos, he aquí sus palabras:

"Amigo: No verás ya nunca a tu madre sobre esta tierra. Ésta es la tremenda verdad. No voy a verte, porque el tuyo es de aquellos dolores solemnes y santos que es necesario sufrir y vencer cada cual por sí mismo. ¿Comprendes lo que quiero decir con estas palabras: ¡Es preciso vencer el dolor!?. Vencer lo que el dolor tiene de menos santo, de menos purificante; lo que, en vez de mejorar el alma, la debilita y la rebaja. Pero la otra parte de dolor, la parte noble, la que engrandece y levanta el espíritu, ésta debe permanecer contigo y no abandonarte jamás. Aquí abajo nada substituye a una buena madre. En los dolores, en los consuelos que todavía puede darte la vida, tú no la olvidarás jamás. Pero debes recordarla, amarla, entristecerte por su muerte, de un modo que sea digno de ella.

"¡Oh amigo, escúchame! La muerte no existe, no es nada. Ni siquiera se puede comprender. La vida es vida, y sigue la ley de la existencia: el progreso. Tenías ayer una madre en la tierra, hoy tienes un ángel en otra parte. Todo lo que es bueno sobrevive con mayor potencia que en la vida terrenal. Por consiguiente, también el amor de tu madre. Ella te quiere ahora más que nunca, y tú eres responsable de tus actos ante ella más que nunca. De ti depende, de tus obras, el encontrarla, el volverla a ver en la otra vida. Debes, pues, por amor y reverencia a tu madre, llegar a ser mejor y hacer que goce de ti y de tu conducta. Tú, en adelante, deberás en todo acto tuyo decirte a ti mismo: <<¿Lo aprobaría mi madre?>>. Su transformación ha puesto para ti en el mundo un ángel custodio, al cual debes referir todas las cosas. Sé fuerte y bueno; resiste el dolor desesperado y vulgar; ten la tranquilidad de los grandes sufrimientos en las grandes almas. Esto es lo que ella quiere".

-¡Garrone! –añadió el maestro-: sé fuerte y serénate. Esto es lo que ella quiere. ¿Comprendes?

Garrone indicó que sí con la cabeza, pero gruesas y abundantes lágrimas le caían sobre las manos, sobre el cuaderno, sobre el banco.

VALOR CÍVICO

A mediodía estábamos con el maestro ante el palacio municipal, para presenciar la entrega de la medalla del valor cívico al chico que salvó a un compañero suyo que salvó a un compañero en el Po.

Sobre la terraza de la fachada ondeaba la bandera tricolor. Entramos en el patio.
Ya estaba lleno de gente. Se veía allí en el fondo una mesa con tapete rojo y encima varios papeles, y detrás, una fila de sillones dorados para el alcalde y la junta; varios ujieres del Municipio estaban de pie alrededor del estrado, con sus dalmáticas azules y sus medias blancas. A la derecha del patio había formada una compañía de guardias municipales, todos los cuales se hallaban condecorados con muchas distintas

cruces, y al lado otra compañía de carabineros. En la parte opuesta estaban los bomberos con uniforme de gala, y muchos soldados sin formar, que habían venido a presenciar la ceremonia: de caballería, de infantería, cazadores, de artillería; de todas las armas, en fin. Y, por último, alrededor, caballeros, gente del pueblo, oficiales, mujeres y niños que se apretaban; un gentío inmenso. Nos arrinconamos en un ángulo del patio.

Alumnos de otras escuelas estaban con sus maestros, y había cerca de nosotros un grupo de muchachos del pueblo, de diez a dieciocho años, que reían y hablaban recio, y se comprendía que eran todos del barrio del Po, compañeros o conocidos del que debía recibir la medalla. Arriba, en todas las ventanas, estaban asomados los empleados del Municipio. La galería de la biblioteca también estaba llena de gente que se apiñaba contra la balaustrada, y en la del lado opuesto, que está sobre la puerta de entrada, se agolpaba gran número de muchachos de las escuelas públicas, y muchas "huérfanas de militares", con sus graciosos velos celestes. Parecía un teatro. Todos departían alegremente, mirando de vez en cuando al sitio en que estaba la mesa roja, a ver si se presentaba alguien. La banda de músicos tocaba quedito en el fondo del pórtico. Las paredes resplandecían con el sol.
Estaba aquello muy hermoso.

De pronto, todos empezaron a aplaudir: en los patios, en las galerías, en las ventanas. Yo, para ver, tuve que empinarme.
La multitud que estaba detrás de la mesa encarnada había abierto paso, y se pusieron delante un hombre y una mujer. El hombre llevaba de la mano a un niño.

Era el que había salvado al compañero.

El hombre era su padre: un albañil, vestido de día de fiesta. La mujer, su madre, pequeña y rubia, estaba vestida de negro. El muchacho, también rubio y pequeño, tenía una chaqueta gris.

Al ver a toda aquella gente y oír aquel estrépito de aplausos, se quedaron los tres tan confundidos que no se atrevían a levantar los ojos ni a moverse. Un portero municipal los empujó al lado de la mesa, a la derecha.

Todos callaron un momento, y después resonaron de nuevo los aplausos por todos lados. El muchacho miró hacia arriba, hacia las ventanas y después a la galería de las "huérfanas de los militares". Tenía el sombrero en la mano y parecía no saber bien dónde se hallaba. Creí encontrarle cierta semejanza con Coretti, pero él era más sonrosado. Su padre y su madre no apartaban los ojos de la mesa.

Entretanto, todos los muchachos del barrio del Po, que estaban cerca de nosotros, pasaron delante y le hacían señas a su compañero para hacerse ver, llamándolo en voz baja:

-¡Pin! ¡Pin! ¡Pinot!

A fuerza de llamarlo se hicieron oír. El muchacho los miró, y se cubrió la boca con el sombrero para ocultar una sonrisa.

En un momento dado todos los guardias se cuadraron. Entró el alcalde, acompañado de muchos señores. El alcalde, que tenía el pelo cano y llevaba una faja tricolor, se puso de pie junto a la mesa; los demás, detrás y a los lados.

Cesó de tocar la banda, hizo el alcalde una señal, y callaron todos.

Empezó a hablar. Sus primeras frases no las oí bien, pero comprendí bien que estaba contando la hazaña del muchacho. Después levantó la voz, y se esparció tan clara y sonora por todo el patio que no perdí ya ni palabra.

"...Cuando vio desde la orilla al compañero que se revolvía en el río, presa ya del terror de la muerte, se quitó la ropa y acudió sin titubear un momento. Le gritaron: <<¡Que te vas a ahogar!>>. No respondió. Lo agarraron, y se soltó. Lo llamaron, y ya estaba en el agua. El río iba muy crecido, y el riesgo era terrible hasta para un hombre. Pero él desafió la muerte con toda la fuerza de su pequeño cuerpo y de su gran corazón; alcanzó y agarró a tiempo al desgraciado, que ya estaba bajo el agua, y lo sacó a flote. Luchó furiosamente con las ondas, que lo envolvían; con el compañero, que se enroscaba a él; haciendo esfuerzos desesperados, obstinados, invencibles en su santo propósito, no como un niño que quiere salvar a otro, sino como un hombre, como un padre que lucha para salvar a su hijo, que es su esperanza y su vida. En fin, Dios no permitió que hazaña tan generosa fuese inútil. El pequeño nadador arrebató su presa al gigante río y lo sacó a tierra, y aun le prestó, con los demás, los primeros auxilios, después de lo cual se volvió a su casa sereno y tranquilo, a contar sencillamente el suceso.

"Señores: hermoso, admirable es el heroísmo e un hombre; pero en el niño, en el cual no es posible aún ninguna mira de ambición o de otro interés; en el niño, que necesita tanto más arrojo cuanto menos fuerza tiene; en el niño, al cual nada pedimos, que nos parece tan noble y digno de ser amado, no ya cuando cumple, sino sólo cuando comprende y reconoce el sacrificio de otro; en el niño, el heroísmo es divino. No diré más señores. No quiero adornar con elogios superfluos una grandeza tan sublime. He aquí delante de vosotros el salvador, noble y generoso.

"Soldados: saludadlo como a un hermano; madres: bendecidlo como a un hijo; niños: recordad su nombre, estampad su rostro en vuestra memoria, que no se borre ya de vuestra mente ni de vuestro corazón. Acércate, muchacho. En nombre del rey de Italia te doy la medalla al valor cívico".

Una viva atronador, lanzado a la vez por multitud de voces, hizo retumbar el palacio.

El alcalde tomó la condecoración de la mesa y la puso en el pecho del muchacho. Después lo abrazó y lo besó.

La madre se llevó la mano a los ojos; el padre tenía la barba sobre el pecho.

El alcalde estrechó la mano a los dos y, tomando el decreto de concesión de la medalla, atado con una cinta, se lo vio a la madre.

Después se volvió al muchacho y le dijo:

-Que el recuerdo de este día, tan glorioso para ti, tan feliz para tus padres, te sostenga toda la vida en el camino de la virtud y del honor. ¡Adiós!.

El alcalde salió; tocó la banda, y todo parecía concluido, cuando de las filas de la multitud salió un muchacho de ocho o nueve años, impulsado por una señora que se escondió enseguida, y se lanzó al condecorado, dejándose caer entre sus brazos.

Otra explosión de vivas y aplausos hizo tronar el patio. Todos comprendieron, desde luego, que el muchacho salvado en el Po acababa de dar las gracias a su salvador. Después de haberlo besado, se tomó de su brazo para acompañarlo fuera. Ellos dos primeros, y el padre y la madre detrás, se dirigieron hacia la salida, pasando con trabajo por entre la gente que les hacía calle, confundiéndose guardias, niños, soldados y mujeres. Todos se echaban hacia delante y se empinaban para ver al muchacho. Los que estaban más cerca le daban la mano. Cuando pasó por delante de los niños de la escuela, todos agitaron sus gorras en el aire. Los del barrio del Po prorrumpieron en grandes aclamaciones, agarrándolo por los brazos y por la chaqueta, gritando:

-¡Pin! ¡Viva Pin! ¡Bravo Pinot!

Yo lo vi pasar muy cerca. Iba muy encarnado y contento. La medalla tenía la cinta blanca, roja y verde. Su madre lloraba y reía; su padre se retorcía el bigote con una mano que le temblaba mucho, como si tuviera fiebre. Arriba, por las ventanas y galerías, seguían asomándose y aplaudiendo.

De pronto, cuando iban a entrar bajo el pórtico, cayó de la galería de las "huérfanas de los militares" una verdadera lluvia de pensamientos, de ramitos de violetas y margaritas, que daban en la cabeza del muchacho, en la de sus padres y se esparcían en el suelo. Muchos se inclinaban a recogerlos y se los alargaban a la madre.

Y en el fondo del patio, la banda tocaba suavemente un aria bellísima que parecía un canto de voces argentinas que se alejasen lentamente por las orillas del río.

MAYO

LOS NIÑOS RAQUÍTICOS
Viernes, 5.

Hoy he estado de vacaciones porque no me encontraba bien, y mi madre me ha llevado al Instituto de los niños raquíticos donde ha ido a recomendar a una niña del portero; pero no me ha dejado entrar en la escuela…

"¿No has comprendido, Enrique, por qué no te he dejado entrar? Para no presentar delante de aquellos desgraciados, en medio de la escuela, casi como de muestra, un muchacho sano y robusto. ¡Con sobrada frecuencia tienen ya que encontrarse en tales parangones! ¡Qué cosa tan triste! El llanto me subía del corazón al entrar allí. Habría unos sesenta, entre niños y niñas... ¡Pobres huesos torturados! ¡Pobres manos, pobres pies encogidos y crispados! ¡Pobres cuerpecitos contrahechos! Pronto se observan muchas caras graciosas, ojos llenos de inteligencia y de cariño. Había una carita de niña, con la nariz afilada y la barba puntiaguda, que parecía una viejecilla; pero tenía una sonrisa de celestial dulzura. Algunos, vistos por delante, eran hermosos y no parecían tener defectos; pero se volvían..., y angustiaban el corazón.

"Allí estaba el médico que los visitaba. Los ponía de pie sobre los bancos y les levantaba los vestidos para tocarles los vientres hinchados y las abultadas articulaciones, pero o se avergonzaron nada las pobres criaturas. Se veía que eran niños acostumbrados a ser desnudados, examinados y vistos por todas partes. Ahora están en el período más benigno de su enfermedad y ya casi no sufren. Pero, ¿quién puede pensar lo que sufrieron cuando empezó su cuerpo a deformarse; cuando, al crecer su enfermedad, veían disminuir el cariño en torno de sí; pobres niños, a quienes se dejaba solos horas y horas en el rincón de una habitación de un patio, mal alimentados, escarnecidos a veces, o atormentados meses enteros con vendajes y aparatos ortopédicos, muchas veces inútiles? Ahora, en cambio, gracias a las curaciones, a la buena alimentación y a la gimnasia, mucho se mejoran.

La maestra los obligó a hacer gimnasia. ¡Daba lástima verlos extender sobre los bancos, al oír ciertas órdenes, todas aquellas piernas fajadas, comprimidas entre los aparatos, nudosas, deformes, y que en otras circunstancias habrían sido cubiertas de besos! Algunos no podían levantarse del banco, y permanecían allí, con la cabeza apoyada en el brazo, acariciando las muletas con la mano; otros, al mover los brazos, sentían que les faltaba la respiración y volvían a sentarse, pálidos, pero sonriendo para disimular su fatiga.

"¡Ah, Enrique! ¡Vosotros que no apreciáis la salud y os parece muy poca cosa el estar bien! Yo pensaba en los muchachos hermosos, fuertes y robustos que las madres llevan a paseo como en triunfo, ufanas de su belleza, y me entraba el deseo de tomar todas aquellas pobres cabecitas y de estrecharlas sobre mi corazón desesperadamente. Si hubiese sido sola habría dicho: <<No me muevo ya de aquí; quiero consagraros la vida, serviros, hacer de madre para con vosotros, hasta el último día de mi vida>>... Y entre tanto, cantaban; cantaban con ciertas vocecillas delicadas, dulces, tristes, que llegaban al alma, y habiéndolos elogiado la maestra, los pobrecillos se pusieron tan contentos, y mientras pasaban por entre los bancos le besaban las manos y los brazos, porque sienten mucha gratitud hacia el que les hace bien, y son cariñosos. También tienen talento y estudian aquellos angelitos, según me dijo la maestra. La maestra es joven y agraciada. En su rostro, lleno de bondad, se adivina cierta expresión de tristeza, reflejo de las desventuras que acaricia y consuela. ¡Pobre niña! Entre otras criaturas humanas que se ganan la vida con su trabajo, no hay ninguna que se la gane más sanamente que tú, hija mía.

Tu madre".

SACRIFICIO
Martes, 9.

Mi madre es muy buena, y mi hermana Silvia es como ella; tiene su mismo corazón noble y generoso.

Estaba yo copiando ayer tarde una parte del cuento mensual De los Apeninos a los Andes, que el maestro nos ha dado a copiar a todos por partes, porque es muy largo, cuando Silvia entró en puntillas y me dijo en voz baja, precipitadamente:

-Ven conmigo adonde está mamá. Los he oído hablar esta mañana muy preocupados. A papá le ha salido mal un negocio. Estaba abatido, y mamá lo animaba: estamos en la escasez ¿comprendes? No hay ya dinero. Papá decía que es menester hacer sacrificios para salir adelante. Es necesario, pues, que nosotros nos sacrifiquemos también, ¿no es verdad?
¿Estás dispuesto? Bueno, voy a hablar con mamá. Tú indicas tu conformidad y le prometes bajo palabra de honor que harás todo lo que yo diga.

Dicho esto, me tomó de la mano y me llevó a donde estaba mamá, a quien vimos coser muy pensativa; nos sentamos en el sofá, a un lado y a otro para tenerla en medio, y Silvia dijo de pronto:

-Oye mamá; tengo que hablarte. Tenemos que hablarte los dos. Mamá nos miró, admirada, y Silvia empezó:
-Papá no tiene dinero, ¿no es verdad?

-¿Qué dices? –repitió mamá, sonrojándose-. ¡No es verdad! ¿Qué sabes tú? ¿Quién te lo ha dicho?

-Lo sé –dijo Silvia, con resolución-. Y bien, oye mamá: tenemos que hacer sacrificios también nosotros. Tú me habías prometido un abanico para fin de mayo, y Enrique esperaba su caja de pinturas: no queremos ya nada, no queremos que se gaste dinero y estaremos tan contentos. ¿Has comprendido?

Mamá intentó hablar, pero Silvia dijo:

-No; tiene que ser así. Lo hemos decidido. Y hasta que papá tenga dinero no queremos ya fruta ni otras cosas. Nos basta con la sopa, y por la mañana, en la escuela, comeremos pan. Así se gastará menos en la mesa, que ya gastamos demasiado, y te prometemos que nos verás siempre alegres como antes. ¿No es verdad, Enrique?

Yo respondí que sí.

-Siempre contentos, como antes –repitió Silvia, tapándole la boca a mamá con la mano-, y si hay otro sacrificio que hacer, en el vestir, o en cualquier otra cosa, lo haremos gustosos, y hasta venderemos nuestros regalos. Yo doy todas mis cosas. Te serviré de criada. No daremos ya nada a coser fuera de casa, trabajaré contigo todo el día, haré todo lo que quieras. Estoy dispuesta a todo, ¡a todo! –exclamó, echando los brazos al cuello de mi madre-, para que papá y mamá no tengan ya disgustos, para que vuelva a veros tranquilos a los dos, de buen humor, como antes, en medio de vuestro Enrique y vuestra Silvia, que os quieren tanto, que darían su vida por vosotros.

¡Ah! No he visto nunca a mi madre tan contenta como al oír aquellas palabras. No nos ha besado nunca como entonces, llorando y riendo, sin poder hablar. Después aseguró a Silvia que había entendido mal, que no estábamos, por fortuna, tan apurados como ella creía. Nos dio mil veces las gracias, y estuvo muy alegre toda la tarde, hasta que volvió mi padre y se lo contó todo.

Él no abrió la boca. ¡Pobre padre mío! Pero esta mañana, al sentarme a la mesa, experimenté al mismo tiempo un gran placer y un gran disgusto: yo encontré bajo mi servilleta mi caja de pinturas, y Silvia, su abanico.

EL INCENDIO

(el suceso ocurrió la noche del 27 de enero de 1880) (El suceso ocurrió la noche del 27 de enero de 1880)

Jueves, 11.

Esta mañana había yo concluido de copiar mi parte del cuento De los Apeninos a los Andes, y estaba buscando tema para la composición libre que nos manda hacer el maestro, cuando oí una gritería desacostumbrada por la escalera. Poco después entraban en casa dos bomberos, los cuales pidieron permiso a mi padre para examinar las chimeneas y las estufas, porque se veía humo por los tejados y no se sabía de dónde era. Mi padre los autorizó, y aunque no teníamos fuego encendido en ninguna parte, comenzaron a andar por las habitaciones aplicando el oído a las paredes, para observar si el fuego hacía ruido dentro de los tubos que comunicaban con las chimeneas de la casa.

Mi padre me dijo, mientras andaban por las habitaciones:

-Enrique, he aquí un buen tema para tu composición. Ponte a escribir lo que voy a contarte:

"Los vi trabajando hace dos años, una vez que salía del teatro Balbo, a hora avanzada. Al entrar en la calle de Roma vi un resplandor raro y una turba de gente que corría: era que había fuego en una casa. Lenguas de fuego y nubes de humo salían de algunas ventanas y del tejado. Hombres y mujeres aparecían y desaparecían exhalando gritos desesperados. Había un gran tumulto delante del portón. La multitud gritaba:

"-¡Que se queman vivos! ¡Socorro! ¡Bomberos!

"Llegó en aquel momento un carruaje, del que bajaron cuatro bomberos, los primeros que se habían encontrado en el Municipio, los cuales se lanzaron dentro de la casa. Habían apenas entrado, cuando se vio algo terrible: una señora se asomó desesperada a un balconcillo, cabalgo sobre él y, siempre asida a la baranda, pasó al lado de afuera y así permaneció, medio encogida, esquivando con dificultad el humo y las llamas que salían de la habitación. La multitud exhaló un grito de terror. Los bomberos, detenidos por equivocación en el segundo piso, donde había también inquilinos aterrorizados, tenían ya destrozada una pared y se precipitaban en una habitación, cuando cientos de gritos les advirtieron:

"-¡Al tercer piso, al tercer piso!

"Volaron al piso tercero. Aquello era una ruina infernal: vigas del techo que crujían, corredores llenos de llamas, humo que asfixiaba. Para legar a los cuartos donde estaban encerrados los arrendatarios no había otro camino que el tejado. Se lanzaron enseguida arriba, y minutos después se vio como un fantasma negro saltar sobre las tejas entre el humo; era el cabo de los bomberos, que había llegado primero. Pero para ir a la parte del techo, que correspondía al cuarto aislado por el fuego, era menester pasar por un espacio estrechísimo, comprendido entre el borde del alero y una buhardilla; todo lo demás estaba ardiendo, y aquel pequeño trecho estaba cubierto de nieve y hielo, y no había de dónde agarrarse.

"-¡Es imposible que pase! –gritaba la gente, abajo.

"Él avanzó sobre el alero. Todos temblaban y miraban fijamente, con la respiración suspendida. ¡Pasó!

"Una inmensa aclamación atronó el espacio. El cabo volvió a emprender su marcha y llegó al punto amagado. Empezó a romper furiosamente con el zapapico tejas, vigas y ladrillos, para abir un boquete y entrar. Entretanto, la señora continuaba suspendida fuera del balconcillo, y las llamas casi le llegaban a la cabeza. Un minuto más y se habría arrojado a la calle. El boquete fue abierto. Se vio al cabo quitarse la bandolera y meterse dentro; los otros bomberos, reunidos ya, lo siguieron. En aquel instante, una altísima escalera llegaba; entonces se apoyó en la cornisa de la casa, delante de las ventanas, de donde salían llamas y alaridos de locos. Pero se creía que ya era tarde.

"-¡Ninguno se salva! –gritaban-. ¡Los bomberos se queman! ¡Todo ha concluido! ¡Se ha muerto!

"De pronto se vio aparecer en la ventana de la esquina la negra figura del cabo, iluminada por las llamas, de arriba abajo. La señora se le apretó al cuello, él la aferró por el talle en sus dos brazos, la levantó y la colocó dentro de la habitación. De la multitud se escaparon mil y mil gritos, que cubrían el ruido del incendio. Pero, ¿y los demás? ¿Cómo bajarían? La escalera, apoyada en el tejado por delante de otra ventana, distaba de aquélla todavía un buen espacio. ¿Cómo podrían agarrarse? Mientras decía esto la gente, uno de los bomberos se echó fuera de la ventana; puso el pie derecho en el antepecho y el izquierdo en la escalera, y así, de pie en el aire, se le abrazaban uno a uno los inquilinos, que los demás le alargaban desde adentro, se los entregaba a un compañero que había subido desde la calle y que, atándolos bien con las cuerdas, los hacía bajar uno tras otro ayudado por los demás bomberos de bajo. Descendió primero la señora de la esquina; después una niña, otra señora y un anciano. Todos se salvaron.

"Después del viejo bajaron los bomberos que quedaban dentro. El último en bajar fue el cabo, que había sido el primero en acudir. La multitud los acogió a todos con una salva de aplausos; pero cuando apareció el último de los salvadores, el que había arrastrado a os demás a afrontar el peligro, el que habría muerto seguramente si alguno hubiese tenido que morir, el gentío le saludó como a un triunfador, gritando y extendiendo los brazos, como en demostración cariñosa de admiración y gratitud, y en pocos momentos su nombre oscuro, José Robbino, se repetía en todos los labios…!.

-¿Has comprendido? Eso es valor; el valor del corazón, que no razona, que no vacila, que va derecho, con los ojos cerrados y con la velocidad del rayo, adonde oye el grito de los que van a morir. Yo te llevaré un día al ejercicio de los bomberos y te enseñaré a Robbino; porque te dará mucho gusto conocerlo, ¿no es verdad?

Respondí que sí.

-Aquí está –dijo mi padre.

Yo me volví de pronto. Dos bomberos, terminado el examen, atravesaban la habitación para salir.

Mi padre me señaló al más pequeño, el que llevaba galones, y me dijo:

-Estrecha la mano al cabo Robbino.

El cabo se detuvo y me dio la mano, sonriendo: yo se la estreché, me saludó y salió.

-Recuerda esto bien –dijo mi padre-, porque de mil manos que estreches en tu vida, quizá no haya diez que valgan lo que la suya.

DE LOS APENINOS A LOS ANDES

Hace muchos años, un muchacho genovés, de trece años, hijo de un obrero, fue de Génova a América, solo, para buscar a su madre.

Su madre había ido, dos años antes, a Buenos Aires, capital de la República Argentina, para ponerse al servicio de una casa rica y ganar así, en poco tiempo, algo con que levantar a la familia, la cual, por efecto de varias desgracias, había caído en la pobreza y tenía muchas deudas. No son pocas las mujeres valerosas que hacen tan largo viaje con ese objeto, animadas por los buenos salarios que allá encuentra la gente que se dedica a servir, y que vuelve a su patria, al cabo de pocos años, con algunos miles de liras.

La pobre madre había llorado lágrimas de sangre al separarse de sus hijos, uno de dieciocho años, otro de once; pero marchó muy animada y con el corazón lleno de esperanzas. El viaje fue feliz. Apenas llegó a Buenos Aire, encontró, enseguida, por medio de un comerciante genovés, primo de su marido, establecido allí desde hacía mucho tiempo, una excelente familia argentina que l daba buen salario y la trataba bien.

Por algún tiempo mantuvo con los suyos una correspondencia regular. Como habían convenido, el marido dirigía las cartas al primo, que se las entregaba a la mujer; ésta le daba las respuestas y él las enviaba a Génova, escribiendo por su parte algunos renglones. Ganando ochenta liras al mes, y no gastando nada ella, mandaba a su casa, cada tres meses, una buena suma, con la cual el marido, que era muy hombre de bien, iba pagando poco a poco las deudas más urgentes y adquiriendo así buena reputación. Entretanto trabajaba y estaba contento de lo que hacía, también lisonjeado con la esperanza de que la mujer volvería dentro de poco, porque la casa parecía vacía sin ella, y el hijo menor, principalmente, que quería mucho a su madre, se entristecía y no podía resignarse a su ausencia.

Pero transcurrido un año desde la marcha, después de una carta breve, en la que decía que no estaba bien de salud, no recibieron más. Escribieron dos veces al primo, y éste no contestó. Escribieron a la familia argentina donde estaba sirviendo la mujer, pero sospecharon que no llegaría la carta, porque habían equivocado el nombre en el sobre, y, en efecto, no tuvieron contestación. Temiendo una desgracia, escribieron al consulado italiano de Buenos Aires, para que hiciese investigaciones; y después de tres meses les contestó el cónsul que, a pesar del anuncio publicado en los diarios nadie se había presentado, ni para dar noticias. Y no podía suceder de otro modo, entre otras razones, por ésta: que con la idea de salvar el decoro de la familia, que creía manchar haciéndose criada, la buena mujer no había dicho a la familia argentina su verdadero nombre.

Pasaron otros meses sin que tampoco hubiera ninguna noticia. Padre e hijos estaban consternados. Al más pequeño lo oprimía una tristeza que no podía vencer. ¿Qué hacer?
¿A quién recurrir? La primera idea del padre fue marcharse a buscar a su mujer a América, pero ¿y el trabajo? ¿Quién sostendría a sus hijos? Tampoco podría marchar el hijo mayor, porque comenzaba entonces a ganar algo y era necesario para la familia. En ese afán, vivían repitiendo todos los días las mismas conversaciones dolorosas o mirándose unos a otros en silencio.

Una noche, Marcos, el más pequeño, dijo resueltamente:

-Voy a América a buscar a mi madre.

El padre movió la cabeza tristemente y no respondió. Era un buen pensamiento, pero impracticable. ¡A los trece años, solo, hacer un viaje a América, necesitándose un mes para llegar! Pero el muchacho insistió pacientemente. Insistió aquel día, el siguiente, todos los días, con gran tranquilidad, razonando como un hombre.

-Otros han ido –decía-, más pequeños que yo. Una vez que esté en el barco, llegaré allí como los demás. Llegado allí, no tengo más que buscar la casa del tío. Como hay allá tantos italianos, algunos me enseñarán la calle. Encontrando al tío, encuentro a mi madre, y si no la encuentro buscaré al cónsul y a la familia argentina. Cualquier cosa que ocurriese, hay allí trabajo para todos. Yo también encontraré ocupación; al menos, ganaré bastante para volver a casa.

Y así, poco a poco, casi llegó a convencer a su padre. Éste lo apreciaba, sabía que tenía juicio y ánimos, que estaba acostumbrado a las privaciones y los sacrificios, y que todas esas cualidades daban doble fuerza a su decisión en aquel santo objeto de buscar a su madre, a quien adoraba. Sucedió también que un comandante de buque mercante, amigo de un conocido suyo, habiendo oído hablar del asunto, se empeñó en ofrecerle gratis un pasaje de tercera clase para la República Argentina. Entonces, después de nuevas vacilaciones, el padre consintió y se decidió el viaje. Llenaron una bolsa de ropa, le pusieron algunas monedas en el bolsillo, le dieron las señas del primo, y una hermosa tarde del mes de abril lo embarcaron.

-Marcos, hijo mío –le dijo el padre, dándole el último beso con las lágrimas en los ojos, sobre la escalerilla del buque que estaba para salir-: ¡ten ánimo! Vas con un fin santo. ¡Dios te ayudará!.

¡Pobre Marcos! Tenía corazón esforzado y estaba preparado también para las más duras pruebas de aquel viaje, pero cuando vio desaparecer del horizonte su hermosa Génova y se encontró en alta mar, sobre aquel gran navío lleno de aldeanos que emigraban, solo, desconocido de todos, con aquella pequeña bolsa que encerraba toda su fortuna, le asaltó un repentino desánimo. Dos días permaneció arrinconado en la proa, como un perro, casi sin comer y sintiendo gran necesidad de llorar. Toda clase de tristes pensamientos asaltaba su mente, y el más triste, el más terrible, era el que más se apoderaba de ella: el pensamiento de que su madre hubiese muerto. En sus sueños, interrumpidos y penosos, veía siempre la faz de un desconocido que lo miraba con aire de compasión y después le decía al oído: "¡Tu madre ha muerto!" Y entonces se despertaba ahogando un grito.

Al fin, pasado el estrecho de Gibraltar, en cuanto vio el océano Atlántico, tomó un poco de ánimo y cobró esperanzas. Pero fue breve el alivio. Aquel inmenso mar, igual siempre; el creciente calor, la tristeza de toda aquella pobre gente que lo rodeaba, el sentimiento de la propia soledad, volvieron a echar por tierra sus pasados bríos. Los días se sucedían tristes y monótonos, confundiéndose unos con otros en la memoria, como les sucede a los enfermos. Le parecía que hacía ya un año que estaba en el mar. Cada mañana, al despertar, experimentaba nuevo estupor al encontrarse allí solo, en medio de aquella inmensidad de agua, viajando hacia América. Los hermosos peces voladores que a cada instante caían en el barco, las admirables puestas del sol de los trópicos con aquellas inmensas nubes color de fuego y sangre, las fosforescencias nocturnas que hacían aparecer todo el océano encendido como un mar de lava, no le hacían el efecto de cosas reales, sino más bien de prodigios vistos en un sueño. Hubo días de mal tiempo, durante los cuales permanecía encerrado continuamente en el camarote, donde todo bailaba y se caía, en medio de un coro espantoso de quejidos e imprecaciones, y creía que había llegado su última hora. Hubo otros días de mar tranquilo y amarillento, de calor insoportable, de fastidio infinito; horas interminables y siniestras, durante las cuales los pasajeros, encerrados, tendidos, inmóviles sobre las talas, parecían que estaban muertos.

Y el viaje no acababa nunca; mar y cielo, cielo y mar, hoy como ayer, mañana como hoy, todavía, siempre, eternamente. Y él se pasaba las horas apoyado en la borda y mirando aquel mar sin fin, aturdido, pensando vagamente en su madre, hasta que los ojos se le cerraban y la cabeza se le abatía, rendida por el sueño; y entonces volvía a ver la cara desconocida que lo miraba con aire de lástima y le repetía al oído: "¡Tu madre ha muerto!" y a aquella voz se despertaba sobresaltado, para volver a soñar con los ojos abiertos, mirando al inalterable horizonte.

Veintisiete días duró el viaje. Pero los últimos fueron los mejores. El tiempo estaba bueno y era fresco el aire. Había entablado relaciones con un buen viejo lombardo que iba a América a reunirse con su hijo, labrador de la ciudad de Rosario. Le había contado todo lo que ocurría en su casa, y el viejo, a cada instante, le repetía, dándole palmaditas en el cuello:

-¡Ánimo, galopín! Tú encontrarás a tu madre sana y contenta.

Aquella compañía lo animaba, y sus presentimientos, de tristes se habían tornado alegres. Sentado en la proa, al lado del viejo labrador, que fumaba su pipa, bajo un hermoso cielo estrellado, en medio de grupos de emigrantes que cantaban, se representaba cien veces en su pensamiento su llegada a Buenos Aires, se vía en una calle, encontraba la tienda, se echaba en brazos del tío.

"-¿Cómo está mi madre? Dónde está?" "-¡Vamos enseguida!" "-Enseguida vamos"- Corrían juntos, subían una escalera, se abría una puerta... Y he aquí que el sordo soliloquio se detenía, se perdía su imaginación en un sentimiento de inexplicable ternura, que le hacía sacar, a escondidas, una medalla que llevaba al cuello y murmurar, besándola, sus oraciones.

El vigésimo séptimo día después de la salida, llegaron. Era una hermosa mañana de mayo cuando el buque echó el ancla en el inmenso río de la Plata, sobre una orilla, en la cual se extiende la vasta ciudad de Buenos Aires, capital de la República Argentina. Aquel tiempo espléndido le parecía de buen agüero. Estaba fuera de sí de alegría y de impaciencia. ¡Su madre se hallaba a pocas millas de distancia de él! ¡Dentro de pocas horas ya la habría visto! ¡Y él se encontraba en América, en el Nuevo Mundo, y había tenido el atrevimiento de ir allí solo! Todo aquel larguísimo viaje le parecía, ahora, que hubiese pasado en un momento. Le parecía haber volado, soñado y haber despertado entonces. Y era tan feliz que casi no se sorprendió ni se afligió cuando se registró los bolsillos y se encontró una sola de las dos partes en que había dividido su pequeño tesoro, para estar seguro de no perderlo todo. Le habían robado la mitad. No le quedaban sino muy pocas liras; pero ¿qué le importaba ya, estando tan cerca de su madre? Con su bolsa en la mano pasó, con otros muchos italianos, a un vaporcito que lo llevó a poca distancia de la orilla. Saltó del vaporcito a una lancha que llevaba el nombre de "Andrés Doria", desembarcó en el muelle, se despidió de su viejo amigo lombardo y se dirigió deprisa a la ciudad.

Llegado a la desembocadura de la primera cuadra que encontró, paró a un hombre que pasaba y le rogó que le indicase qué dirección debía tomar para ir a la calle de Las Artes".

Por casualidad se había encontrado con un obrero italiano. Éste lo miró con curiosidad y le preguntó si sabía leer. el muchacho le contestó que sí.

-Pues bien –le dijo el obrero, indicándole la calle de que salía-. Sube derecho, leyendo siempre los nombres de las calles en todas las esquinas, y acabarás por encontrar la que buscas.

El muchacho le dio las gracias y siguió adelante por la calle que le indicaron.

Era una calle recta y larga, pero estrecha, flanqueada por casas bajas y blancas que parecían otras tantas casas de campo; llena de gnte, de coches, de carros, que producían ruido ensordecedor. Aquí y allá se izaban inmensas banderas de varios colores, en las que había escritos, en gruesos caracteres, anuncios de salida de vapores para ciudades desconocidas. A cada instante, volviéndose a derecha e izquierda, veía otras calles que parecían tiradas a cordel, flanqueadas de casas, también blancas y bajas, llenas de gente y de carruajes, y situadas en el mismo plano de la extensa llanura americana, semejante al horizonte del mar. La ciudad le parecía infinita. Creía que se podían pasar días y semanas viendo siempre, aquí y allá, otras calles como aquellas, y que toda América estaba formada así. Miraba atentamente los nombres de las calles, nombres raros, que le costaba trabajo leer. A cada calle nueva que divisaba sentía que le latía más deprisa el corazón, pensando que sería la que buscaba. Miraba a todas las mujeres con la idea de encontrar a su madre. Vio una delante de sí, y le dio una sacudida el corazón; la alcanzó, la miró; era una negra. Y seguía andando. Apretando el paso, llegó a una plazoleta, leyó y quedó como clavado en la acera. Era la calle de "Las Artes". Volvió, vio el N° 117. La tienda del tío era el N° 175. Apretó más el paso, casi corría. en el N° 171 tuvo que detenerse para tomar aliento, diciendo entre sí: "¡Ah madre, mía, madre mía! ¿Es verdad que te veré dentro de un instante?". Corrió más, llegó a una pequeña tienda de mercero. Aquélla era. Se asomó. Vio a una señora con el cabello gris y anteojos.

-¿Qué quieres, niño? -le preguntó ella en español.

-¿No es ésta –dio el muchacho, esforzándose para emitir alguna voz- la tienda de Francisco Merelli?

-Francisco Merelli murió –respondió la señora, en italiano. El chico recibió una fuerte impresión al oírlo.
-¿Cuándo murió?

-¡Oh! Hace tiempo –respondió la señora-, algunos meses. Tuvo malos negocios y se escapó. Dicen que se fue a Bahía Blanca, muy lejos de aquí, y murió apenas llegó allá. La tienda es mía.
El muchacho palideció. Después dijo precipitadamente.

-Merelli conocía a mi madre, la cual estaba aquí sirviendo en casa del señor Mequínez. Él sólo podría decirme dónde está. He venido a América a buscar a mi madre. Merelli le mandaba las cartas. Necesito encontrar a mi madre.

-Hijo mío –respondió la señora-, yo no sé de eso. Puedo preguntarle al muchacho del corral, que conoce al joven que le hacía los encargos a Merelli. Puede ser que éste sepa algo.

Fue al fondo de la tienda y llamó al chico, que llegó enseguida.

-Dime –le preguntó la tendera-, ¿recuerdas si el dependiente de Merelli iba alguna vez a llevar cartas a una mujer que estaba de criada en casa de "hijos del país"?.

En casa del señor Mequínez –respondió el muchacho-. Sí, señora; alguna vez. Al final de la calle de "Las Artes".

-¡Ah! ¡Gracias, señora! –gritó Marcos-. Dígame el número…, ¿no lo sabe? Hágame acompañar; acompáñame tú mismo, chico. Aún tengo algunas monedas.

Y dijo esto con tanto calor que, sin esperar la venia de la señora, el muchacho respondió:

-Vamos –y salió él primero a muy ligero paso.

Casi corriendo, sin decir palabra, fueron hasta el fin de la larguísima calle, atravesaron el pasadizo de entrada de una pequeña casa blanca y se detuvieron delante de una hermosa cancela de hierro, desde la cual se veía un patio lleno de macetas de flores. Marcos dio una sacudida a la campanilla.

Apareció una señorita.

-Vive aquí la familia Mequínez, ¿no es verdad? –preguntó con ansiedad el muchacho.

-Aquí vivía –respondió la señorita, pronunciando el italiano a la española-. Ahora vivimos nosotros, la familia Zeballos.

-¿Y adónde se han ido los señores Mequínez? –preguntó Marcos, latiéndole el corazón.

-Se han ido a Córdoba.

-¡Córdoba! –exclamó Marcos-. ¿Dónde está Córdoba? ¿Y la persona que tenían a su servicio? La mujer, mi madre, la criada era mi madre. ¿Se han llevado también a mi madre?.

-No lo sé. Quizá lo sepa mi padre, que los vio cuando se fueron. Espérate un momento.

Se fue y volvió con su padre, un señor alto, con la barba gris. Éste miró fijamente un momento a aquel simpático tipo de pequeño marinero genovés, de cabellos rubios y nariz aguileña, y le preguntó en mal italiano:

-¿Es genovesa tu madre? Marcos respondió que sí.
-Pues bien; la criada genovesa se fue con ellos, estoy seguro.

-¿Y adónde han ido?

-A la ciudad de Córdoba.

El muchacho dio un suspiro; después dijo con resignación:

-Entonces…, iré a Córdoba.

-¡Ah, pobre niño! –exclamó el señor, mirándolo con lástima-. ¡Pobre niño! Córdoba está a centenares de millas de aquí.

Marcos se quedó pálido como un muerto, y se apoyó con una mano en la cancela.

-Veamos, veamos –dijo entonces el señor, movido a compasión, abriendo la puerta-. Entra un momento. Veremos si se puede hacer algo. Siéntate. –Le dio asiento, le hizo contar su historia, estuvo escuchando muy atento, y se quedó un rato pensativo; después le dijo, con resolución-: Tú no tienes dinero, ¿no es verdad?

-Tengo todavía, pero muy poco –respondió Marcos.

El señor estuvo pensando otros cinco minutos, después se sentó a una mesa, escribió una carta, la cerró y, dándosela la muchacho, le dijo:

-Oye, "italianito", ve con esta carta a La Boca. Es una ciudad pequeña, medio genovesa, que está a dos horas de camino de aquí. Todo el que te encuentre te puede indicar el camino. Ve allí y busca a este señor, al cual va dirigida la carta, y que es muy conocido. Llévale esta carta. Él te hará salir mañana para Rosario, y te recomendará a alguno de allí que podrá procurarte que sigas el viaje hasta Córdoba, en donde encontrarás a la familia Mequínez y a tu madre. Entretanto, toma esto –le dio algunas monedas-. Anda, y ten ánimo. Aquí hay por todas partes compatriotas tuyos, y no te abandonarán. Adiós.

El muchacho le dijo: "Gracias", sin ocurrírsele otras palabras, salió con su bolsa y, despidiéndose de su pequeño guía, se puso en camino lentamente hacia La Boca, atravesando la gran ciudad ruidosa, lleno de tristeza y de estupor.

Todo lo que le sucedió desde aquel momento hasta la noche del día siguiente le quedó después en la memoria, confuso e incierto como ensueño de calenturiento. ¡Tan cansado, turbado y debilitado se encontraba!

Al día siguiente, al anochecer, después de haber dormido la noche antes en un cuartucho de una casa de La Boca, al lado de un almacén de muebles, después de haber pasado casi todo el día sentado sobre un montón de maderas, y como entre sueños, enfrente de millares de barcos, de lanchas y de vapores, se encontraba en la popa de un gran barco de vela, cargado de frutas, que salía para Rosario, conducido por tres robustos genoveses bronceados por el sol, cuya voz y el dialecto querido que hablaban llevaron algunos bríos al ánimo de Marcos.

Salieron, y el viaje duró tres días y cuatro noches, con continuos motivos de admiración para el pequeño viajero. Tres días y cuatro noches remontó aquel maravilloso río Paraná, en cuya comparación nuestro gran Po no es más que un arroyuelo, y la extensión de Italia, cuadruplicada, no alcanza a la de su curso. El barco iba lentamente contra la corriente de aquella masa de agua inconmensurable. Pasaba por medio de largas islas, antiguamente habitadas por serpientes y jaguares, cubiertas de sauces y naranjos, semejantes a bosques flotantes; y tan pronto se deslizaba entre estrechos canales, de los cuales parecía que no podrían salir, como desembocaba en vastas extensiones de agua, que parecían grandes lagos tranquilos, después, de nuevo entre las islas, por los canales intrincados de un archipiélago, en medio de montones inmensos de vegetación.

Reinaba profundo silencio. En largos trechos, las orillas y las aguas solitarias y vastísimas evocaban la imagen de un río desconocido, que aquel pobre barco de vela era el primero en el mundo que se aventuraba a surcar. Mientras más avanzaban, tanto más aumentaba aquel inmenso río. Pensaba que su madre se encontraba aún a gran distancia, y que la navegación debía durar años todavía. Dos veces al día comía un poco de pan y de carne en conserva con los marineros, los cuales, viéndolo triste, no le dirigían nunca la palabra. Por la noche dormía sobre cubierta, y se despertaba a cada instante bruscamente, admirando la luz clarísima de la luna que blanqueaba las inmensas aguas y las lejanas orillas; entonces el corazón de le oprimía. "¡Córdoba!", repetía este nombre: "Córdoba", como el de una de aquellas ciudades misteriosas de las que había oído hablar en las leyendas. Pero después pensaba: "Mi mare ha pasado por aquí; ha visto estas islas, aquellas orillas", y entonces no le parecían ya tan raros y solitarios aquellos lugares en los cuales se había fijado la mirada de su madre... Por la noche, alguno de los marineros cantaba. Aquella voz le recordaba las canciones de su madre cuando lo adormecía de niño. La última noche, al oír aquel canto, sollozó. El marinero se interrumpió. Después le gritó:

-¡Ánimo, chico, valor! ¡Qué diablo! ¡Un genovés que llora por estar lejos de su casa! ¡Los genoveses atraviesan todo el mundo tan contentos como orgullosos!

Aquellas palabras le hicieron experimentar una sacudida: oyó la voz de la sangre genovesa que corría por sus venas y levantó la frente con orgullo, dando un golpe en el timón.

"Bien –dijo para sí-, también yo daré la vuelta al mundo. Viajaré años y años, andaré a pie centenares de leguas, seguiré adelante hasta que encuentre a mi madre. Llegaré, aunque sea moribundo, para caer muerto a sus pies. ¡Con tal que vuelva a verla una sola vez...!

¡Ánimo...!". Y con estos bríos llegó, al clarear una fría y hermosa mañana, frente a Rosario, situada en la ribera alta del Paraná, en cuyas aguas se reflejaban los palos y banderas de mil barcos de todos los países.

Poco después de desembarcar subió a la ciudad con su bolsa en la mano, buscando a un señor argentino, para el cual su protector de La Boca le había dado una tarjeta con algunas líneas de recomendación. Al entrar en Rosario le pareció que se encontraba en una ciudad conocida. Aquellas calles eran interminables, rectas, flanqueadas de casas blancas y bajas; atravesadas en todas direcciones, por encima de los tejados, por espesas fajas de hilos telegráficos y telefónicos, que parecían inmensas telarañas, y oyéndose gran estrépito de gente, caballos y carruajes. La cabeza se le iba. Casi creía que volvía a entrar en Buenos Aires y que iba otra vez a buscar a su tío. Anduvo cerca de una hora de aquí para allá, dando vueltas y revueltas, y pareciéndole que volvía siempre a la misma calle, y a fuerza de tantas preguntas encontró al fin la casa de su nuevo protector. Tiró de la campanilla. Se asomó a la puerta un hombre grueso, rubio, áspero, que tenía el aire de corredor de comercio, y que le preguntó fríamente, con pronunciación extranjera:

-¿Qué quieres?

El muchacho dijo el nombre del patrón.

-El patrón –respondió el corredor- ha salido anoche para Buenos Aires, con toda su familia. El muchacho se quedó paralizado.
Después balbuceó:

-Pero yo..., no tengo a nadie aquí... ¡soy solo! –y le dio la tarjeta. El corredor la tomó, la leyó y dijo con mal humor:

-No sé qué hacer. Ya le diré dentro de un mes cuando vuelva.

-¡Pero yo estoy solo!, ¡Estoy necesitado! —exclamó el chico, con voz suplicante.

-¡Eh, anda! —dijo el otro-. ¿No hay ya bastantes pordioseros de tu país en Rosario? Vete a pedir limosna a Italia.

Y le dio con la puerta en las narices. El muchacho se quedó petrificado.

Después tomó con desaliento su bolsa y salió con el corazón angustiado, con la cabeza hecha una bomba y asaltado de un cúmulo de pensamientos desagradables.

¿Qué hacer? ¿Adónde ir? De Rosario a Córdoba hay un día de viaje en ferrocarril. Le quedaban ya muy pocas liras. Deduciendo las que habría de gastar en aquel día, no le quedaba casi nada. ¿Dónde encontrar dinero para pagarse el viaje? ¡Podía trabajar! Pero ¿cómo? ¿A quién pediría trabajo? ¡Pedir limosna! ¡Ah, no! ¿Ser arrojado, insultado, humillado como hace poco, no! ¡Nunca! ¡Jamás! ¡Antes morir!

Y ante aquella idea, al ver otra vez delante de sí la inmensa calle que se perdía a lo lejos en la interminable llanura, sintió que le faltaban nuevamente las fuerzas, echó a tierra la bolsa, se sentó en ella, apoyando las espaldas contra la pared, y se cubrió la cara con las manos, sin llorar, en actitud desconsolada. La gente lo tocaba con los pies al pasar. Los carruajes llenaban de ruido la calle. Algunos muchachos se pararon a mirarlo. Estuvo así un buen rato. De su letargo lo sacó una voz que le dijo, medio en italiano, medio en lombardo:

-¿Qué tienes, muchacho?

Alzó la cara al oír aquellas palabras, y en seguida se puso en pie, lanzando una exclamación de sorpresa:

-¿Usted aquí?

Era el viejo labrador lombardo con el cual había contraído amistad durante el viaje. La admiración del viejo no fue menor que la suya.
Pero el muchacho no le dio tiempo para preguntarle y le contó rápidamente lo ocurrido.

-Estoy sin dinero. Búsqueme usted trabajo para poder reunir algunas liras. Yo haré de todo: llevar ropa, barrer las calles, hacer encargos, hasta trabajar en el campo. Me contento con vivir de pan negro, para poder marchar pronto y encontrar a mi madre. ¡Hágame usted esta caridad! ¡Búsqueme usted trabajo, por amor de Dios, que yo no puedo resistir más!

-¡Cáspita! -dijo el viejo, mirando alrededor y rascándose la barbilla-. ¿Qué historia es ésa? Trabajar... se dice muy pronto. Veamos... ¿No habrá aquí medio de encontrar treinta liras entre tantos compatriotas?

El muchacho lo miraba, animado por un rayo de esperanza.

-Ven conmigo –le dijo el anciano.

-¿Dónde? –preguntó el chico, volviendo a tomar la bolsa.

-Ven conmigo.

El viejo se puso en marcha. Marcos lo siguió, y anduvieron juntos buen trecho sin hablar.

El lombardo se detuvo a la puerta de una hostería que tenía en la muestra una estrella y este rótulo: "La Estrella de Italia"; se asomó adentro y, volviéndose hacia el muchacho, le dijo alegremente:

-Llegamos a tiempo.

Entraron en una habitación grande, en donde había varias mesas y muchos hombres sentados, que bebían y hablaban alto. El viejo lombardo se acercó a la primera mesa, y en modo de saludar a los seis parroquianos que estaban a su alrededor se comprendía que se había separado de ellos poco antes. Estaban muy encendidos y hacían sonar sus vasos, voceando y riendo

-¡Camaradas! –dijo sin más preámbulo el lombardo, quedándose de pie y presentando a Marcos-: he aquí un pobre muchacho, compatriota nuestro, que ha venido solo desde Génova a Buenos Aires, para buscar a su madre. En Buenos Aires, le dijeron: "No está aquí, está en Córdoba". Se viene en barco a Rosario, un viaje de tres días con tres noches, con dos líneas de recomendación; presenta la carta, lo reciben mal. No tiene un céntimo. Está aquí solo, desesperado. Es un infeliz muy animoso. Hagamos algo por él. ¿No ha de encontrar lo necesario para pagar el billete hasta Córdoba y buscar a su madre? ¿Hemos de dejarlo aquí como a un perro?

-¡Nunca, por Dios! ¡Nunca nos lo perdonaríamos! –gritaron todos a la vez, pegando puñetazos en la mesa-. ¡Un compatriota nuestro!

-¡Ven aquí, pequeño!

-¡Cuenta con nosotros los emigrantes!.

-¡Mira qué hermoso muchacho!

-¡Aflojad el dinero, camaradas!

-¡Bravo! ¡Ha venido solo! ¡Tiene ánimo! Echa un trago, compatriota.

-Te enviaremos a donde esté tu madre. Eso, ni dudarlo.

Uno le tiraba un pellizco en la mejilla, otro le daba palmadas en las espaldas, un tercero le aliviaba el peso de la bolsa, otros emigrantes se levantaron de las mesas próximas y se acercaron. La historia del muchacho corrió por toda la hostería. Acudieron de la habitación inmediata tres parroquianos argentinos, y en menos de diez minutos el labrador lombardo, que presentaba el sombrero, le reunió cuarenta y dos liras.

-¿Has visto –dijo entonces, volviéndose hacia el muchacho- qué pronto se hace esto en América? ¡Bebe! – le gritó, pasándole un vaso de vino-. ¡A la salud de tu madre!

Todos levantaron los vasos. Y Marcos repitió

-A la salud de mi….

Pero un sollozo de alegría le impidió concluir, y dejando el vaso sobre la mesa se echó en brazos del viejo lombardo.

La mañana siguiente, al romper el día, había ya salido para Córdoba, animado y riente, lleno de presentimientos halagüeños. Pero esta alegría no correspondía al aspecto siniestro de la naturaleza. El cielo estaba cerrado y oscuro. El tren, casi vacío, corría a través de una inmensa llanura, en la que no se veía ninguna señal de habitación. Se encontraba sólo en un vagón grandísimo, que se parecía a los de los trenes para los heridos. Miraba a derecha e izquierda y no veía más que una soledad sin fin, ocupada sólo por pequeños árboles deformes, de ramas y troncos contrahechos, que ofrecían figuras raras y casi angustiosas y airadas; una vegetación oscura, extraña y triste, que daba a la llanura el aspecto de un inmenso cementerio.

Dormitaba una media hora y volvía a mirar. Siempre veía el mismo espectáculo. Las estaciones estaban solitarias, como casas de ermitaños, y cuando el tren paraba no se oía una voz. le parecía encontrarse solo en un tren perdido, abandonado en medio del desierto. Cada estación le parecía ser la última y que a partir de allí seguían las tierras misteriosas y horribles de los salvajes. Una brisa helada le azotaba el rostro. Embarcándolo en Génova a fines de abril, su familia no había pensado que en América podía encontrar el invierno, y lo habían vestido de verano. Al cabo de algunas horas comenzó a sentir frío, y con el frío, el cansancio de los días pasados, llenos de emociones violentas y de noches de insomnio. Se durmió.. Durmió mucho tiempo, se despertó aterido, se sentía mal. Y entonces le acometió un vago terror de caer enfermo, de morirse en el viaje y de ser arrojado allí, en medio de aquella llanura solitaria, donde su cadáver sería despedazado por los perros y por las aves de rapiña, como algunos cuerpos de caballos y de vacas que veía al lado del camino de vez en cuando, y de los cuales apartaba la mirada con espanto. En aquel malestar inquieto, en medio de aquel tétrico silencio de la naturaleza, su imaginación se excitaba y volvía a pensar en lo más negro. ¿Estaba por otra parte bien seguro de encontrar en Córdoba a su madre? ¿Y si no estuviera allí? ¿Y si aquellos señores de la calle de "Las Artes" se hubieran equivocado? ¿Y si se hubiera muerto? Con estos pensamientos volvía a adormecerse, y soñó que estaba en Córdoba, de noche, y oía gritar en todas las puertas y desde todas las ventanas: "¡No está aquí! ¡No está aquí! ¡No está aquí!".

Se despertó sobresaltado, aterido y vio en el fondo del vagón a tres hombres con barba, envueltos en mantas de diferentes colores, que lo miraban, hablando entre ellos por lo bajo, y le asaltó la sospecha de que fuesen asesinos e intentasen matarlo para robarle el equipaje. Al frío, al malestar se agregó el miedo. La fantasía, ya turbada, se le extravió. Los tres hombres lo miraban siempre. Uno de ellos se movió hacia él. entonces le faltó la razón, y corriendo a su encuentro, con los brazos abiertos, gritó:

-No tengo nada. Soy un pobre niño. Vengo de Italia. Voy a buscar a mi madre. Estoy solo. ¡No me hagáis daño!.

Los viajeros lo comprendieron todo en seguida. Tuvieron lástima, le hicieron caricias y lo tranquilizaron, diciéndole muchas palabras que no entendía; y viendo que le castañeteaban los dientes de frío, le echaron encima una de sus mantas y lo hicieron volver a sentarse para que durmiera. Y se volvió a dormir al anochecer. Cuando lo despertaron estaba en Córdoba.

¡Ah! ¡Qué bien respiró y con qué ímpetu se echó del vagón! Preguntó a un empleado de la estación dónde vivía el ingeniero señor Mequínez. Le dijo el nombre de una iglesia, al lado de la cual estaba la casa. El muchacho echó a correr hacia ella.

Era de noche. Entró en la ciudad. Le pareció entrar en Rosario otra vez, al ver calles rectas, flanqueadas de pequeñas casas blancas y cortadas por otras calles rectas y larguísimas. Pero había poca gente, y a la luz de los escasos faroles encontraba caras extrañas, de un color desconocido, oscuro y oliváceo; y alzando el rostro de vez en cuando, veía iglesias de una arquitectura rara, que se dibujaban inmensas y negras sobre el firmamento. La ciudad estaba oscura y silenciosa; pero después de haber atravesado aquel inmenso desierto, le pareció alegre. Preguntó a un sacerdote y pronto encontró la iglesia y la casa. Tiró de la campanilla con mano temblorosa, y se apretó la otra contra el pecho, para sostener los latidos de su corazón, que se le quería subir a la garganta.

Una anciana fue a abrir, con una luz en la mano. El niño no pudo hablar pronto.
-¿A quién buscas? –preguntó aquélla, en español.

-Al ingeniero Mequínez –dijo Marcos.

La vieja cruzó los brazos, y respondió meneando la cabeza:

-¡También tú, ahora, preguntas por el ingeniero Mequínez! Me parece que ya es tiempo de que esto concluya. Ya hace tres meses que nos importunan con lo mismos. No basta que lo hayamos dicho en los diarios. ¿Será menester anunciar en las esquinas que el señor Mequínez se ha ido a vivir a Tucumán?

El chico hizo un movimiento de desesperación. Después dijo, en una explosión de rabia:

-¡Parece que me persigue una maldición! ¡Me moriré en medio de la calle sin encontrar a mi madre! ¡Yo me vuelvo loco! ¡Me mato! ¡Dios mío! ¿Cómo se llama ese país?
¿Dónde esta? ¿A qué distancia?

-¡Pobre niño! -respondió la vieja, compadecida- ¡Una friolera! Estará a cuatrocientas o quinientas millas.

El muchacho se cubrió la cara con las manos; después preguntó sollozando:

-Y ahora… ¿qué hago?

-¿Qué quieres que te diga, hijo mío? —respondió la mujer-. Yo no sé. —Pero de pronto se le ocurrió una idea, y añadió enseguida-: Oye, ahora que me acuerdo, haz una cosa.
Volviendo a la derecha, por la calle, encontrarás, a la tercera puerta, un patio. Allí vive un capataz, un comerciante, que parte mañana para Tucumán con sus caretas y sus bueyes. Ve a ver si te quiere llevar, ofreciéndole tus servicios. Te dejará, quizás, un sitio en carro. Anda enseguida.

El muchacho tomó su bolsa, dio las gracias a escape, y al cabo de dos minutos se encontró en un ancho patio, alumbrado por linternas, donde varios hombres trabajaban en cargar sacos de trigo sobre algunos grandes carros, semejantes a las casetas ambulantes de los titiriteros, de toldo arqueado y ruedas altísimas. Un hombre alto, con bigote, envuelto en una especie de capa con cuadros blancos y negros, con grandes botas, dirigía la faena. El muchacho se acercó a él y le expuso, tímidamente, su pretensión, diciéndole que venía de Italia y que iba a buscar a su madre.

El capataz, o sea, el conductor de aquel convoy de carros, le echó una ojeada de pies a cabeza, y le dijo secamente:

-No tengo colocación para ti.

-Tengo quince liras —replicó el chico, suplicante-, se las doy. Trabajaré por el camino. Iré a buscar agua y pienso para las bestias; haré todos los servicios. Un poco de pan me basta. Déjeme ir, señor

El capataz volvió a mirarlo y respondió con mejor aire:

-No hay sitio…, y, además, no vamos a Tucumán; vamos a otra ciudad, a Santiago del Estero. Tendrás que apearte en cierto punto y seguir a pie un buen trecho todavía.

-¡Ah! ¡Yo andaría el doble! —exclamó Marcos-. Yo andaré, no lo dude usted; llegaré de todas maneras. ¡Déjeme un sitio, señor, por caridad! ¡Por caridad, no me deje aquí solo!

-¡Mira que es un viaje de veintedías!

-No me importa.

-¡Es un viaje muy penoso!

-Todo lo sufriré.

-¡Tendrás que viajar solo!

-No tengo miedo a nada. Con tal que encuentre a mi madre... ¡Tenga usted compasión! El capataz le acercó a la cara una linterna y lo miró. Después dijo:
-Está bien.

El muchacho le besó la mano.

-Esta noche dormirás en un carro –añadió el capataz, dejándolo-. Mañana a las cuatro te despertaré. Buenas noches.

Por la mañana, a las cuatro, a la luz de las estrellas, la larga fila de los carros se puso en movimiento con gran estrépito. Seis bueyes tiraban de cada carro, y otros, en gran número, iban en la rezaga del convoy para mudar los tiros. El muchacho, despertado y puesto dentro de uno de los carros, sobre los sacos, se durmió bien pronto profundamente. Cuando se despertó, el convoy estaba detenido en un lugar solitario, bajo el so, y todos los hombres, los peones, estaban sentados en círculo alrededor de un cuarto de ternera, que se asaba al aire libre, clavado en una especie de espadón plantado en tierra, al lado de un gran fuego agitado por el viento. Comieron todos juntos, durmieron y después volvieron a emprender la jornada, y así continuó el viaje, regulado como una marcha militar. Todas las mañanas se ponían en camino a las cinco; paraban a las nueve; volvían a andar a las cinco de la tarde y paraban de nuevo a las diez. Los peones iban a caballo y excitaban a los bueyes con palos largos. El muchacho encendía el fuego para el asado, daba de comer a las bestias, limpiaba los faroles y llevaba el agua para beber.

El país pasaba delante de él como una visión indistinta: vastos bosques de pequeños árboles oscuros; aldeas de pocas casas, dispersas, con las fachadas rojas y almenadas; vastísimos espacios, quizás antiguos lechos de grandes lagos salados, blanqueado por la sal hasta donde alcanzaba la vista; y por todas partes, y siempre, llanura, soledad, silencio. Rarísima vez encontraban dos o tres viajeros a caballo, seguidos de un rebaño de caballos sueltos, que pasaban a galope, como una exhalación. Los días eran todos iguales, como en el mar, sombríos e interminables. Pero el tiempo estaba hermoso.

Los peones, como el muchacho se había hecho un servidor obligado, se hacían de día en día más exigentes. Algunos lo trataban brutalmente, con amenazas; todos se hacían servir de él sin consideración: le hacían llevar cargas enormes de forrajes; lo mandaban por agua a grandes distancias; y él, extenuado por la fatiga, no podía ni aun dormir de noche y a cada instante despertábase por las sacudidas violentas del carro y por el chirrido ensordecedor de las ruedas y de los maderos. Y, por añadidura, habiéndose levantado viento, una tierra fina, rojiza y copiosa, que lo envolvía todo, penetraba en el carro, se le introducía por entre la ropa, le quitaba la vista y la respiración, oprimiéndole continuamente de un modo insoportable. Extenuado por la fatiga y el insomnio, roto y sucio, reprendido y maltratado de la mañana a la noche, el pobre muchacho se debilitaba más cada día, y habría decaído su ánimo por completo si el capataz no le hubiera dirigido de vez en cuando alguna palabra agradable. A veces, en un rincón del carro, cuando no lo veían, lloraba con la cara en su bolsa, que no contenía ya más que andrajos. Cada mañana se levantaba más débil y más desanimado, y al mirar el campo y ver siempre aquella implacable llanura sin límites, como un océano de tierra, decía entre sí: "¡Hoy me muero en el camino! ¡No llego a la noche!".

Y los trabajos crecían, los malos tratamientos se redoblaban. Una mañana, porque había tardado en llevar el agua, uno de los hombres, no estando presente el capataz, le pegó. Desde entonces comenzaron a hacerlo por costumbre; cuando le mandaban algo, le daban un pescozón, diciéndole:

-¡Haz esto, holgazán!

-¡Lleva esto a tu madre!

El corazón se le quería salir del pecho. Enfermó. Estuvo tres días en el carro con una manta encima, con fiebre, sin ver a nadie más que al capataz, que iba a darle de beber y a tomarle el pulso. Entonces se creía perdido e invocaba desesperadamente a su madre: "Oh madre mía! ¡Madre mía! ¡Ayúdame! ¡Ven a mi encuentro, que me muero! ¡Oh, pobre madre mía, que ya no te veré más! ¡Pobre madre, que me encontrarás muerto en medio de un camino!".

Juntaba las manos sobre el pecho y rezaba.

Después mejoró, gracias a los cuidados del capataz, y se curó por completo; mas con la curación llegó el día más terrible de su viaje, el día en que debía quedarse solo. Hacía más de dos semanas que estaban en marcha. Cuando llegaron al punto en que el camino a Tucumán se aparta del que va a Santiago del Estero, el capataz le avisó que debían separarse. Le hizo algunas indicaciones respecto al trayecto, le ató la bolsa a la espalda, de modo que no lo incomodase para andar, y abreviando, como si temiera conmoverse, lo despidió. El muchacho apenas tuvo tiempo para besarlo en un brazo. También los hombres, que tan duramente lo habían tratado, sintieron un poco de lástima al verlo quedarse tan solo, y le decían adiós con señas, al alejarse.

Él devolvió el saludo con la mano; se quedó mirando el convoy, que se perdió entre el rojizo polvo del campo, y después se puso en camino, tristemente.

Una cosa, sin embargo, lo animó algo desde el principio. Después de tres días de viaje, a través de aquella llanura interminable y siempre igual, veía delante de sí una cadena de altísimas montañas azules, con las cimas blancas, que le recordaban los Alpes, y le parecía que iba a acercarse a su país. Era la inmensa cadena de los Andes, que corre por Occidente todo a lo largo de América del Sur, y que con otras grandes sierras, que siguen hacia el Artico, integra la imponente espina dorsal del continente americano.

También lo animaba el sentir que el aire se iba haciendo más caliente; y sucedía esto porque, marchando hacia el Norte, se iba acercando a las regiones tropicales.

A grandes distancias encontraba pequeños grupos de casas, con una tiendecilla, y compraba algo para comer. Encontraba hombres a caballo; veía de vez en cuando mujeres y niños sentados en el suelo, inmóviles y serios, con caras completamente nuevas para él, color tierra, con los ojos oblicuos, los huesos de las mejillas prominentes, los cuales lo miraban y lo seguían con la mirada, volviendo la cabeza lentamente, como autómatas: eran indios.

El primer día anduvo hasta que le faltaron las fuerzas, y durmió debajo de un árbol. El segundo anduvo bastante menos y con menos ánimos. Tenía los zapatos rotos, los pies desollados, y el estómago débil por la mala alimentación. A la noche empezó a tener miedo.

Había oído decir en Italia que en aquel país había serpientes. Creía oírlas arrastrarse. Se detenía, tomaba luego carrera y sentía frío en los huesos. A veces le daba gran lástima de sí mismo, y lloraba en silencio conforme iba andando. Después pensaba: "¡Oh, cuánto sufriría mi madre si supiese que tengo tanto miedo!". Y este pensamiento le daba ánimos. Luego, para distraerse del terror, pensaba en cosas de ella; traía a su mente sus palabras cuando salió de Génova, y el modo como le solía arreglar las frazadas bajo la barbilla cuando estaba en cama; y recordaba que, cuando era niño, a veces lo tomaba en sus brazos, diciéndole: "¡Estáte aquí un poco conmigo!", y estaba así mucho tiempo, con la cabeza apoyada sobre la de él y entregada a sus pensamientos. "¿Volveré a verte alguna vez, madre querida? —se decía entre sí-. ¿Llegaré al término de mi viaje, madre mía?".

Y andaba, andaba, en medio de árboles desconocidos, entre vastas plantaciones de caña de azúcar, por prados sin fin, siempre con aquellas grandes montañas azules por delante, que cortaban el sereno cielo con sus altísimos conos....

Pasaron cuatro días, cinco, una semana. Las fuerzas le iban faltando rápidamente, y los pies le sangran. Al fin, una tarde, al ponerse el sol, le dijeron:

-Tucumán está a cinco leguas de aquí.

Dio un grito de alegría y apretó el paso, como si hubiese recobrado en un momento el vigor perdido. Pero fue breve la ilusión. Las fuerzas lo abandonaron de nuevo, y cayó extenuado a la orilla de una zanja. Mas el corazón le saltaba de gozo. El cielo, cubierto de estrellas, nunca le había parecido tan hermoso. Lo contemplaba, echado sobre la hierba para dormir, y pensaba que su madre miraría quizás también al mismo tiempo el cielo. Y decía:

-¡Oh madre mía! ¿Dónde estás? ¿Qué haces en este instante? ¿Piensas en tu hijo? ¿Te acuerdas de tu Marcos, que está tan cerca de ti?

¡Pobre Marcos! Si él hubiese podido ver en qué estado se encontraba entonces su madre, habría hecho esfuerzos sobrehumanos por andar más aún y llegar hasta ella cuanto antes. Estaba enferma, en la cama, en un cuarto el piso bajo de la casita solariega donde vivía toda la familia Mequínez, la cual le había tomado mucho cariño y le asistía muy bien. La pobre mujer estaba ya delicada cuando el ingeniero Mequínez tuvo que salir precipitadamente de Buenos Aires, y no se había mejorado del todo con el buen clima de Córdoba. Pero después, el no haber recibido contestación a sus cartas, del marido ni del primo, el pensamiento siempre vivo de una gran desgracia, la ansiedad continua en que vivía dudando entre marchar o quedarse, esperando cada día una mala noticia, la habían hecho empeorar considerablemente. Por último, se había presentado una enfermedad gravísima: una hernia intestinal estrangulada. Desde hacía quince días no se levantaba. Era necesaria una operación quirúrgica para salvarle la vida. Precisamente, en aquel momento, mientras su Marcos la invocaba, estaban junto a su cama el ama y el amo de la casa, convenciéndola, con mucha dulzura, para que se dejase hacer la operación, y ella persistía en rehusar, llorando.

Un médico afamado en Tucumán había venido la semana anterior, inútilmente.

-No, queridos señores –decía ella-, no trae cuentas. Yo no tengo más fuerzas para resistir, y moriré bajo los instrumentos del cirujano. Mejor es que me dejen morir así. No me importa la vida. Todo ha concluido para mí. Es mejor que me muera, antes de saber lo que haya podido ocurrir en mi familia.

Los dueños de casa volvían a decirle que no, que tuviese valor, que las últimas cartas enviadas a Génova directamente tendrían respuesta, que se dejase operar, que lo hiciese por sus hijos. Pero aquella idea de sus hijos agravaba más y más, con mayor angustia, el desaliento profundo que la postraba hacía largo tiempo. Al oír aquellas palabras, prorrumpió en llanto.

-¡Oh! ¡Hijos míos! ¡Hijos míos! –exclamaba, juntando sus manos-. ¡Quizá ya no existan! Mejor es que muera yo también. Muchas gracias, buenos señores. Os lo agradezco de corazón. Más vale morir. Ni aun con la operación me curaría, estoy segura. Gracias por tantos cuidados. Es inútil que pasado mañana vuelva el médico. ¡Quiero morirme: es mi destino1 Estoy decidida.

Y ellos, sin cesar de consolarla, repetían:

-No, no diga eso –tomándola de las manos y suplicándole.

La enferma, entonces, cerraba los ojos agotada, y caía en un sopor que la hacía parecer muerta… Los señores permanecían a su lado algún tiempo, mirando con gran compasión, a la débil luz de la lamparilla, aquella madre admirable, que por salvar a su familia había venido a servir a seis mil millas de su patria, y a morir…, ¡después de haber sufrido tanto1
¡Pobre mujer! ¡Tan honrada, tan buena y tan desgraciada!

Al día siguiente, muy de mañana, entraba Marcos con su saco a la espalda, encorvado y tambaleándose, pero lleno de ánimo, en la ciudad de Tucumán, una de las más jóvenes y florecientes de la República Argentina. Le parecía volver a ver a Córdoba, a Rosario, a Buenos Aires. Eran aquellas mismas calles derechas y larguísimas, y aquellas casa bajas y blancas; pero por todas partes se veía nueva y magnífica vegetación. Se notaba un aire perfumado, una luz maravillosa, un cielo límpido y profundo, como jamás lo había visto ni siquiera en Italia. Caminando por las calles, volvió a sentir la agitación febril que se había apoderado de él en Buenos Aires. Miraba las ventanas y las puertas de todas las casas, se fijaba en todas las mujeres que pasaban, con la angustiosa esperanza de encontrar a su madre. Habría querido preguntar a todos, y no se atrevía a detener a nadie. Todos, desde el umbral de sus puertas, se volvían a contemplar a aquel muchacho harapiento, lleno de polvo, que daba señales de venir de muy lejos. Buscaba entre las gentes una cara que le inspirase confianza, a quien dirigir aquella tremenda pregunta, cuando se presentó ante sus ojos, en el rótulo de una tienda, un nombre italiano. Dentro había un hombre con anteojos y dos mujeres. Se acercó lentamente a la puerta, y con ánimo resuelto preguntó:

-¿Me sabrían decir, señores, dónde está la familia Mequínez?

-¿Del ingeniero Mequínez? –preguntó a su vez el de la tienda.

-Sí; el ingeniero Mequínez –respondió el muchacho con voz apagada.

-La familia Mequínez –dijo el de la tienda- no está en Tucumán.

Un grito desesperado, de dolor, como de persona herida de repente por una puñalada, fue el eco de aquellas palabras.

El tendero y las mujeres se levantaron. Acudieron algunos vecinos.

-¿Qué ocurre? ¿Qué tienes, muchacho? –dijo el tendero, haciéndolo entrar en la tienda y sentarse-. No hay por qué desesperarse, ¡qué diablos! Los Mequínez no están aquí, pero no están muy lejos: ¡a pocas horas de tucumán!

-¿Dónde? ¿Dónde? –gritó Marcos, levantándose como unresucitado.

-A unas quince millas de aquí –continuó el hombre-, a orillas del Saladillo. En el sitio donde están construyendo una gran fábrica de azúcar. En el grupo de casas está la del señor Mequínez. Todos lo saben y llegarás en pocas horas.

-Yo estuve allá hace poco –dijo un joven que había acudido al oír el grito.

Marcos se quedó mirándolo, con los ojos fuera de las órbitas, y le preguntó precipitadamente, palideciendo:

-¿Habéis visto a la criada del señor Mequínez, la italiana?

-¿La "genovesa" La he visto.

Marcos rompió en sollozos, entre risa y llanto. Despúes, con impulsos de violenta resolución:

-¿Por dónde se va? ¡Pronto!, ¡El camino! ¡Me marcho en el acto! ¡Enseñadme el camino!

-¡Pero si hay una jornada de marcha! –le dijeron todos a una voz-. Estás cansado y debes reposar. Partirás mañana.

-¡Imposible! ¡Imposible! –respondió el muchacho-. ¡Decidme por dónde se va! No espero ni un momento; enseguida, ¡aun cuando me cayera muerto en el camino!.

Viendo que era irrevocable su propósito, no se opusieron más.

-¡Que Dios te acompañe! –le dijeron-. Ten cuidado con el camino por el bosque. Buen viaje, "italianito".

Un hombre lo acompañó fuera de la ciudad, le indicó el camino, le dio algún consejo, y se quedó mirando cómo empezaba su viaje. A los pocos minutos el muchacho desapareció, cojeando, con su saco a la espalda, por entre los árboles espesos que flanqueaban el camino.

Aquella noche fue tremenda para la pobre enferma. Tenía dolores que le arrancaban alaridos capaces de destrozar sus venas, y que le producían momentos de delirio. Las mujeres que la asistían perdían la cabeza. El ama acudía de cuando en cuando, descorazonada. Todos comenzaron a temer que, aun cuando hubiera decidido hacerse la operación, el médico, que debía llegar a la mañana siguiente, llegaría ya demasiado tarde. En los momentos en que no deliraba, se comprendía, sin embargo, que su desconsuelo mayor y más terrible no lo causaban dolores del cuerpo, sino el pensamiento de su familia lejana. Moribunda, descompuesta, con la fisonomía deshecha, metía sus manos por entre los cabellos, con actitudes de desesperación que traspasaban el alma, gritando:

-¡Dios mío! ¡Dios mío! ¡Morir tan lejos! ¡Morir sin volverlos a ver! ¡Mis pobres hijos, que se quedan sin madre; mis criaturas, mi pobre sangre! ¡Mi Marcos, todavía tan pequeñito, así de alto, tan bueno y tan cariñoso! ¡No sabéis qué muchacho era! Señora, ¡si usted supiera! No me lo podía quitar de mi cuello cuando partí. Sollozaba que daba compasión oírlo; ¡pobrecillo! Parecía que sospechaba que no había de volver a ver a su madre. ¡Pobre Marcos, pobre niño mío! Creí que estallaba mi corazón. ¡Ah! ¡Si me hubiese muerto en aquel mismo momento en que me decía "adiós"! ¡Si me hubiese matado un rayo! ¡Sin madre, pobre niño! Él, que me quería tanto, que tanta necesidad tenía de mis cuidados; sin madre, en la miseria, tendrá que ir pidiendo limosna. ¡Él, Marcos, mi Marcos, tenderá su mano, hambriento! ¡Oh Dios eterno! ¡No! ¡No quiero morir! ¡El médico! ¡Llamadlo enseguida! ¡Que venga, y que me corte, que me haga pedazos las entrañas, que me haga enloquecer, pero que me salve la vida! ¡Quiero curarme, quiero vivir, marchar, huir, mañana, enseguida! ¡El médico! ¡Socorro! ¡Por favor!.

Y las mujeres le sujetaban las manos, la acariciaban suplicantes, la hacían volver en sí poco a poco, y le hablaban de Dios y de esperanzas. Ella entonces caía en mortal abatimiento, lloraba, con las manos hundidas entre sus cabellos grises, gemía como una niña, lanzando lamentos prolongados y murmurando de vez en cuando:

-¡Oh Génova mía! ¡Mi casa! ¡Todo aquel mar!... ¡Oh mi Marcos, mi infeliz Marcos! ¡Dónde estará ahora la pobre criatura mía!

Era medianoche. Su pobre Marcos, después de haber pasado muchas horas sobre la orilla de un foso, extenuado, caminaba entonces a través de vastísima floresta de árboles gigantescos, monstruos de vegetación, con troncos desmesurados, semejantes a pilastras de una catedral, que a cierta altura maravillosa entrecruzaban sus enormes cabelleras plateadas por la luna. Vagamente, en aquella media oscuridad, veía miles de troncos de todas formas, derechos, inclinados, retorcidos, cruzados en actitudes extrañas de amenaza y de lucha.

Algunos, caídos en tierra, como torres arruinadas de pronto; todo cubierto de una vegetación exuberante y confusa que semejaba a furiosa multitud que disputara palmo a palmo el terreno. Otros, formando grupos, verticales y apretados como si fueran haces de lanzas gigantescas, cuyas puntas se escondieran en las nubes. Una grandeza soberbia, un desorden prodigioso de formas colosales, el espectáculo más majestuosamente terrible que jamás le hubiese ofrecido la naturaleza vegetal. Por momentos lo sobrecogía gran estupor. Pero de pronto su alma volaba hacia su madre. Estaba muerto de cansancio, con los pies que sangraban, solo, en medio de aquel imponente bosque, donde no veía más que a grandes intervalos pequeñas viviendas humanas que, colocadas al pie de aquellos árboles, parecían nidos de hormigas, y alguno que otro buey dormido en el camino. Estaba agotado, pero no sentía el cansancio. Estaba solo y no tenía miedo. La grandeza del campo engrandecía su alma. La cercanía de su madre le daba la fuerza y decisión de un hombre. El recuerdo del océano, de los abatimientos, de los dolores que había experimentado y vencido, de las fatigas que había sufrido, de la férrea voluntad que había desplegado, le hacía levantar la frente. Toda su fuerte y noble sangre genovesa refluía a su corazón en ardiente oleada de altanería y audacia. U una cosa nueva pasaba en él: hasta entonces había llevado en su mente una imagen de su madre oscurecida y como un poco borrada por los dos años de alejamiento, y ahora aquella imagen se aclaraba; tenía delante de sus ojos la cara entera y pura de su madre como hacía mucho tiempo no la había contemplado; la volvía a ver cercana, iluminada, como si estuviera hablando; volvía a ver los movimientos más fugaces de sus ojos y de sus labios, todas sus actitudes, su gesto todo, todas las sombras de sus pensamientos y apenado por aquellos vivos recuerdos apretaba el paso, y un nuevo cariño, una ternura indecible iba creciendo en su corazón, que hacía correr por sus mejillas lágrimas tranquilas y dulces. Andando en medio de las tinieblas, le hablaba, le decía las palabras que le diría al oído dentro de poco:

"¡Aquí estoy, madre mía! Aquí me tienes. No te dejaré jamás. Juntos volveremos a casa. Estaré siempre a tu lado en el vapor, apretado contra ti, y nadie me separará de ti nunca, nadie jamás, mientras tenga vida".

Y no advertía, entretanto, que sobre la cima de los árboles gigantescos iba muriendo la argentina luz de la luna en la blancura delicada del alba.

A las ocho de aquella mañana, el médico de Tucumán –un joven argentino- estaba ya al lado de la cama de la enferma, acompañado de un practicante, intentando por última vez persuadirla para que se dejase hacer la operación. A su vez, el ingeniero Mequínez volvía a repetir las más calurosas instancias, lo mismo que su señora. Pero, ¡todo era inútil! La mujer, sintiéndose exhausta de fuerzas, ya no tenía fe en la operación. Estaba certísima, o de morir en el acto, o de no sobrevivir más que algunas horas, después de sufrir en vano dolores mucho más atroces que los que debían matarla naturalmente.

El médico tenía buen cuidado de decirle una y otra vez:

-¡Pero si la operación es segura y su salvación cierta, con tal de que tenga algo de valor! Y, en cambio, si se empeña en resistir, la muerte es segura.

Eran palabras lanzadas al aire.

-No –respondía siempre su débil voz-. Todavía tengo valor para morir, pero no lo tengo para sufrir inútilmente. Gracias, señor doctor. Así está dispuesto. Déjeme morir tranquila.

El médico, desanimado, desistió. Nadie pronunció una palabra más. Entonces, la mujer volvió el semblante hacia su ama, y le hizo, con voz moribunda, sus postreras súplicas:

-Mi querida y buena señora –dijo, con gran trabajo, sollozando-: Usted mandará el poco dinero que tengo y todas mis cosas a mi familia.., por medio del señor cónsul. Yo supongo que todos viven. Mi corazón me lo predice en estos últimos momentos. Me hará el favor de escribirles… que siempre he pensado en ellos…, que he trabajado para ellos…, para mis hijos…, y que mi único dolor es no volverlos a ver más…, pero que he muerto con valor…, resignada…, bendiciéndolos; y que recomiendo a mi marido, y a mi hijo mayor, al más pequeño, a mi pobre Marcos…, a quien he tenido en mi corazón hasta el último momento… -Y poseída de gran exaltación repentina, gritó, juntando las manos-: ¡Mi Marcos! ¡Mi pobre niño1 ¡Mi vida…! –Pero, girando los ojos anegados en llanto, vio que su ama no estaba ya a su lado; habían venido a llamarla furtivamente. Buscó al señor.
También había desaparecido. No quedaban más que las dos enfermeras y el practicante. En la habitación inmediata se oía rumor de pasos presurosos, murmullo de voces precipitadas y bajas y de exclamaciones contenidas. La enfermera fijó su vista en la puerta en ademán de esperar. Al cabo de pocos minutos, volvió a presentarse el médico con
semblante extraño, luego la señora y el amo, también ellos con rostro visiblemente alterado. Los tres se quedaron mirando con singular expresión, y cambiaron entre sí algunas palabras en voz baja. Parecióle que el médico decía a la señora:

-Es mejor enseguida.

La enferma no comprendía.

-Josefa –le dijo el ama, con voz temblorosa-. Tengo que darte una buena noticia. Prepara tu corazón para recibirla.

La mujer se quedó mirándola con fijeza.

-Una noticia –continuó la señora, cada vez más agitada- que te dará mucha alegría. La enferma abrió sus ojos desmesuradamente.
-Prepárate –prosiguió su ama- a ver a una persona… a quien quieres mucho.

La mujer levantó la cabeza con ímpetu vigoroso, y empezó a mirar ya a la señora, ya a la puerta, con sus ojos que despedían fulgores.

-Una persona –añadió su ama, palideciendo. que acaba de llegar… inesperadamente.

-¿Quién es? –gritó, con la voz sofocada y angustiosamente, como llena de espanto.

Un instante después lanzó un agudísimo grito, de un salto se sentó en la cama, y permaneció inmóvil, con los ojos desencajados y con las manos apretadas contra las sienes, como si se tratase de una aparición sobrehumana.

Marcos, lacerado y cubierto de polvo, estaba de pie en el umbral, detenido por el médico, que lo sujetaba por un brazo.

La mujer prorrumpió por tres veces:

-¡Dios! ¡Dios! ¡Dios mío!

Marcos se lanzó hacia su madre, que extendía sus brazos descarnados, apretándolo contra su seno con la fuerza de una tigra, rompiendo a reír violentamente y mezclándose a su risa profundos sollozos sin lágrimas, que la hicieron caer rendida y sofocada sobre las almohadas.

Pronto se rehizo, sin embargo, gritando como una loca, llena de alegría, y besando a su hijo:

-¡Cómo estás aquí? ¿Por qué? ¿Eres tú? ¡Cómo has crecido! ¿Quién te ha traído? ¿Estás solo? ¿No estás enfermo? ¿Eres tú, Marcos! ¡No es esto un sueño! ¡Dios mío!
¡Háblame!

Luego cambiando de tono repentinamente.

-¡No! ¡Calla! ¡Espera! -y volviéndose hacia el médico-: Pronto, enseguida, doctor. Llévense a Marcos para que no sufra. ¡Marcos mío, no es nada! Ya me contarás todo.
¡Dame otro beso! Heme aquí, doctor.

Sacaron a Marcos de la habitación. Los amos y criados salieron enseguida. Con la enferma sólo quedaron el cirujano y el ayudante, quienes cerraron la puerta.

El señor Mequínez intentó llevarse a Marcos a una habitación lejana. Fue imposible. Parecía que lo habían clavado en el pavimento.

-¿Qué es? –preguntó-. ¿Qué tiene mi madre? ¿Qué le están haciendo? Entonces Mequínez le dijo en voz baja e intentando siempre llevárselo de allí:
-Mira, oye; ahora te diré. Tu madre está enferma. Es preciso hacerle una sencilla operación. Te lo explicaré todo: ven conmigo.

-No –respondió el muchacho-; quiero estar aquí. Explíquemelo aquí.

El ingeniero amontonaba palabras y más palabras, y tiraba de él para alejarlo. El muchacho comenzaba a espantarse, temblando de terror.
Un grito agudísimo, como el de un herido de muerte, resonó de repente por toda la casa. El niño respondió con otro grito horrible y desesperado:

-¡Mi madre ha muerto!

El médico se presentó en la puerta, y dijo:

-Tu madre se ha salvado.

El muchacho lo miró un momento. Después se arrojó a sus pies sollozando:

-¡Gracias, doctor!

Pero el médico lo hizo levantar, diciéndole:

-¡Levántate...! ¡Eres tú, heroico niño, quien ha salvado a tu madre!

VERANO
Miércoles, 24.

Marcos, el genovés, es el penúltimo pequeño héroe con quien trabaremos conocimiento por este año. No queda más que otro mes para junio. No restan más que dos exámenes mensuales, veintiséis días de lección, seis jueves y cinco domingos.

Se percibe ya la atmósfera de verano. Los árboles del jardín, cubiertos de hojas y flores, dan hermosa sombra sobre los aparatos de gimnasia. Los alumnos van ya todos vestidos de verano. Da gusto presenciar las salidas de las clases: ¡qué distinto es todo de los meses pasados! Las cabelleras que llegaban hasta tocar los hombros, han desaparecido. Todas las cabezas están rapadas. Se ven cuello y piernas desnudos, sombreros de paja de todas formas, con cintas que cuelgan sobre las espaldas; camisas y corbatas de todos colores.

Todos los más pequeñitos llevan siempre algo rojo o azul; una cinta, un ribete, una borla, o aunque sea puramente un remiendo de color vivo, pegado por la madre, para que sea bonito; hasta los más pobres. Muchos vienen a la escuela sin sombrero, como si se hubieran escapado de casa; otros llevan el traje claro de gimnasia. Hay un muchacho de la clase de la maestra Delcatti que va vestido de encarnado de pies a cabeza, como un cangrejo cocido. Varios llevan trajes de marineros; pero el más hermoso sin disputa es el "albañilito", que usa un sombrerote de paja tan grande que él parece una media vela con su palmatoria, y, como siempre, no es posible contener la risa al verlo poner el hocico de liebre allí, debajo de su sombrero. Coretti también ha dejado su gorra de piel de gato, y lleva una vieja gorrilla de viaje, de seda gris. Votini tiene su traje escocés y está, como de costumbre, muy atildado. Crossi va mostrando el pecho desnudo. Precossi desaparece bajo los pliegues de una blusa azul turquí, de maestro herrero. ¿Y Garoffi? Ahora que ha tenido que dejar el capotón, bajo el cual escondía su comercio, le quedan bien al descubierto todos sus bolsillos, repletos de toda clase de baratijas, y le asoman las puntas de los billetes de sus rifas. Ahora todos dejan ver bien lo que llevan: abanicos hechos con medio diario, pedazos de caña, flechas para disparar contra los pájaros, hierba, flores silvestres que salen de los bolsillos y van cayéndose poco a poco por las chaquetas. Muchos de los chiquitines traen ramitos de flores para las maestras. También éstas van vestidas de verano, con colores alegres, excepción hecha de la "monjita", que siempre va de negro.

Y la maestrita de la pluma roja lleva siempre su lazo color de rosa al cuello, enteramente ajado por las manecitas de sus alumnos, que siempre la hacen reír y correr tras ellos Es la estación de las cerezas, de las mariposas, de las músicas por las calles y de los paseos por el campo. Muchos del cuarto año se escapan ya a bañarse en el Po. Todos sueñan con las vacaciones. Cada día salimos de la escuela más impacientes y contentos que el día anterior.

Sólo me da pena el ver a Garrone de luto, y a mi pobre maestra de primer año, que cada vez está más consumida, más pálida y tosiendo con más fuerza. ¡Camina ya enteramente encorvada y me saluda con una expresión tan triste!.

POESÍA
Vienes, 26.

"Comienzas a comprender la poesía de la escuela, Enrique; pero por ahora no ves la escuela más que por dentro. Te parecerá mucho más hermosa y poética dentro de treinta años, cuando vengas a acompañar a tus hijos, y entonces la verás por fuera como yo la veo.
Esperando la hora de la salida, voy y vuelvo por las calles silenciosas que hay alrededor del edificio, y acerco mi oído a las ventanas de la planta baja, cerradas con persianas. En una ventana oigo la voz de una maestra que dice:

"-¡Ah! ¡Qué cosas haces! No está bien, hijo mío. ¿Qué diría tu padre…?"

"En la ventana inmediata se oye la gruesa voz de un maestro que dicta con lentitud:

"-Compró cincuenta metros de tela… a cuatro liras cincuenta el metro…, los volvió a vender…"

"Mas allá, la maestrita de la pluma roja lee en alta voz: "-Entonces, Pedro Micca, con la mecha encendida…"
"De la clase próxima sale como un gorjeo de cien pájaros, lo cual quiere decir que el maestro se ha ido fuera un momento. Voy más adelante, y a vuelta de la esquina oigo que llora un alumno, y la voz de la maestra, que reprende a la par que consuela. Por otras ventanas llegan a mis oídos versos, nombres de grandes hombres, fragmentos de sentencias que aconsejan la virtud, el amor a la patria, el valor. Siguen después instantes de silencio, en los cuales se diría que el edificio está vacío. Parece imposible que allí dentro haya setecientos muchachos. De pronto se oyen estrepitosas risas, provocadas por una broma de algún maestro de buen humor… La gente que pasa se detiene a escuchar, y todos vuelven la mirada de simpatía hacia aquel hermoso edificio que encierra tanta juventud y tantas esperanzas.

"De improviso después se oye un ruido sordo, un golpear de libros y carteras, un roce de pisadas, un zumbido que se propaga de clase en clase y de un piso a otro, como al difundirse súbitamente una buena noticia: es el bedel que va a anunciar la hora. A este murmullo, una multitud de hombres, de mujeres, de muchachos y de jovenzuelos, se aprietan a uno y otro lado de la salida para esperar a los hijos, a los hermanos, a los nietecillos. Entretanto, de las clases se deslizan en el salón de espera, como borbotones, grupos de muchachos pequeños, que se apoderan de sus capotitos y sombreros, hacen con ellos revoltijos en el suelo y brincan alrededor, hasta que el bedel los vuelve a hacer entrar uno por uno en clase. Finalmente salen en largas filas, marcando el paso. Entonces comienza de parte de los padres una lluvia de preguntas:

"¿Has sabido la lección'"

"-¿Cuánto trabajo te ha costado?" "-¿Qué tienes para mañana?"
"-¿Cuándo es el examen mensual?"

" Hasta las pobres madres que no saben leer abren los cuadernos, miran los problemas y preguntan los puntos que han tenido.

"-¿Solamente ocho?"

"¿-Diez, con sobresaliente?" "-¿Nueve de lección?"
"Y se inquietan y se alegran y preguntan a los maestros y hablan de programas y de exámenes. ¡Qué hermoso es todo esto! ¡Cuán grande y qué inmensa promesa para el mundo!

Tu padre".

LA SORDOMUDA
Domingo, 28.

No podía concluir mejor el mes de mayo que con la visita de esta mañana. Oímos un campanillazo, corrimos todos. Siento a mi padre que dice, maravillado:

-¿Usted aquí, Jorge?

Era Jorge, nuestro jardinero de Chieri, que ahora tiene su familia en Condove, que acababa de llegar de Génova, donde había desembarcado el día antes, de vuelta de Grecia, después de estar tres años trabajando en las vías férreas. Traía un gran fardo en sus brazos. Está un poco envejecido, pero conserva la cara colorada y jovial de siempre.

Mi padre quería hacerlo entrar; pero él, siempre sonriendo, se negó; después, poniéndose serio, preguntó:

-¿Cómo va mi familia? ¿Cómo está Luisa?

-Hace pocos días estaban bien –respondió mi madre. Jorge dio un gran suspiro.

-¡Oh! ¡Dios sea alabado! No tenía valor para presentarme en el Instituto de Sordomudos sin noticias de ella. Aquí dejo el saco y voy a recogerla. ¡Tres años hace que no vea a mi pobre hija! ¡Tres años que no veo a ninguno de los míos!.

Mi padre me dijo:

-Acompáñalo.

-Perdone: una palabra más —dijo el jardinero, desde el descansillo de la escalera. Pero mi padre lo interrumpió:
-¿Y los negocios?

-Bien, gracias a Dios. He traído algún dinero. Pero quería preguntar: ¿cómo va la instrucción de la mudita? Dígame algo. Cuando la dejé parecía más bien un pobre animalillo; ¡infeliz criatura! Yo tengo poca fe en esos colegios. ¿Ha aprendido a hacer los signos? Mi mujer me escribía: "Aprende a hablar, hace progresos". Pero yo me decía:

"¿Qué importa que ella aprenda a hablar, si yo no sé hacer los signos? ¿Cómo haremos para entendernos, pobre chiquitina? Eso es más para que se entiendan entre ellos mismos, un desgraciado con otro desgraciado" . ¿Qué tal va, pues? ¿Qué tal va?

Mi padre le respondió, sonriéndose:

-No le digo nada, ya lo verá. Vaya, vaya. No le quitéis vosotros ni un minuto más.

Salimos. El Instituto está cerca. Por el camino, andando a paso largo, el jardinero me hablaba y se iba poniendo cada vez más triste.

-¡Ah, mi pobre Luisa! ¡Nacer con esa desgracia! ¡Decir que jamás la he oído llamarme "padre" y que ella jamás ha oído llamarse "hija", y que nunca ha oído una palabra! Y gracias que hemos encontrado un señor caritativo que ha hecho los gastos del colegio. Pero…, antes de los ocho años no ha podido ir. Tres años hace que no está en casa.
Cumplió once, ahora. ¿Está crecida, dígame, está crecida, dígame, está crecida? ¿Tiene buen humor?

-Ahora verá usted, ahora verá usted —le contesté, apresurando el paso.

-¿Pero dónde está ese Instituto? —preguntó-. Mi mujer fue quien la acompañó cuando yo ya había partido. Me parece que debe de estar por aquí.

Precisamente habíamos llegado. Entramos enseguida, en el locutorio. Vino a nuestro encuentro un mozo.

-Soy el padre de Luisa Voggi —dijo el jardinero-. ¡Mi hija! Quiero verla enseguida, enseguida.

-Están en el recreo –respondió el empleado-. Voy a decírselo a la maestra. –y se fue.

El jardinero ya no podía hablar ni estarse quieto; se ponía a mirar los cuadros de las paredes, sin ver nada. Se abrió la puerta: entró una maestra, vestida de negro, con una muchacha de la mano.

Padre e hija se miraron un momento y luego se lanzaron uno en brazos del otro, dando un grito.

La muchacha vestía un traje a listas, rojas y blancas, y delantal blanco. Estaba más alta que yo. Lloraba y tenía a su padre apretado al cuello con ambos brazos. Su padre se desligó, y se puso a mirarla de pies a cabeza, con el llanto en los ojos, y tan agitado como si acabase de dar una gran carrera, y exclamó:

-¡Ah! ¡Cómo ha crecido! ¡Qué hermosa se ha puesto! ¡Oh, mi querida, mi pobre Luisa! ¡Mi pobre mudita! ¿Es usted, señora, la maestra? Dígale usted que me haga los signos, que algo comprenderé. Poco a poco iré aprendiendo. Dígale que me haga comprender alguna cosa con los gestos.

La maestra sonrió, y dijo en voz baja a la muchacha:

-¿Quién es ese hombre que ha venido a buscarte?

Y la muchacha, con una voz gruesa, extraña, destemplada, como si fuera un salvaje que hablase por vez primera nuestra lengua, pero pronunciando claro y sonriéndose, respondió:

-Es mi padre.

El jardinero dio un paso atrás y comenzó a gritar como loco:

-¡Habla! ¿Pero es posible? ¡Habla! ¿Pero hablas tú, niña mía, hablas? Dime, ¿hablas? -y de nuevo la abrazó y la besó tres veces en la frente-. ¿Pero no hablan con los gestos, señora maestra? ¿No hablan con los dedos, así? Pero, ¿qué es esto?

-No, señor Voggi –respondió la maestra-, no es con gestos. Ése era el método antiguo. Aquí se enseña por el método nuevo, por el método oral. ¿No lo sabía?

-¡Yo no sabía nada! -respondió el jardinero, atolondrado-. ¡Hace tres años que estoy fuera! Quizás me lo han escrito y no lo he entendido. Tengo una cabeza de leño. ¡Oh hija mía, tú me comprendes, entonces! ¿Oyes lo que te digo?

-No, buen hombre –dijo la maestra-. La voz no la oye, porque es sorda. Ella comprende por los movimientos de nuestra boca cuáles son las palabras que se le dicen; pero no oye las palabras de usted ni tampoco las de ella. Las pronuncia porque le hemos enseñado, letra por letra, cómo debe ir disponiendo los labios y cómo debe mover la lengua, qué esfuerzo debe hacer con el pecho y con la garganta para echar fuera la voz.

El jardinero no comprendió, y se estuvo con la boca abierta. Aún no lo creía.

-Dime, Luisa —preguntó a su hija, hablándole al oído-, ¿estás contenta de que tu padre haya vuelto?

Levantando la cabeza, se puso a esperar la respuesta. La muchacha lo miró pensativa y no dijo nada. El padre permaneció turbado.

La maestra se echó a reír. Luego replicó:

-Pero buen hombre, no le responde porque no ha visto los movimientos de sus labios: ¡sí le ha hablado usted al oído¡ Repita la pregunta manteniendo usted la cara delante de la suya.

El padre, mirándola muy fijamente, repitió:

-¿Estás contenta de que tu padre haya venido y no vuelva a marcharse?

La muchacha, que había mirado con suma atención a los labios de su padre, tratando de ver el interior de la boca, respondió con soltura:

-Sí; es-toy con-tenta de que ha-yas venido y de que no vuelvas a marcharte nunca más.

El padre la abrazó impetuosamente, y después, a toda prisa, para asegurarse mejor, la abrumó a preguntas.

-¿Cómo se llama tu madre?

-An-tonia.

-¿Cómo se llama tu hermana pequeña?

-Ade-laida.

¿Cómo se llama este colegio?

-De sor-do-mu-dos.

-¿Cuánto son diez más diez?

-Veinte.

De pronto, y mientras que nosotros creíamos que iba a reír de placer, se echó a llorar. ¡Pero también las lágrimas eran de alegría!

-¡Ánimo! —le dijo la maestra-. Tiene usted motivo para alegrarse, pero no para llorar. Mire que hace usted llorar también a su hija ¿Con que está usted contento?

El jardinero asió fuertemente la mano de la maestra y se la llenó de besos, diciendo:

-¡Gracias, gracias, cien veces gracias, mil veces gracias, querida señora maestra! Y perdone... que no sepa decirle a usted otra cosa...

-Pero no sólo habla –le dijo la maestra-. Su hija sabe escribir. Sabe hacer cuentas. Conoce los nombres de todos los objetos usuales. Sabe un poco de historia y algo de geografía. Ahora está en la clase normal. Cuando haya hecho los otros dos años, sabrá mucho, mucho más; saldrá de aquí en condiciones de ejercer una profesión. Ya tenemos discípulos que están colocados en las tiendas para servir a los parroquianos y cumplen en sus oficios como los demás.

El jardinero se quedó aún más maravillado que antes. Parecía que de nuevo se le confundían las ideas. Miró a su hija y comenzó a rascarse la frente. La expresión de su semblante pedía claramente alguna mayor explicación.

Entonces la maestra se volvió al portero y dijo:

-Llame usted a una niña de la clase preparatoria.

El portero volvió al poco rato con una sordomuda de ocho a nueve años, que hacía pocos días había entrado en el Instituto.

-Ésta –dijo la maestra- es una de aquellas a quienes enseñamos los primeros elementos. He aquí cómo se hace. Quiero hacerle decir "e". Esté usted atento.

La maestra abrió la boca, como se abre para pronunciar la vocal "e", haciendo señas a la niña abra que abriera la boca de la misma manera. La niña obedeció. Entonces la maestra le indicó que echase fuera la voz. Lo hizo así la niña; pero en lugar de "e" pronunció "o".

-No –dijo la maestra-; no es eso.

Y tomando las dos manos de la niña, se puso una de ellas abierta contra la garganta y la otra contra el pecho, y repitió: "e". La niña, que había sentido en sus manos el movimiento de la garganta y pecho de la maestra, volvió a abrir de nuevo la boca, y pronunció muy bien: "e". Del mismo modo la maestra le hizo decir "c" y "d", manteniendo siempre las dos manos de la niña, una en el pecho y otra en la garganta.

-¿Ha comprendido usted ahora? –preguntó.

El padre había comprendido, pero parecía aún más asombrado que cuando no entendía.

-¿Y enseñan ustedes a hablar de este modo? –preguntó al cabo de estarlo pensando un minuto y sin quitar su vista de la maestra-. ¿Tienen la paciencia de enseñar a hablar de esta manera, poco a poco, a todos?

¿Uno por uno? ¿Años y años…? ¡Pero ustedes son una santas! ¡Son más bien ángeles del Paraíso! ¡No hay en el mundo recompensa para ustedes! ¿Qué más tengo que decir…? ¡Ah, sí! Déjeme un poco con mi hija ahora. Siquiera cinco minutos, que esté aquí para mí solo.

Y habiéndola separado h hacia un lado, se sentaron, y comenzó a interrogarla. La muchacha respondía, y él reía, con los ojos húmedos, dándose recios golpes en las rodillas; luego tomaba las manos de su hija y la miraba enajenado, maravillado de oírla, como si fuese una voz que viniese del cielo; después preguntó a la maestra:

-¿Me sería permitido dar las gracias al señor director?

-El director no está –respondió la maestra-, pero hay otra persona a quien debería usted dar las gracias. Aquí cada niña pequeña está al cuidado de una compañera mayor, que hace como de hermana y madre. Su hija está confiada a una sordomuda de diecisiete años, hija de un panadero, que es buena y la quiere mucho. Hace dos años que va a ayudarla a vestir todas las mañanas; la peina, le enseña a coser, le arregla la ropa, le hace compañía. Luisa
¿cómo se llama tu madre de colegio?

La muchacha, sonriéndose, respondió:

-Cata-lina Gior-dano. –Luego dijo a su padre-: Muy, muy bue-na.

El empleado, que había salido a una indicación de la maestra, volvió casi enseguida con una sordomuda rubia, robusta, de cara alegre, también vestida de tela de rayas rojizas, con delantal gris; se detuvo en el umbral y, poniéndose colorada, inclinó su cabeza sonriendo. Tenía cuerpo de mujer y parecía una niña.

La hija de Jorge corrió enseguida a su encuentro, la tomó de un brazo como a una niña, y la trajo delante de su padre. diciendo con su gruesa voz:

-Cata-lina Gior-dano.

-¡Ah, excelente niña! –exclamó el padre, alargando la mano como para acariciarla; pero pronto la retiró, diciendo-: La buena muchacha, que Dios la bendiga y le dé todo género de venturas, todos los consuelos, haciéndola feliz y a todos los suyos; tan buena muchacha.
¡Mi pobre Luisa! ¡Es un honrado operario, un pobre padre de familia, quien lo desea de todo corazón!

La muchacha grande acariciaba a la pequeña, siempre con la cabeza baja y sonriéndose; el jardinero seguía mirándola como a una virgen.

-Hoy se puede llevar a su hija –dijo la maestra.

-¡Sí; me la llevo! -respondió el jardinero-. Hoy la llevaré a Condove, y mañana temprano la volveré a traer.

¡Figúrese si no me la he de llevar!

La hija se fue a vestir.

-¿Después de tres años que no la veo! -repitió el jardinero-. ¡Y ahora que habla…! A Condove me la llevo enseguida. Pero antes quiero dar una vuelta por Turín, con mi mudita del brazo, para que todos la vean, y llevarla a que la oigan mis cuatro conocidos. ¡Ah! ¡Hermoso día! ¡Esto se llama un consuelo! ¡Venga ese brazo, Luisa!

La muchacha, que había vuelto con una manteleta y una cofia, dio el brazo a su padre.

-¡Y gracias a todos! –dijo el padre, ya desde la puerta-. ¡Gracias a todos con toda mi alma! ¡Volveré otra vez para repetir a todos las gracias!.

Se quedó un momento pensativo; luego, separándose bruscamente de la muchacha, volvió atrás, hurgándose con una mano en el bolsillo del chaleco y gritando como un furioso:

-Pues bien, soy un pobre diablo; pero aquí están veinte liras para el Instituto: ¡un merengo de oro, hermoso y nuevo!

Y dando un gran golpe sobre la mesa, dejó el marengo sobre ella.

-No, no, buen hombre –dijo, conmovida, la maestra-. Recoja usted su dinero. A mí no me corresponde recibirlo. Ya vendrá cuando esté el director. Tampoco él lo aceptará, esté seguro. ¡Ha trabajado usted tanto para ganarlo…! Todos le quedamos agradecidos, lo mismo que si lo recibiésemos.

-No; yo lo dejo –replicó el jardinero, porfiado-, y luego… ya veremos.

Pero la maestra le volvió la moneda al bolsillo, sin darle tiempo para rechazarla.

Entonces se resignó, meneando la cabeza; envió con toda rapidez un beso con la mano a la muchacha grande, saludó a la maestra y se lanzó con su hija fuera de la puerta, diciendo:

-Ven, ven, hija mía ¡Pobre mudita mía, mi tesoro! La hija exclamó con su voz gruesa:
-¡Oh, qué sol tan hermoso!.

JUNIO

GARIBALDI
(Mañana es fiesta nacional) Junio, 3
.

"Hoy es día de luto nacional. ¡Ayer tarde ha muerto Garibaldi! ¿Sabes quién era? Es el que libertó a diez millones de italianos de la tiranía de los Borbones. ¡Ha muerto a los setenta y cinco años.

"Nació en Niza y era hijo de un capitán de barco. A los ocho años salvó la vida de una mujer; a los trece sacó a salvo una barca llena de compañeros náufragos; a los veintisiete salvó de las aguas, en Marsella, a un jovencito que se ahogaba; a los cuarenta y uno evitó el incendio de un barco, en el océano. Combatió diez años en América por la libertad de un pueblo extranjero; luchó en tres guerras contra los austríacos por la libertad de la Lombardía y del Trentino; defendió a Roma contra los franceses, en 1849; libró a Palermo y a Nápoles en 1860; volvió a combatir por roma en 1847; guerreó en 1870 contra los alemanes en defensa de Francia.

"Tenía en su alma la llama del heroísmo y el genio de la guerra. Entró en combate cuarenta veces, y salió victorioso treinta y siete. Cuando no peleó, trabajó para vivir, encerrándose en una isla solitaria a cultivar la tierra. Fue maestro, marinero, trabajador, negociante, soldado, general. Era grande, sencillo y bueno. Odiaba a todos los opresores, amaba a todos los pueblos, protegía a todos los débiles, no tenía otra aspiración que el bien, rechazaba los honores, despreciaba la muerte, adoraba a Italia.

"Cuando lanzaba el grito de guerra, legiones de valerosos corrían a él de todas partes: hubo señores que abandonaron sus palacios; obreros, sus talleres; y jóvenes, sus aulas, para ir a combatir iluminados por el sol de su gloria. En la guerra usaba una camisa roja. Era fuerte, rubio, hermoso; en el campo de batalla, un rayo; en los sentimientos, un niño; en los dolores, un santo. Miles de italianos han muerto por la patria, felices en la agonía, al verlo pasar a lo lejos victorioso; millares habrían dado su vida por él, millones lo bendijeron y lo bendecirán.

"¡Ha muerto! El mundo entero lo llora. Tú ahora no lo comprendes. Pero leerás sus hazañas, oirás hablar de él continuamente en tu vida, y según vayas creciendo, su imagen crecerá ante tu vista. Cuando seas hombre, lo verás gigante; y cuando tú no estés ya en este mundo, ni vivan los hijos de tus hijos, ni los que nazcan de ellos, todavía las generaciones verán en lo alto su luminosa cabeza de redentor de los pueblos, coronada con los nombres de sus victorias, como si fuesen círculos de estrellas, y les resplandecerá la frente y el alma a todos los italianos al pronunciar su nombre.

Tu padre".

EL EJÉRCITO (Fiesta nacional)

Se retardó siete días a causa de la muerte de Garibaldi. Domingo, 11.
Hemos ido a la plaza del Castello para ver la revista de los soldados, que desfilaron ante el comandante del cuerpo de ejército, en medio de dos grandes filas de gente.

Según iban desfilando al compás de las cornetas y bandas, mi padre me indicaba los cuerpos y los recuerdos gloriosos de cada bandera. Iban primero los alumnos de la Academia, que serán oficiales de ingenieros y de artillería, trescientos aproximadamente, vestidos de negro, desfilando con una elegancia firme y desenvuelta de soldados y de estudiantes. Después de ellos pasó la infantería, la brigada Aosta, que combatió en Goito y en San Martín, y la brigada Bérgamo, que combatió en Castelfidardo: cuatro regimientos, compañía tras compañía, millares de pompones rojos cuyas hileras semejaban larguísimas guirnaldas de sangrientas flores oscilando a través de la multitud. Después de la infantería avanzaron los soldados ingenieros, los obreros de la guerra, con sus penachos negros de crin, y los galones carmesíes; y mientras éstos desfilaban se veía avanzar tras ellos centenares de largas y derechas plumas que sobresalían por encima de las cabezas de los espectadores: eran los alpinos, los defensores de las puertas de Italia, todos ellos altos, sonrosados y fuertes, con sus sombreros calabreses y las divisas de hermoso verde vivo, como las hierbas de las montañas.

Aún desfilaban los alpinos cuando se dejó sentir un estremecimiento en la multitud, y los cazadores de infantería, el antiguo duodécimo batallón, los primeros que entraron en roma por la brecha de Porta Pía, morenos, ágiles, vivos, con los penachos flotantes, pasaron como un negro torrente, haciendo retumbar toda la plaza con agudos sonidos de trompetas que semejaban gritos de alegría. Pero el sonido de su charanga fue cubierto bien pronto por un estrépito ininterrumpido y profundo que anunciaba la artillería de campaña. Pasaron gallardamente, sentados sobre altos cajones, arrastrados por trescientas parejas de caballos impetuosos, los bravos soldados de cordones amarillos y los largos cañones de bronce y de acero, que saltaban y resonaban haciendo temblar la tierra. Vino luego, lenta, grave, bella en su apariencia fatigosa y ruda, con sus altos soldados y sus poderosos mulos, la artillería de montaña, que lleva la desolación y la muerte allí donde llega la planta humana. Pasó, por fin, al galope, con los cascos refulgentes, con las lanzas derechas, con las banderas al viento, deslumbrantes de oro y de plata, llenando el aire de retintines y de relinchos, el magnífico regimiento de caballería de Génova, que diez veces cayó como un torbellino sobre los campos de batalla, desde Santa Lucía a Villafranca.

-¡Qué hermoso es! –Exclamé yo.

Pero mi padre casi me hizo un reproche por haber usado aquella palabra, y me dijo:

-No hay por qué considerar al ejército como un bello espectáculo. Todos estos jóvenes llenos de fuerzas y de esperanzas pueden de un día a otro ser llamados a defender a nuestro país, y en pocas horas caer hechos trizas por las balas y la metralla. Siempre que oigas gritar en una fiesta: "¡Viva el ejército! ¡Viva Italia!", Represéntate, más allá de los regimientos que pasan, una campiña cubierta de cadáveres y hechas un lago de sangre, y entonces el ""Viva el ejército!" te saldrá de lo más profundo del corazón y la imagen de Italia te parecerá más severa y más grande

ITALIA
Martes, 14.

"Saluda a la patria de este modo en los días de su fiesta:
-Italia, patria mía, noble y querida tierra donde mi padre y mi madre nacieron y serán enterrados, donde yo espero vivir y morir, donde mis hijos crecerán y morirán; hermosa Italia, grande y gloriosa desde hace siglos, unida y libre desde ha pocos años, que esparciste sobre el mundo tanta luz de divinas inteligencias, y por la cual tantos valientes murieron en los campos de batalla y tantos héroes en el patíbulo; madre augusta

de trescientas ciudades y de cuarenta millones de hijos; yo, niño, que todavía no te comprendo y no te conozco por completo, te venero y te amo con toda mi alma y estoy orgulloso de haber nacido de ti y de llamarme hijo tuyo.

"Amo tus mares espléndidos y tus sublimes Alpes; amo tus monumentos solemnes y tus memorias inmortales; amo tus glorias y tu belleza; te amo y venero toda como aquella parte donde por primera vez vi el sol y oí tu nombre. Os amo a todas con el mismo cariño y con igual gratitud, valerosa Turín, Génova soberbia, docta Bolonia, encantadora Venecia, poderosa Milán; con igual reverencia de hijo os amo, gentil Florencia y terrible Palermo; Nápoles inmensa y hermosa, Roma maravillosa y eterna.

"¡Te amo, sagrada patria! Y te juro que querré siempre a todos tus hijos como a hermanos; que honraré siempre en mi corazón a tus hombres ilustres vivos y a tus grandes hombres muertos; que seré ciudadano activo y honrado, atento tan sólo a ennoblecerme para hacerme digno de ti, y cooperar con mis mínimas fuerzas para que desaparezcan de tu faz la miseria, la ignorancia, la injusticia, el delito; para que puedas vivir y desarrollarte tranquila en la majestad de tu derecho y de tu fuerza. Juro que te serviré en lo que pueda, con la inteligencia, con el brazo y con el corazón, humilde y valerosamente; y que si llega un día en que deba dar por ti mi sangre y mi vida, daré mi sangre y moriré, gritando al cielo tu santo nombre y enviando mi último beso a tu bendita bandera".

Tu padre".

¡TREINTA Y DOS GRADOS!
Viernes, 16.

En los cinco días que siguieron a la fiesta nacional el calor ha ido creciendo hasta tres grados más. Ya estamos en pleno verano. Todos comienzan a estar cansados, a perder los hermosos colores sonrosados de la primavera; piernas y cuellos adelgazan, vacilan las cabezas y los ojos se cierran.

El pobre Nelli, que siente mucho el calor y tiene ya una cara de color de cera, se queda alguna vez dormido profundamente sobre el cuaderno; pero Garrone siempre está atento para ponerle delante un libro abierto, para que el maestro no lo vea. Crossi apoya su roja cabeza sobre el banco, de modo que parece que la han separado del tronco y puesto allí. Nobis se lamenta de que somos demasiados y viciamos el aire.

¡Ah! ¡Qué esfuerzo hay que hacer para ponerse a estudiar! Yo miro desde las ventanas de casa aquellos hermosos árboles que hacen una sombra tan oscura, donde de muy buena gana iría a correr, y me da tristeza y rabia el tener que ir a encerrarme entre los bancos de la clase. Luego me reanimo cuando veo que mi madre se queda siempre mirándome, al salir de la escuela, para ver si estoy pálido; y a cada página de trabajo me dice:

-¿Te sientes con fuerzas todavía?

Y todas las mañanas, al despertarme a las seis, para estudiar la lección:

-¡Ánimo! No faltan ya más que tantos días. Luego quedarás libre y descansarás, e irás a la sombra de los árboles.

Sí; tiene sobrada razón mi madre al recordarme los muchachos que trabajan en los campos bajo los rayos de un sol que abraza, o en las arenas bancas a orillas de los ríos, que ciegan y queman, o los de la fábrica de vidrios, que pasan todo el día inmóviles con la cara inclinada sobre una llama de gas; todos se levantan más pronto que nosotros, y ninguno de ellos tiene vacaciones. ¡Valor, por consiguiente!

También en esto el primero de todos es Derossi, que no siente ni el calor ni el sueño, siempre vivo y alegre, con sus rizos rubios largos como en el invierno, estudiando sin cansarse y manteniendo despiertos a todos los que tiene alrededor, como si con su voz refrescase el aire. Otros dos hay que siempre están atentos y despiertos: el testarudo Stardi, que se pincha los labios para no dormirse y cuanto más cansado está y más calor hace tanto más aprieta los dientes y abre los ojos, que parece que se quiere comer al maestro; y aquel traficante de Garoffi, enteramente ocupado en fabricar abanicos de papel rojo, adornados con figuritas de cajas de cerillas, que luego vende a dos céntimos cada uno. Pero el más valiente es Coretti, ¡pobre Coretti que se levanta a las cinco para ayudar a su padre a llevar leña! A las once, en la escuela, ya no puede tener los ojos abiertos, y se le dobla la cabeza sobre el pecho. Y, sin embargo, se sacude, se pega cachetes en la nuca pide permiso para salir y se lava la cara, y hace que los que están cerca lo sacudan y lo pellizquen. Pero esta mañana no pudo resistir, y se durmió con profundísimo sueño. El maestro lo llamó con voz recia:

-¡Coretti!

No lo oyó. El maestro irritado, repitió:

-¡Coretti!

Entonces, el hijo del carbonero, que vive al lado de su casa, se levantó y dijo:

-Ha estado trabajando desde las 5 hasta las 7, llevando haces de leña.

El maestro lo dejó dormir, y continuó explicando la lección durante otra media hora. Después se fue al banco de Coretti y, soplándole muy despacio en la cara, lo despertó. Al ver delante al maestro retrocedió amedrentado. Pero el maestro le tomó la cabeza entre las manos y le dijo, besándolo:

-No te regaño, hijo mío. No es el sueño de la pereza el que sientes, sino el sueño del cansancio.

MI PADRE
Sábado, 17.

"Seguramente que ni tu compañero Coretti ni Garrone responderían a su padre como tú has respondido esta tarde al tuyo, Enrique. ¿Cómo es posible? Tienes que jurarme que no volverá a pasar nunca más mientras yo viva. Siempre que a una represión de tu padre te venga a los labios una mala respuesta, piensa en aquel día, que llegará irremisiblemente, en que tenga que llamarte a su lecho para decirte:

"-Enrique, te dejo.

"¡Oh hijo mío! Cuando oigas su voz por última vez, y aun después de mucho tiempo, cuando llores en su cuarto abandonado, en medio de todos los libros que él ya no abrirá más, entonces, recordando que alguna vez le faltaste al respeto, te preguntarás a ti mismo:
<<¿Cómo es posible> Entonces comprenderás que él ha sido siempre tu mejor amigo, que cuando se veía obligado a castigarte sufría más que tú, y que si te ha hecho llorar, ha sido por tu bien. Entonces te arrepentirás y besarás llorando aquella mesa sobre la cual ha trabajado y sobre la cual gastó su vida en bien de sus hijos.

"Ahora no comprendes. Él te esconde todo su interior, excepto su bondad y su cariño. Tú no sabes que a veces está tan quebrantado por el cansancio que piensa que vivirá pocos días, y que en tales momentos no habla más que de ti, y no tiene más pena en su corazón que el dejarte sin protección y pobre. ¡Y cuántas veces, pensando en esto, entra en tu cuarto mientras duermes y se queda mirándote con la luz en la mano y, haciendo un esfuerzo, cansado y triste, vuelve a su trabajo! Y ni siquiera te das cuenta de que en muchas ocasiones te busca, está contigo porque tiene una amargura en el corazón, y disgustos que todos los hombres sufren en el mundo, y te busca a ti como a un amigo para confortarte y olvidar, sintiendo necesidad de refugiarse en tu cariño, para volver a encontrar la serenidad y el valor. Piensa, por consiguiente, ¡qué doloroso debe ser para él cuando, en lugar de encontrar afecto en ti, halla frialdad e irreverencia! ¡No te manches jamás con tan horrible ingratitud! Piensa que aun cuando fueses bueno como un santo, nunca podrías recompensarlo bastante por lo que ha hecho y hace continuamente por ti. Y piensa también que con la vida no se puede contar: una desgracia te podría arrebatar a tu padre mientras todavía eres muchacho, dentro de dos años, o tres meses, o quizá mañana mismo. ¡Oh!
¡Pobre Enrique mío! Cómo verías cambiar todo a tu alrededor entonces! ¡Qué vacía y desolada te parecería la casa, solo, con tu pobre madre vestida de negro! ¡Vete, hijo; ve donde está tu padre; está trabajando en su cuarto. Ve de puntillas para que no te sienta entrar, ve a poner tu frente sobre sus rodillas y a decirle que te perdone y te bendiga.

Tu madre".

EN EL CAMPO
Lunes, 19.

Mi buen padre me perdonó una vez más, y me dejó ir a la jira que habíamos proyectado con el padre de Coretti, el revendedor de leña. Todos teníamos necesidad de alguna buena bocanada del aire de las colinas. Fue una diversión.

Ayer, a las dos, nos encontramos en la plaza del Estatuto, Derossi, Garrone, Garoffi, Precossi, Coretti padre e hijo y yo, con nuestras provisiones de frutas, de salchichón y de huevos duros. Teníamos también vasitos de cuero y de hojalata. Garrone llevaba una calabaza con vino blanco, y Coretti la cantimplora de soldado de su padre llena de vino tinto. El pequeño Precossi, con su blusa de maestro herrero, tenía bajo el brazo un pan de dos kilos.

Fuimos en ómnibus hasta la Gran Madre de Dios, y luego, andando, a escape por las colinas. ¡Había una sombra, un verdor, una frescura...! Dábamos volteretas en la pradera, metíamos la cara en todos los arroyuelos y saltábamos a través de todos los fosos.

Coretti padre nos seguía a lo lejos, con la chaqueta al hombro, fumando en su pipa de yeso, y de cuando en cuando nos amenazaba con la mano para que no nos desgarrásemos los pantalones. Precossi silbaba. Nunca lo había oído silbar. Coretti hijo hacía de todo, mientras andábamos; este hombrecito sabe hacer mil cosas con su navaja de resorte, del largo de un dedo: ruedecitas de molino, tenedores, jeringuillas; y quería llevar las cosas de los demás, e iba cargado que sudaba de firme, pero ligero como un cabrío montés. Derossi se detenía a cada paso para decirnos los nombres de las plantas y de los insectos. Yo no sé cómo se arregla para saber tanta cosa. Garrone iba comiendo su pan en silencio; pero ya no es el mismo que pegaba aquellos mordiscos que daba gusto ver, ¡pobre Garrone!, desde que perdió a su madre. Siempre es excelente, bueno como el pan. Cuando uno de nosotros tomaba carrera para saltar un foso, corría al otro lado para tenderle las manos; y como Precossi tenía miedo de las vacas, porque siendo pequeño había sido embestido, siempre que pasaba una Garrone se le ponía delante.

Subimos hasta Santa Margarita, y después bajamos por la pendiente, a saltos, rodando como pelotas. A Precossi se le enganchó y se le rasgó la blusa en un arbusto, y allí se quedó todo avergonzado con su jirón colgante, hasta que Garoffi, que tiene siempre alfileres en la chaqueta, se lo sujetó de manera que no se veía, mientras que él no cesaba de decirle: "Perdóname, perdóname"; y después comenzó a correr de nuevo. Garoffi no perdía su tiempo en el viaje: juntaba hierbas para ensalada, caracoles, y todas las piedras que brillaban algo se las metía en el bolsillo, pensando en que podrían tener algo de oro o de plata.

Siempre adelante corriendo, echándonos a rodar, trepando, a la sombra y al sol, arriba y abajo, por todas las elevaciones y senderos, llegamos sin fuerzas y sin aliento a la cima de una colina, donde nos sentamos a merendar en la hierba. Se veía una llanura inmensa, y todos los Alpes azules, con sus crestas blancas. Todos nos moríamos de hambre, y parecía que el pan se evaporaba. Coretti padre nos presentaba os pedazos de salchichón sobre hojas de calabaza. Todos nos pusimos a hablar a la vez de los maestros, de los compañeros que no habían podido venir y de los exámenes. Precossi se avergonzaba algo de comer, y Garrone le metía en la boca lo mejor de su parte, a la fuerza. Coretti estaba sentado al lado de su padre, con las piernas cruzadas; más bien parecían dos hermanos que no padre e hijo, al verlos tan juntos y alegres, los dos con los dientes tan blancos... El padre trincaba que era un gusto, apuraba hasta los vasos que nosotros dejábamos mediados, diciéndonos:

—A vosotros, estudiantes, sin duda os hace daño el vino; los revendedores de leña son los que tienen necesidad de él.

Después, asiendo por la nariz a su hijo, lo zarandeaba diciéndonos:

-Muchachos, quered mucho a éste, que es un perfecto caballero: ¡os lo digo yo! Todos sonreíamos excepto Garrone. Y seguía bebiendo.

-¡Qué lástima! Ahora estáis juntos como buenos amigos; y dentro de algunos años ¡quién sabe!. Enrique y Derossi serán abogados o profesores, o qué sé yo, y vosotros cuatro en una tienda, o en un oficio, o el diablo sabe dónde. Entonces, buenas noches, camaradas.

-¡Qué! —respondió Derossi-. Para mí Garrone será siempre Garrone, Precossi será siempre Precossi, y los demás lo mismo, aun cuando llegase a ser emperador de todas las Rusias. Donde estén ellos iré yo.

-¡Bendito seas! —exclamó Coretti padre, alzando la cantimplora-. Así se habla, ¡vive Cristo! ¡Venga esa mano! ¡Vivan los buenos compañeros, y viva también la escuela, que crea una sola familia entre los que tienen y los que no tienen!

Bebimos por última vez, y él gritó, poniéndose en pie y apurando el final:

-¡Viva el cuadro del cuarenta y nueve! ¡Y si alguna vez vosotros tuvieseis que formar el cuadro, mucho cuidado con mantenerse firmes como nosotros, muchachos!.

Ya era tarde: bajamos corriendo y cantando, y caminando largos trechos tomados del brazo. Cuando llegamos al Po oscurecía, y millares de luciérnagas cruzaban los aires. No nos separamos hasta llegar a la plaza del Estatuto y después de haber combinado el encontrarnos para ir todos juntos al teatro Víctor Manuel, para ver la distribución de premios a los alumnos de las escuelas de adultos.

¡Qué hermoso día! ¡Qué contento habría vuelto a casa si no hubiese encontrado a mi pobre maestra! La encontré al bajar las escaleras de nuestra casa, casi a oscuras. Apenas me reconoció me tomó ambas manos, diciéndome al oído:

-¡Adiós, Enrique! ¡Acuérdate de mí! Advertí que lloraba.
Subí y dije a mi madre:

-He encontrado a mi maestra.

-Sí; iba a acostarse —respondió mi madre, que tenía los ojos encendidos. Luego mirándome fijamente, añadió, con gran tristeza- Tu pobre maestra está... muy mal.

LA DISTRIBUCIÓN DE PREMIOS A LOS OBREROS
Domingo, 25.

Según habíamos convenido, fuimos todos juntos al teatro Víctor Manuel, a ver la distribución de premios a los operarios.

El teatro estaba adornado como el día 14 de marzo, y lleno de gente, pero casi todas eran familias de obreros. La platea estaba ocupada por los alumnos y alumnas de la escuela de canto coral, los cuales cantaron el himno a los soldados muertos en Crimea, tan hermoso que cuando terminó todos se levantaron palmoteando y gritando, hasta que lo repitieron. Inmediatamente comenzaron a desfilar los premiados ante el alcalde, el prefecto y otros muchos que les daban libros, libretas de la Caja de Ahorros, diplomas y medallas. En un lado de la platea vi al "albañilito", sentado junto a su madre; en otro lado estaba el director, y detrás de él, la cabeza roja de mi maestro e segundo año. Primeramente fueron pasando los alumnos de las escuelas nocturnas de dibujo: plateros, escultores, litógrafos, y también carpinteros y albañiles; luego, los de la Escuela de Comercio; después los del Liceo Musical, entre los cuales iban varias muchachas obreras, vestidas con los trajes de día de fiesta, que fueron saludadas con grandes aplausos, y que reían muy alegremente. Por fin, pasaron los alumnos de las escuelas nocturnas elementales, de todos los oficios y vestidos de muy diversos modos; hombres con el pelo entrecano, muchachos de las fábricas y operarios de larga barba negra. Los pequeños se presentaban con mucha desenvoltura; los hombres, algo perplejos. La gente aplaudía a los más viejos y a los más jóvenes. Pero ninguno reía entre los espectadores; al contrario de lo que sucedía el día de nuestra fiesta, todos estaban atentos y serios.

Muchos de los premiados tenían a su mujer y a sus hijos en la platea, y había niños que, al ver a su padre por el escenario, lo llamaban por su nombre y en alta voz, señalándolo con la mano y riendo fuertemente. Pasaron labradores y mozos de cordel, de la escuela Boncompagni. De la escuela de la Ciudadela se presentó un limpiabotas, a quien conoce mi padre, y el prefecto le dio un diploma. Tras él veo venir un hombre tan grande como un gigante y a quien me parecía haber visto otras veces... Era el padre del "albañilito", que había ganado ¡el segundo premio!. Me acordé de cuando lo había visto en la buhardilla junto a la cama de su hijo enfermo; busqué a éste con la vista en las butacas: ¡Pobre "albañilito"! Estaba mirando a su padre con los ojos brillantes y para esconder la emoción ponía hocico de liebre.

En aquel momento oí un estallido de aplausos, y miré al escenario: era un pequeño deshollinador, con la cara lavada, pero con traje de trabajo; el alcalde le hablaba, teniéndole asida una mano. Después del deshollinador vino un cocinero. Luego se presentó a recoger la medalla un barrendero municipal, de la Escuela Raineri. Sentía en mi corazón un no sé qué, algo así como un gran afecto y un gran respeto, al pensar cuánto habían costado aquellos premios a todos aquellos trabajadores, padres de familia y llenos de preocupaciones; cuántas fatigas añadidas a las suyas; cuántas horas robadas al sueño, que tanto necesitaban, y también cuánto esfuerzo de parte de su inteligencia, sin tener hábitos de estudio.

Pasó un muchacho de taller. Era evidente que su padre le había prestado su chaqueta para aquella ocasión: le colgaban las mangas tanto que no tuvo más remedio que arremangárselas allí mismo, para poder recibir su premio; muchos rieron, pero pronto quedó sofocada la risa por los aplausos. Apareció luego un viejo con la cabeza calva y la barba blanca. Más tarde, soldados de artillería, de los que venían a la escuela de adultos de nuestra sección; enseguida, guardas de consumos y vigilantes municipales. Por fin, los alumnos de la escuela de música coral cantaron otra vez el himno a los muertos de Crimea, pero con tanto vigor, con tal fuerza de expresión, brotada tan francamente del alma, que esta vez la gente no aplaudió, y salieron todos conmovidos, lentamente y sin ruido.

A los pocos minutos la calle estaba llena de gente. Delante de la puerta del teatro estaba el deshollinador, con su libro de premio, encuadernado en tela roja, y un grupo de señores que lo rodeaban, haciéndole mil preguntas. Muchos operarios, muchachos, guardias, maestros, se saludaban de un lado a otro de la calle. Mi maestro de segundo año salió entre dos soldados de artillería. Se veían mujeres de obreros con sus niños en brazos, los cuales llevaban en sus manecitas el diploma del padre, enseñándolo orgullosos a las gentes.

MI MAESTRA MUERTA
Martes, 27.

Mientras nosotros estábamos en el teatro Víctor Manuel, mi pobre maestra agonizaba. Murió a las dos, siete días después de haber ido a ver a mi madre.

El director estuvo ayer por la mañana a darnos la noticia en la escuela. Y añadió:

-Los que de vosotros hayan sido alumnos suyos saben qué buena era y cuánto quería a los niños. Fue una madre para ellos. ¡Ahora ya no existe! Una terrible enfermedad venía consumiéndola hacía mucho tiempo. Si no hubiese tenido que trabajar para ganarse el pan se habría curado o, por lo menos, su vida acaso se habría podido prolongar algunos meses con el descanso de una licencia. Pero quiso estar entre sus niños hasta el último día. El sábado 17, por la tarde, se despidió de ellos, con la seguridad de no volver a verlos; los aconsejó, besó a todos y se fue sollozando. ¡Ya ninguno volverá a verla! Niños, acordaos de ella.

El pequeño Precossi, que había sido alumno suyo de enseñanza primaria superior, inclinó la cabeza sobre el banco y se echó a llorar.

Ayer tarde, después de clase, fuimos todos juntos a la casa mortuoria, para acompañar el cadáver a la iglesia. Había en la calle un carro fúnebre con dos caballos y mucha gente alrededor que hablaba en voz baja. Estaba el director, los maestros y las maestras de nuestra escuela, y también de otras secciones donde ella había enseñado años atrás. Los niños de su clase, llevados de la mano por sus madres, iban con velas; y había muchísimos de otras clases y unas cincuenta alumnas de la sección Baretti, bien con coronas, bien con ramitos de rosas en la mano. Sobre el ataúd habían colocado ya muchos ramos de flores, y pendiente del carro una corona grande de siemprevivas con la siguiente inscripción, en caracteres negros: "A su maestra, las ex alumnas de cuarto grado". Bajo esta corona grande iba colgada otra pequeña, que habían llevado sus niños. Se veían entre la multitud muchas criadas de servicio, enviadas por sus amos, con velas; y dos lacayos de librea, con antorchas encendidas. Un señor rico, padre de un alumno de la maestra, había hecho ir su carruaje, forrado de seda azul. Todos se apiñaban ante la puerta, varias niñas enjugaban sus ojos llenos de lágrimas. Estuvimos esperando largo rato en silencio. Finalmente, bajaron la caja. Cuando algunos niños vieron colocar el ataúd en el carro fúnebre se echaron a llorar, y uno comenzó a gritar, como si sólo en aquel momento se hubiera enterado de que su maestra había muerto, dando unos sollozos tan convulsivos que tuvieron que retirarlo. El cortejo se puso en orden lentamente y comenzó a moverse. Iban primero las hijas del Refugio de la Concepción, vestidas de verde; después las hijas de María, de blanco, con lazos azules; luego los sacerdotes; detrás del carro los maestros y las maestras, los alumnos de la primera superior, y todos los demás; y, por fin, la muchedumbre sin orden especial.
La gente se asomaba a las ventanas y a las puertas, y al ver a todos los muchachos y las coronas decían: "Es

una maestra". Aun entre las mismas señoras que acompañaban a los más pequeños había algunas que lloraban.

Así que llegamos a la iglesia bajaron la caja del carro y la pusieron en el centro de la nave, delante del altar mayor; las maestras depositaron en ella sus coronas, los niños la cubrieron de flores, y la gente toda que había alrededor, con las hachas encendidas, en medio de la oscuridad del templo, comenzó a cantar las oraciones. Enseguida que el sacerdote dijo el último "Amén", todos apagaron los hachones y las velas y salieron apresuradamente, quedándose sola la maestra.

¡Tan buena como ha sido conmigo, tan paciente, con tantos años como ha trabajado! Ha dejado sus pocos libros a los alumnos; a u no un tintero, a otro un cuadrito, todo lo que poseía. Dos días antes de morir dijo al director que no dejasen ir a los más pequeños a acompañarla; porque no quería que llorasen. Ha hecho siempre el bien, ha sufrido, ha muerto. ¡Pobre maestra, ha quedado sola en la oscura iglesia! ¡Adiós! ¡Adiós para siempre, mi buena amiga, dulce y triste recuerdo de mi infancia...!.

¡GRACIAS!
Miércoles, 28.

Mi pobre maestra ha querido terminar su año escolar. Sólo tres días antes de concluir las lecciones se ha ido.

Pasado mañana iremos todavía a clase, para oír leer el último cuento mensual, Naufragio; y después..., se acabó. El sábado, primero de julio, los exámenes. Otro año, por consiguiente, y ¡ha terminado el cuarto! Y si no se hubiese muerto mi maestra, lo habría pasado bien. Reflexiono sobre lo que sabía en octubre, y me parece que ahora sé bastante más; encuentro muchas cosas nuevas en la mente; soy capaz de decir y escribir mejor que antes lo que pienso; podría, también, hacer cuentas para muchos mayores que no las saben sacar, y ayudarlos así en sus negocios. Comprendo con más claridad casi todo lo que leo.
Estoy contento. Pero, ¡cuántos me han impulsado y ayudado a aprender: unos de un modo, otros de otro; en casa, en la escuela, por la calle, en todas partes adonde he ido y he visto algo!

Yo doy gracias a todos en este momento. Doy gracias a ti, en primer lugar, mi buen maestro, que has sido tan indulgente y afectuoso conmigo, y para quien representa un trabajo cada uno de los conocimientos nuevos de que ahora me regocijo y me vanaglorio. Te doy gracias a ti, Derossi, mi admirable compañero, que con tus explicaciones prontas y amables me has hecho comprender tantas veces cosas difíciles y superar muchos escollos en los exámenes; a ti, también, Stardi, fuerte y valeroso, que me has mostrado cómo una voluntad de hierro es capaz de todo; a ti, Garrone, generoso y bueno, que haces generosos y buenos a todos los que te conocen; y también a vosotros, Precossi y Coretti, que me habéis dado siempre ejemplo de valor en los sufrimientos y de serenidad en el trabajo; y al daros gracias a vosotros, doy gracias a todos los demás. Pero, sobre todos, te doy gracias a ti, padre mío, a ti, mi primer maestro, mi primer amigo, que me has ofrecido tantos buenos consejos y en enseñado tantas cosas, mientras trabajabas para mí, ocultándome siempre tus tristezas y buscando de todas maneras cómo hacerme fácil el estudio y hermosa la vida; a ti, dulce madre mía, mi querido y bendito ángel custodio, que has gozado con todas mis alegrías y sufrido todas mis amarguras; que has penado y estudiado conmigo, acariciándome la frente con una mano, mientras que con la otra me señalabas el cielo. Yo hinco mis rodillas ante ti, como cuando era niño, y os doy gracias con toda la ternura que pusisteis en mi alma en doce años de sacrificios y de amor.

NAUFRAGIO

Hace muchos años, una mañana del mes de diciembre, zarpaba del puerto de Liverpool un gran buque de vapor, que llevaba a bordo más de doscientas personas, entre ellas setenta hombres de tripulación.

El capitán y casi todos los marinero eran ingleses. Entre los pasajeros se encontraban varios italianos: tres caballeros, un sacerdote y una compañía de músicos.

El buque iba a la isla de Malta. El tiempo estaba borrascoso.

Entre los pasajeros de tercera clase, a proa, se contaba un muchacho italiano, de doce años, aproximadamente, pequeño para su edad, pero robusto; un hermoso rostro siciliano, audaz y severo. Estaba solo, cerca del palo trinquete, sentado sobre un montón de cuerdas, al lado de una maletilla usada que contenía su equipaje y sobre la cual se apoyaba.

Tenía el rostro moreno y el cabello negro y rizado, que casi le caía sobre las espaldas. Estaba vestido pobremente, con una manta destrozada sobre los hombros y una vieja bolsa de cuero colgada.

Miraba pensativo, a su alrededor, a los pasajeros, al barco, a los marineros que pasaban corriendo y al inquieto mar. Tenía el aspecto de un muchacho que acabara de experimentar una gran desgracia familiar; cara de niño y expresión de hombre.

Poco después de la salida, uno de los marineros, un italiano, con el cabello gris, apareció a proa conduciendo de la mano una muchacha y, parándose delante del pequeño siciliano, le dijo:

-Aquí tienes una compañera de viaje, Mario. Después se marchó.
La muchacha se sentó sobre el montón de cuerdas, al lado del chico. Se miraron.

-¿Adónde vas? -le preguntó el siciliano. La muchacha respondió:
-A Malta, por Nápoles. —Después añadió-: Voy a reunirme con mi padre y mi madre que me esperan. Me llamo Julieta Faggiani.

El muchacho permaneció callado. Después de algunos minutos sacó de la bolsa pan y frutas secas. La chica tenía bizcochos. Comieron.

-¡Alegrémonos! —gritó el marinero italiano, pasando rápidamente-. ¡Ahora empieza una danza!

El viento arreciaba y el barco se mecía con fuerza. Pero los dos muchachos, que no se mareaban, no tenían cuidado. La muchacha sonreía. Era poco más o menos de la misma edad que su compañero, pero mucho más alta, morena, delgada, algo enfermiza, y vestida más que modestamente. Tenía el cabello cortado y recogido, un pañuelo encarnado alrededor de la cabeza, y en las orejas, pendientes de plata.

Mientras comían se contaron sus asuntos. El muchacho no tenía padre ni madre. Su padre, obrero, había muerto en Liverpool pocos días antes, dejándolo solo, y el cónsul italiano lo había mandado a su país, a Palermo, donde le quedaban parientes lejanos. La muchacha había sido llevada a Londres, el año antes, a casa de una tía viuda que la quería mucho, y a la cual sus padres (que eran pobres) se la habían dejado por algún tiempo, confiados en la promesa de la herencia. Pero pocos meses después la tía había muerto aplastada por un ómnibus sin dejar un céntimo, y entonces también ella había recurrido al cónsul, que la había embarcado para Italia. Los dos habían sido recomendados al marinero italiano.

-Así –concluyó la niña- mi padre y mi madre creían que volvería rica, y, al contrario, vuelvo pobre. Pero me quieren mucho de todas maneras, y mis hermanos también. Cuatro tengo, todos pequeños; yo soy la mayor, soy quien los viste. Tendrán mucha alegría al verme. Entraré de puntillas... ¡Qué malo está el mar!

Después le preguntó al muchacho:

-¿Y tú? ¿Vas a vivir con tus parientes?

-Sí...; si quieren –respondió.

-¿No te quieren bien?

-No lo sé.

-Yo cumplo trece años en Navidad –dijo la muchacha.

Luego empezaron a charlar del mar y de la gente que había alrededor. Todo el día estuvieron reunidos, cambiando de cuando en cuando alguna palabra. Los pasajeros creían que eran hermano y hermana. La niña hacía calcetas, el muchacho meditaba, el mar seguía engrosado. Por la noche, en el momento de separarse para ir a dormir, la niña dijo a Mario:

-Que duermas bien.

-¡Nadie dormirá bien, pobres niños! –exclamó el marinero italiano, al pasar corriendo, llamado por el capitán.

El muchacho iba a responder a su amiga: "Buenas noches" cuando un golpe inesperado de mar lo lanzó con violencia contra un banco.

-¡Madre mía... ! ¡Que se ha lastimado...! –gritó la chica, echándose sobre él.

Los pasajeros, que escapaban abajo, no hicieron caso. La niña se arrodilló junto a Marcos, que estaba aturdido por el golpe, le lavó la frente, que sangraba, y quitándose el pañuelo rojo se lo ató alrededor de la cabeza, y al estrechar la frente contra su pecho para anudar las puntas del pañuelo atrás, le quedó una mancha de sangre en el vestido amarillo, sobre el cinturón. Mario se repuso y se levantó.

-¿Te sientes mejor? –preguntó la muchacha

-Ya no tengo nada –contestó.

-Duerme bien –dijo Julieta.

-Buenas noches –respondió Mario.

Y bajaron por dos escaleras próximas a sus respectivos dormitorios.

El marinero había acertado en su augurio. No se habían dormido aún cuando se desencadenó una horrorosa tormenta.

Fue como un asalto inesperado de olas furiosas, que en pocos momentos despedazaron un mástil y se llevaron tres de las lanchas sujetas a las grúas y cuatro bueyes que estaban a proa, como si hubiesen sido hojas secas. En el interior del buque reinaba gran confusión y espanto indescriptible; un ruido, una batahola de gritos, de llantos y de plegarias ponían los pelos de punta. La tempestad fue aumentando su furia toda la noche. Al amanecer creció más todavía. Las olas formidables, azotando el barco de través, rompían sobre cubierta y destrozaban, barrían, revolvían en el mar todas las cosas.

La plataforma que cubría la máquina se rompió, y el agua se precipitó dentro con estrépito terrible, los fuegos se apagaron, los maquinistas huyeron, grandes arroyos impetuosos penetraron por todas partes. Una voz fuerte gritó: "¡A la bomba!"" Era la voz del capitán. Los marineros se lanzaron a la bomba. Pero un rápido golpe de mar, rompiéndose contra el buque por detrás, destrozó parapetos y escotillas, y echó dentro un torrente deagua.

Todos los pasajeros, más muertos que vivos, se habían refugiado en la cámara. De allí a poco apareció el capitán.

-¡Capitán! ¡Capitán! –gritaban todos a la vez-. ¿Qué se hace? ¿Cómo estamos? ¿Hay esperanzas? ¡Salvadnos!.

El capitán esperó que todos callasen y dijo lentamente:

-Resignémonos.

Una sola mujer lanzó un grito.

-¡Piedad!

Ningún otro pudo echar voz fuera. El terror los había petrificado a todos. Mucho tiempo pasó en silencio sepulcral. Todos se miraban con el rostro blanco. El mar, horroroso se enfurecía cada vez más. El buque se agitaba pesadamente.

En un momento dado el capitán intentó echar al mar una lancha de salvamento. Cinco marineros entraron en ella. La barca descendió; pero las olas la volcaron, y dos de ellos se sumergieron, uno de los cuales era el italiano. Los otros, con mucho trabajo, consiguieron agarrarse a las cuerdas y volver a salir. Después de esto los mismos marinero perdieron toda esperanza. Dos horas pasaron y el buque ya estaba sumergido en el agua hasta la altura de las bordas.

Un espectáculo terrible ocurría entretanto en cubierta. Las madres estrechaban desesperadamente a sus hijos en sus brazos; los amigos se abrazaban y se despedían: algunos bajaban a los camarotes para morir sin ver el mar. Un pasajero se disparó un tiro en la cabeza y cayó boca abajo sobre la escalera del dormitorio, donde expiró. Muchos se agarraban frenéticamente unos a otros. Algunas mujeres se retorcían en convulsiones horribles. Otras estaban arrodilladas junto al sacerdote. Se oía un coro de sollozos, de lamentos infantiles, de voces agudas y extrañas, y se veían por algunos lados personas inmóviles, como estatuas, estúpidas, con los ojos dilatados y sin vista, con rostros de muertos o de locos. Los dos muchachos, Mario y Julieta, aferrados a un palo del buque, miraban el mar con los ojos fijos, como insensatos.

El mar se había aquietado un poco, pero el barco continuaba hundiéndose lentamente. No quedaban más que pocos minutos.

-¡La chalupa al mar! –gritó el capitán.

Una chalupa, la última que quedaba, fue botada al agua, y catorce marineros y tres pasajeros bajaron. El capitán permaneció a bordo.

-¡Baje con nosotros! –gritaron de la barca.

-Yo debo morir en mi puesto –respondió el capitán.

-Encontraremos un barco –le gritaron los marineros-; nos salvaremos. Baje. Está perdido.

-Yo me quedo.

-¡Todavía hay un sitio! –gritaron, entonces, los marineros, volviéndose a los otros pasajeros-. ¡Una mujer!.

Una mujer avanzó sostenida por el capitán; pero cuando vio la distancia a que se encontraba la chalupa no tuvo valor de dar el salto, y cayó sobre cubierta. Las otras mujeres estaban casi todas desmayadas y como muertas.

-¡Un muchacho! –gritaron los marineros.

A aquel grito, el muchacho siciliano y su compañera, que habían permanecido hasta entonces petrificados por el sobrehumano asombro, despertados de pronto por el instinto de vida, se soltaron al mismo tiempo del palo y se lanzaron al borde del buque, exclamando a una: "¡A mí!", y procurando el uno echar atrás al otro recíprocamente, como dos fieras furiosas.

-¡El más pequeño! –gritaron los marineros-. ¡La barca está muy cargada! ¡El más pequeño!.

Al oír aquella palabra la muchacha, como herida por un rayo, dejó caer los brazos y permaneció inmóvil, mirando a Mario con los ojos apagados.

Mario la miró un momento, le vio la mancha de sangre sobre el pecho, se acordó: el relámpago de una idea divina cruzó por sus ojos.

-¡El más pequeño! –gritaron en coro los marineros, con imperiosa impaciencia-. ¡Nos vamos!.

Y entonces Mario, con una voz que no parecía la suya, gritó:

-¡Ella es más ligera! ¡Tú, Julieta! ¡Tú tienes padre y madre! ¡Yo soy solo! ¡Te doy mi sitio! ¡Anda!.

-¡Échala al mar! –gritaron los marineros.

Mario agarró a Julieta por la cintura y la arrojó al mar.

La muchacha dio un grito y cayó; un marinero la tomó por un brazo y la subió a la barca.

El muchacho permaneció derecho sobre la borda del buque, con la frente alta, con el cabello flotando al aire, inmóvil, tranquilo, sublime.

La barca se movió, y apenas tuvo tiempo para escapar del movimiento vertiginoso del agua producido por el buque que se hundía y que amenazaba volcarla.

Entonces la muchacha, que había estado hasta aquel momento casi sin sentido, alzó los ojos hacia el niño y empezó a llorar:

-¡Adiós, Mario! –le gritó, entre sollozos, con los brazos tendidos hacia él-. ¡Adiós, adiós, adiós!.

-¡Adiós! –respondió el muchacho, levantando al cielo las manos.

La barca se alejaba velozmente sobre el mar agitado, bajo el cielo oscuro. Ya nadie gritaba sobre el buque.

El agua lamía ya el borde de la cubierta. De pronto el muchacho cayó de rodillas, con las manos juntas y con los ojos vueltos al cielo. La muchacha se tapó la cara. Cuando alzó la cabeza, echó una mirada sobre el mar.

El buque había desaparecido.

JULIO

LA ÚLTIMA PÁGINA DE MI MADRE
Sábado, 1°.

"El año ha concluido, Enrique, y bueno será que te quede como recuerdo del último día la imagen del niño sublime que dio la vida por su amiga. Ahora te vas a separar de tus maestros y de tus compañeros, y tengo que darte una triste noticia. La separación no durará sólo tres meses, sino siempre. Tu padre, por motivos de su profesión, tiene que ausentarse de Turín; todos nosotros con él. Nos marcharemos en el próximo otoño. Tendrás que entrar en otra escuela nueva. Esto te disgusta, ¿no es verdad? Porque estoy segura de que quieres a tu antigua escuela, donde durante cuatro años, dos veces al día, has experimentado la alegría de haber trabajado; donde has visto por tanto tiempo, a la misma hora, los mismos muchachos, los mismos profesores, los mismos padres, y a tu padre y a tu madre que te esperaban sonriendo; tu antigua escuela, donde se ha desarrollado tu espíritu, donde has encontrado tantos buenos camaradas, en donde cada palabra que has oído decir tenía por objeto tu bien, y no has experimentado un disgusto que no te haya sido útil.
Lleva, pues, este afecto contigo, y da un adiós de corazón a todos esos niños. Algunos serán desgraciados, perderán pronto a sus padres y a sus madres; otros morirán jóvenes; otros, tal vez, derramarán noblemente su sangre en las batallas; muchos serán buenos y honrados obreros, padres de familia, trabajadores y dignos como los suyos, y ¡quién sabe si no habrá alguno también que prestará grandes servicios a su país, y hará su nombre glorioso! Sepárate de todos afectuosamente; deja un poco de cariño en esa gran familia, en la cual has entrado de niño y has salido casi jovenzuelo, y que tu padre y tu madre aman tanto, porque tú has sido allí muy querido.

"La escuela es una madre, Enrique mío: ella te arrancó de mis brazos, hablando apenas, y ahora te me devuelve grande, fuerte, bueno, inteligente, aplicado. ¡Bendita sea, y no la olvides jamás, hijo mío! ¡Oh, es imposible que la olvides! Te harás hombres, recorrerás el mundo, verás ciudades inmensas, monumentos maravillosos, y acaso te olvides de muchos de éstos; pero aquel modesto edificio blanco, con aquellas persianas cerradas y aquel pequeño jardín, donde se abrió la primera flor de tu inteligencia, lo tendrás presente hasta el último día de tu vida, como yo conservo siempre en mi memoria la casa en la cual escuché tus ayes la vez primera.

Tu madre"

LOS EXÁMENES

Estamos ya en época de exámenes. Por las calles de alrededor de la escuela no se oye hablar de otra cosa a chicos, padres, madres y hasta a las hayas, que de exámenes, puntos, temas, aprobado, aplazado, mediano, bueno, notable, sobresaliente. Todos repiten las mismas palabras.

Ayer por la mañana tocó el examen de composición; esta mañana, el de aritmética. Era conmovedor ver a todos los padres conduciendo a sus hijos a la escuela, dándoles los últimos consejos por la calle, y a muchas madres que los llevaban hasta las bancas, para mirar si había tinta en el tintero, probar si la pluma escribía bien, y se volvían desde la puerta para decir:

-¡Atención! ¡Valor!

Nuestro maestro examinador era Coatti, el de las barbas negras, que grita como un león y que jamás castiga. Se veían caras de muchachos, blancas como el papel. Cuando el maestro rompió el sobre del oficio de la Municipalidad donde mandaba el problema que debía servir para tema del examen, no se oía una respiración. Dictó el problema en alta voz, mirando ya a uno, ya a otro, con miradas severas; pero se comprendía que si hubiera podido dictar al mismo tiempo la solución, para que todos fueran aprobados, lo habría hecho de buena gana.

Después de una hora de trabajo muchos empezaban a desesperarse, porque el problema era difícil. Uno lloraba. Crossi se daba con los puños en la cabeza. Y muchos no tienen culpa de no saber, ¡pobres chicos!, pues no han tenido mucho tiempo para estudiar, y los han descuidado sus padres. ¡Pero había una Providencia! Era de ver el trabajo que se daba Derossi para ayudar a todos, cómo se ingeniaba para hacer pasar de mano en mano una cifra, y para sugerir una operación, sin que lo descubriesen, interesado por unos y por otros, como si fuese nuestro propio maestro. También Garrone, que era fuerte en aritmética, ayudaba al que podía, hasta a Nobis, que, encontrándose apurado, se había vuelto cortés.
Stardi estuvo más de una hora inmóvil, sin pestañear, sobre el problema, con los puños en las sienes, los codos en la banca, y después hizo todo en cinco minutos.

El maestro daba vueltas por entre los bancos, diciendo:

-¡Calma! ¡Calma! No hay que precipitarse.

Y cuando veía a alguno descorazonado, para darle ánimo y hacerle reír, abría la boca, imitando al león, como si fuera a tragárselo.

Hacia las once, mirando a través de las persianas, vi muchos padres impacientes que se paseaban; entre otros el de Precossi, con su blusa azul, que había dado una escapada de la fragua y que traía la cara negra. También distinguí la madre de Crossi, la verdulera; la de Nelli, vestida de negro, y que no se podía estar quieta. Poco antes de las doce llegó mi padre, y dirigió los ojos hacia la ventana tras de la cual me suponía. ¡Pobre padre mío!.

A las doce en punto todos habíamos concluido. Era de ver la salida. Todos venían al encuentro de nosotros, preguntándonos, hojeando los cuadernos, confrontando los trabajos.

-¡Cuántas operaciones!

-¿Cuál es el total?

-¿Y la sustracción?

-¿Y la respuesta?

-¿Y la coma de los decimales?

Los profesores iban y venían, llamados de cien partes. Mi padre me arrancó de las manos el borrador, miró y dijo:

-¡Está bien!

A nuestro lado estaba el herrero Precossi, que también miraba el trabajo de su hijo, algo inquieto, y que no acababa de comprenderlo. Se volvió a mi padre y le preguntó:

-¿Quiere usted hacerme el favor de decirme el resultado?

Mi padre leyó la cifra; aquél miró la de su chico y era la misma.

-¡Bravo, pequeñín! —exclamó, en un rapto de alegría.

Él y mi padre se miraron un momento sonrientes, como dos buenos amigos. Mi padre le alargó la mano, él se la apretó, y se separaron, diciendo:

-Ahora falta el oral. ¡Hasta el oral!

A poco oímos una voz en falsete que nos hizo volver la cabeza. Era el herrero Precossi que se alejaba cantando.

EL ÚLTIMO EXAMEN
Viernes, 7.

Esta mañana fue el examen oral. A las ocho estábamos todos en clase; a las ocho y cuarto empezaron a llamarnos de cuatro en cuatro para ir al salón de actos, donde, detrás de una gran mesa cubierta con un tapete verde, estaban sentado el director y cuatro profesores, uno de ellos el nuestro. Yo fui de los primeros. ¡Pobre maestro1 ¡Cómo he captado hoy que nos quiere de veras! Mientras nos preguntaban los demás, él no nos quitaba la vista de encima. Se turbaba cuando dudábamos; se serenaba cuando respondíamos bien; no perdía sílaba y no cesaba de hacernos gestos con la cabeza y las manos para decirnos: "¡Bien, no, fíjate, valor, más despacio, ánimo!". Nos habría apuntado letra por letra, si en su mano estuviese el hacerlo. De haber estado en su lugar uno tras otro, todos los padres de los alumnos no habrían hecho más. De buena gana le habría gritado: "¡Gracias!", diez veces, delante de todos, durante el examen. Y cuando los otros profesores me dijeron: "Está bien; ve con Dios", vi que le brillaban los ojos de alegría.

Volvía a la clase a esperar a mi padre. Todavía estaban allí casi todos. Me senté al lado de Garrone. No sentía ni pizca de contento. Pensaba que era la última hora que íbamos a pasar juntos. Aun no le había dicho que no seguiría con él en la cuarta clase del año siguiente porque tenía que salir de Turín con mi familia. Él no sabía ni palabra. Estaba allí, doblado en dos como siempre, pues apenas cabía entre el asiento y la banca, con su cabezota inclinada sobre una fotografía de su padre, en la cual había adornos pintados alrededor del retrato, y en el que aparece vestido de maquinista un hombre alto y grueso, con cuello de toro y de aspecto serio y honrado como el hijo; y mientras estaba allí con la cabeza baja reparé que se le veía por entre la camisa entreabierta, sobre el pecho desnudo y robusto, la cruz de oro que le regaló la madre de Nelli cuando supo que protegía a su hijo. Pero era preciso que yo le anunciase que me iba, y le dije:

-Garrone, este año mi padre se marcha de Turín para siempre. Me preguntó si yo también me marchaba. Le respondí que sí.
-¿No seguirás entonces cuarto año con nosotros?

-No.

Y al punto se quedó suspenso unos instantes, y luego continuó dibujando. Después me preguntó, sin levantar la cabeza:

-¿Te acordarás de tus compañeros de tercer año?

-Sí. De todos; pero de ti... mucho más. ¿Quién se puede olvidar de ti?

Se quedó mirándome fijo y serio, con una mirada que decía mil cosas, y no dijo nada. Solamente me alargó la mano izquierda, fingiendo que seguía dibujando con la derecha. Yo le tomé aquella mano fuerte y leal, y se la estreché entre las mías.

En aquel instante entró deprisa el maestro, encendido como la grana, y dijo en voz baja atropelladamente y muy alegre:

-¡Bravo! ¡Hasta ahora todo va bien. Que sigan así los que faltan. ¡Bravo, muchachos!
¡Valor! ¡Estoy muy contento!

Y para mostrar su alegría y animarnos, al salir corriendo hizo como que tropezaba y se agarró a la pared como para no caer. ¡Él, a quien no habíamos visto reír nunca! La cosa nos pareció tan rara que, en lugar de reír, nos quedamos asombrados. Todos sonreímos, pero ninguno se rió. Y bien, yo no sé por qué, me produjo pena y ternura a un tiempo aquel acto de alegría infantil. Aquel momento de locura alegre era todo su premio, el premio de nueve meses de bondad, de paciencia y hasta de disgustos. ¡Para aquel resultado satisfactorio se había fatigado tanto tiempo, y había venido tantas veces enfermo a dar clases nuestro pobre maestro! ¡Aquello, y no más que aquello, nos pedía a nosotros, en cambio de tanto afecto y de tantos cuidados! Y ahora me parece que lo veré siempre en aquella postura de chicuelo revoltoso, cuando me acuerde de él, por espacio de muchos años. Y si cuando sea hombre vive todavía, y nos encontramos, se lo diré, le recordaré aquel acto que tan hondo me tocó el corazón, y besaré sus venerables canas.

¡ADIÓS!

Lunes, 19.

A la una nos hallamos todos por última vez en la escuela para saber el resultado de los exámenes y recoger los certificados. La calle rebosaba de padres, que también habían invadido el salón de actos y muchos hasta se metieron en las clases, empujándose alrededor de la mesa del profesor. En mi clase ocupaban a lo largo de las paredes todo el espacio libre entre éstas y los primeros bancos. Estaba el padre de Garrone, la madre de Derossi, el herrero Precossi, Coretti, la señora Nelli, la verdulera, el padre del "albañilito", el de Stardi, y muchos otros que nunca había visto yo. Por todas partes se percibía un murmullo, un zumbido, como si estuviésemos en una plaza. Entró el maestro, e inmediatamente reinó profundo silencio. Tenía en la mano la lista, y comenzó a leer súbitamente:

-Abatucci, aprobado: sesenta septuagésimos; Archini, aprobado: cincuenta y cinco septuagésimos.

El "albañilito", aprobado; Crossi, aprobado. Después leyó fuerte:

-Ernesto Derossi, aprobado, setenta septuagésimos, con el primer premio.

Todos los padres que lo conocían exclamaron:

-¡Bravo, Derossi! ¡Bravo!

Él sacudió sus bucles rubios y, sonriendo con graciosa desenvoltura, miró a su madre, que lo saludó con la mano.

Garrone, Garoffi, el calabrés, aprobados; después, tras o cuatro seguidos, suspenso; y uno se echó a llorar, porque su padre, que estaba en la puerta, lo amenazaba. Pero el maestro se dirigió al padre y le dijo:

-Dispense usted. No, señor; no siempre es toda la culpa del alumno. Entre por mucho, en ocasiones, la desgracia, y éste es un caso.

Luego siguió leyendo:

-Nelli, aprobado: sesenta y dos septuagésimos.

Su madre le envió un beso con el abanico. Stardi era aprobado con sesenta y siete septuagésimos; pero, al escuchar tan bella calificación, ni siquiera se sonrió, ni se movió, ni levantó los codos de la banca, ni movió los puños de las sienes. El último fue Votini, que venía elegantemente vestido y muy bien peinado, aprobado.

Terminada la lista, el maestro se levantó y dijo:

-Niños: ésta es la última vez que nos encontramos reunidos. Hemos estado juntos un año, y ahora nos separamos como buenos amigos; ¿no es cierto? Siento separarme de vosotros, queridos hijos. –Se interrumpió un poco y continuó-: Si alguna vez me ha faltado la paciencia; si alguna vez, sin querer, he sido injusto o demasiado severo, perdonadme.

-¡No, no! –exclamaron a una muchos padres y muchos escolares-. No, señor profesor, nunca, jamás.

-Dispensadme –repitió el maestro-, y no dejéis de quererme. El año venidero no estaréis ya conmigo, pero os veré de vez en cuando y permaneceréis de todas maneras en mi corazón.
¡Hasta la vista, pues, muchachos!

Dicho lo cual se adelantó hacia nosotros, y todos le extendían la mano, empinándose, subiéndose en los bancos, tomándolo por los faldones, reteniéndolo por los brazos.
Muchos lo abrazaron y hasta lo besaron, y gritaron cincuenta voces:

-¡Hasta la vista, señor profesor!

-¡Gracias, señor maestro! ¡Que se acuerde usted de nosotros!.

Cuando salió, parecía extraordinariamente conmovido. Abandonamos la sala en forma confusa. De las otras clases también salían otros. Era una confusión indescriptible de niños y padres y de saludos a maestros y a profesoras, y de despedidas mutuas entre alumnos. La maestra de la pluma encarnada tenía a cuatro o cinco niñas encima, y no menos de veinte alrededor, que no la dejaban respirar. A la "monjita" le habían destrozado el sombrero a fuerza de abrazos y la tenían convertida en un jardín, pues, por entre los botones del traje, le colocaron una docena de ramitos de flores y hasta en los bolsillos.
Muchos festejaron a Robetti, que precisamente en aquel día había tirado las muletas. Por todos lados se escuchaba:
-¡Hasta el año que viene! ¡Hasta el veinte de octubre! ¡Hasta la vista por Todos los Santos!

¡Ah! ¡Cómo se olvidaban en aquel momento los sinsabores y disgustos pasados! Votini, que siempre tuvo tantos celos de Derossi, fue el primero en buscarlo con los brazos abiertos. Yo di el último estrecho abrazo al "albañilito", precisamente en el instante en que me ponía por última vez el hociquito de liebre... ¡Pobre chico! Saludé a Precossi, a Garoffi, que me dijo que había ganado un premio en la última rifa y me dio un pequeño prensa-papeles de mayólica, roto por una esquina; y a derecha e izquierda distribuí apretones de manos. Fue digno de ver cómo el pobre Nelli se abrazó de tal modo a Garrone que no había medio de que se desprendiese de él; y todos rodearon a Garrone, gritando:

-¡Adiós, Garrone, adiós!

Y Garrone por acá, Garrone por allá. Uno lo toca, otro le tira de un brazo a aquel bendito muchacho. Estaba allí su padre, maravillado, que miraba y sonreía. A Garrone fue el último a quien abracé, ya en la calle, y tuve que sofocar un sollozo contra su pecho. Él me besó en al frente. Después corrí hacia mi padre y mi madre que me esperaban. Mi padre me preguntó si me había despedido de todos. Respondí afirmativamente.

-Si hay alguno con el cual no te hayas portado bien en cualquier ocasión, ve a buscarlo y a pedirle que te perdone. ¿Hay alguien?

-Ninguno —contesté.

-Entonces ¡adiós! -dijo mi padre, con voz conmovida, mirando por última vez la escuela. Y repitió mi madre:
-¡Adiós!

Y yo... yo no pude decir nada.

Fin

Made in the USA
Middletown, DE
30 November 2020